Über das Buch Mary MacCracken, die sich auf die Behandlung lernbehinderter Kinder spezialisiert hat, berichtet in diesem Buch von fünf Fällen aus ihrer Praxis, von fünf gemeinhin als lernschwach eingestuften Abc-Schützen, die in ihrem Kampf mit Buchstaben und Zahlen, mit Lehrern und Lernmethoden bereits zu Außenseitern wurden. Man liest nicht nur mit den Augen und dem Verstand, meint Mary MacCracken, die sich voller Liebe und Sachkenntnis der verstörten Kinder annimmt, man muß vor allem aus dem Herzen lernen. Und wenn das verwundet ist, helfen weder Intelligenz noch Tests. Mit unendlicher Geduld und eigens für jedes Kind erdachten Methoden versucht Mary MacCracken, die Blockaden ihrer Problemkinder zu durchbrechen. Mit Feingefühl und Scharfsinn deckt sie Hintergründe und Familienumstände auf, begegnet mißgeleiteter Liebe, übersteigerten Ansprüchen eitler Eltern, Unverständnis bornierter Lehrer und versucht mit großem Engagement, ihren kleinen Patienten auch über die Therapiestunden hinaus ein verständnisvolles Umfeld zu schaffen.
Voller Spannung und Rührung, mit Lachen, aber auch mit Betroffenheit erlebt man in diesem Buch mit, wie Charlie, Eric, Joey, Ben und Alice ihren Kampf gegen eine für sie »verdrehte« Lernwelt gewinnen.

Die Autorin Mary MacCracken, die in dem Buch »Lovey« die unvergeßliche Geschichte des von ihr geheilten verwahrlosten und fast autistischen Mädchens erzählte, ist Lehrerin und Therapeutin für lernbehinderte Kinder.

Mary MacCracken

Charlie, Eric und das Abc des Herzens

Außenseiter im Klassenzimmer

Aus dem Amerikanischen
von Ursula Gail

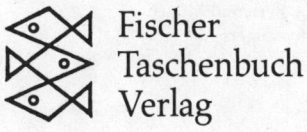

Fischer
Taschenbuch
Verlag

11.–14. Tausend: März 1991

Veröffentlicht im Fischer Taschenbuch Verlag GmbH,
Frankfurt am Main, Januar 1990

Lizenzausgabe mit freundlicher Genehmigung
des Scherz Verlages, Bern und München
Titel der Originalausgabe: Turnabout Children
© 1986 by Mary MacCracken
Einzig berechtigte Übersetzung aus dem Amerikanischen
von Ursula Gaïl
Gesamtdeutsche Rechte beim Scherz Verlag, Bern und München
Umschlaggestaltung: Buchholz / Hinsch / Hensinger
Druck und Bindung: Clausen & Bosse, Leck
Printed in Germany
ISBN 3-596-23273-2

Inhalt

Dieses Buch ist meinen eigenen drei Kindern – Susan, Nan und Steve – und ihren Familien gewidmet, als kleiner Dank für die Freude, die sie mir bereitet haben.

Und es ist auch meinen vier Stiefkindern – Michael, Joan, Karen und Mark – und ihren Familien gewidmet. Sie haben mein Leben bereichert.

Ich begegne mir selbst

Maggie. Zehnjährige, brillentragende, geliebte Maggie. Sie konnte noch immer nicht die Uhrzeit sagen oder ihre Multiplikationsfaktoren behalten. Sie bestand eine Rechtschreibprüfung, wenn sie die Wörter lange und angestrengt studierte, doch eine Woche später konnte sie die meisten Wörter des Tests nicht mehr richtig schreiben. Aber Maggie sehnte sich danach zu lernen, und ich sehnte mich nach Kindern, weshalb ich Maggie und ein paar anderen Nachhilfestunden gab, bis ich meine «Arbeitspapiere» bekommen und in den Lehrberuf zurückkehren konnte.

Ich war wieder im College, nicht aus freien Stücken, sondern aus Notwendigkeit. Die Privatschule, an der ich schwer gefühlsgestörte Kinder mehr als sechs Jahre lang ganztags unterrichtet hatte, war staatlich anerkannt worden, und dies bedeutete, daß die Lehrer von Gesetzes wegen eine abgeschlossene Ausbildung haben mußten. Ich war vor fünfundzwanzig Jahren, nach meinem zweiten Studienjahr, vom College abgegangen, um zu heiraten. Jetzt konnte ich erst wieder unterrichten, wenn ich meinen Abschluß in Erziehungswissenschaft und ein Lehrerdiplom hatte.

Ich beschloß, es auf die schnellstmögliche Weise zu machen, indem ich mich als Vollstudentin am staatlichen College einschrieb. Cal, mein Mann, unterstützte und ermutigte mich. Unsere Kinder waren alle groß, einige selbst auf dem College, im gleichen Alter wie meine Kommilitonen.

Fortbildung für Frauen, die sich in späteren Jahren umschulen lassen oder weiterbilden wollten, war noch nicht populär, und so verbrachte ich meine Tage in einem Heer von Zwanzigjährigen und mit langweiligen Pflichtvorlesungen. Als Studentin mit dem Hauptfach Erziehungswissenschaften hatte ich erwartet, daß ich mit Kindern zu tun haben würde. Aber nichts dergleichen. Es gab Mengen von Vorlesungen, Lehrbüchern, Prüfungen, Semesterarbeiten und Tests – aber keine Kinder. Erst zu Beginn unseres letzten Studienjahres würden wir für sechs Wochen als Praktikanten an eine Schule geschickt werden, doch bis dahin waren es noch fast zwei Jahre, und ich wußte, daß ich nicht so lange warten konnte, um wieder mit Kindern zu arbeiten.

Ehe ich ans College zurückkehrte, hatte ich schizophrene und autistische Kinder an einer kleinen Privatschule unterrichtet, und während jener Jahre hatte ich sowohl das Lehrerkollegium wie die Kinder lieben gelernt. Die Kinder waren mein ein und alles, und ohne sie war da eine Leere, die nichts anderes ausfüllen konnte.

Als mich daher ein Psychologe, den ich von jener kleinen Schule her kannte, fragte, ob ich an Nachhilfeunterricht interessiert sei, ergriff ich die Gelegenheit beim Schopf und schob zwischen meine Collegevorlesungen Sitzungen mit Kindern ein. Und so begann ich, ohne Plan oder bewußte Absicht, mit einem Typ von Kind zu arbeiten, den ich bis dahin nicht gekannt hatte.

Das erste Kind, das kam, war Bobby – sieben Jahre alt, in der zweiten Klasse der Grundschule und offensichtlich intelligent, aber völlig unfähig zu lesen. Als ich den Psychologen, der mir Bobby geschickt hatte, fragte, wie dies möglich sei, zuckte er mit den Schultern und antwortete: «Verdacht auf leichte Gehirnfunktionsstörung.»

Gehirnfunktionsstörung? Das Wort traf hart. Bobby? Ich konnte es nicht glauben. Bobby war intelligent, aufgeweckt, sprudelte über vor Leben und verstand Spitzfindigkeiten ohne Erklärungen – es schien unmöglich, daß sein Gehirn geschädigt war. Was ich damals nicht wußte, war, daß Ende der sechziger und Anfang der siebziger Jahre Lernschwierigkeiten ein neues Gebiet waren und medizinische Ausdrücke wie «Hirnschädigung» und «leichte Gehirnfunktionsstörung» noch häufig gebraucht wurden. Heute würden Pädagogen Begriffe verwenden wie «dyslexisch» oder «lernbehindert», um ein Kind wie Bobby zu beschreiben.

Jedenfalls war ich sicher, daß Bobby lesen lernen konnte. Eine Freundin half mir, einen Übungsraum zu finden, und Bobby und ich trafen uns dort zweimal wöchentlich. Fast sofort begann er zu lesen. Natürlich nicht seinem Klassenniveau entsprechend, doch innerhalb von ein paar Wochen kannte er Laute und Namen der Konsonanten, dann die kurzen Laute a und i – und bald darauf konnte er nicht nur «Die dicke Katze hat Angst» lesen, er konnte es auch schreiben.

Es war eine berauschende Erfahrung, an einer solch außerordentlichen Entwicklung teilzuhaben. Außerordentlich jedenfalls für mich. Ich war an monatelangen, manchmal jahrelangen Kampf gewöhnt gewesen, ehe ein Kind sich aneignete, was Bobby in ein paar Wochen gelernt hatte.

Nicht daß ich irgend etwas Besonderes getan hätte. Ich unterrichtete auf die Art, wie ich es immer getan hatte – indem ich langsam vorging, in Teilschritten –, und dafür sorgte, daß jede Stunde mit einem Erfolg endete. Bobby legte von sich aus los, und ich wurde von seiner Freude am Lernen so mitgerissen, daß ich kaum sachlich bleiben konnte. Die Arbeit mit Bobby war meine erste Erfahrung mit einem lernbehinderten Kind, obwohl ich das damals noch nicht wußte.

Bald danach fragte mich eine Freundin, ob ich Nancy helfen könne, und jemand anders schickte mir Henry, und Henrys Mutter machte mich auf Peter aufmerksam. Und dann schickte mir eine Lehrerin, mit der ich befreundet war, Maggie, und ohne daß ich es ahnte, veränderte sie mein Leben. Maggie war klein und hatte ein schmales Gesicht und lockiges braunes Haar. Sie war ein stilles, angespanntes kleines Mädchen, nicht besonders hübsch, außer wenn ihr plötzlich etwas klarwurde, an dem sie lange hart gearbeitet hatte – dann erhellte sich ihr Gesicht, und für ein oder zwei Minuten war Maggie schön.

Maggie beklagte sich nie, obwohl ihr manchmal vor einem Test der Magen weh tat. Sie arbeitete einfach hartnäckig und fleißig, innerhalb und außerhalb der Schule. Sie führte ein alphabetisch unterteiltes Heft über alle neuen Wörter. Sie schrieb Multiplikationsfaktoren mit Zahnpasta an den Badezimmerspiegel, bis sie sie auswendig wußte. Sie lehnte eine Digitaluhr ab, weil sie entschlossen war, die Uhrzeit auf dem «üblichen» Weg sagen zu lernen. Maggie strengte sich sehr viel mehr an als die meisten Zehnjährigen, und dennoch hatte sie zu kämpfen.

Warum? Was stimmte mit Maggie nicht? Ihre Mutter sagte, sie glaube, daß Maggie vielleicht eine Lernhemmung habe, und brachte mir einen Artikel aus einer Illustrierten. Außer der wachsenden Freude, diesen Kindern helfen zu können, war da nun auch ein kleines Ticken des Wiedererkennens.

Nicht korrekt buchstabieren können. Tick. Die Uhrzeit nicht sagen können. Tick. Ungeheure Schwierigkeiten, ein einfaches Puzzle zu legen. Tick. Tick. Tick. Das war Maggie. Und das war auch ich.

Im Kindergarten entdeckte die Lehrerin, daß ich auf dem rechten Auge fast nichts sah. Ich wurde sofort zu einem Spezialisten gebracht, der mir auftrug, seinen Kugelschreiber anzusehen, mit den Augen dem Licht seiner Taschenlampe zu folgen und an Griffen zu drehen, bis sich irgendwelche Dinge überdeckten. Es wurde mir eine Lesebrille verordnet, man gab mir eine schwarze Augenbinde, ein Malbuch, und schickte mich zum wöchentlichen Augentraining. Es schien nichts Ernstes zu sein. Meine Mutter und mein Vater wirkten sogar fast erleichtert. «Kein Wunder, daß sie nie einen Ball fangen konnte», sagten sie und lächelten mich an.

Trotz der Brille und der Übungen konnte ich weder Seil springen noch richtig singen oder eine neue Telefonnummer behalten oder meine Buchstaben ordentlich schreiben.

Als ich älter wurde, merkte ich, daß ich rechts und links verwechselte und den Tisch nicht richtig decken konnte, außer ich stand direkt vor jedem Platz und wies mit der Uhr, die ich, wie ich wußte, am linken Gelenk trug, auf die Stelle, wo die Gabel liegen sollte. Ich war nie sicher, nach welcher Richtung ich Spielkarten austeilen sollte, und ich mußte mich entsetzlich abquälen, um im Tanzkurs die neuen Schritte zu lernen. Abends übte ich allein in meinem Zimmer und sagte sie mir laut vor, um mir die richtige Reihenfolge einzuprägen. Ich war nie sehr gut in Rechtschreibung, und auch schreiben und malen waren eine Qual.

Als Teenager war mir klar, daß ich Ost nicht von West unterscheiden und keine Landkarte lesen konnte, und ich bemühte mich, es zu verbergen. Sogar «vorher» und «nachher» waren schwierig. Und ich hatte entsetzliche Mühe, die Uhrzeit zu lernen. Sogar jetzt sage ich noch: «Es ist ungefähr zehn vor zwei» und bin nicht sicher, ob es tatsächlich zwölf oder acht Minuten vor der vollen Stunde ist.

Ich hatte Glück. Ich wuchs in der sichersten aller Welten auf – in einem Heim voller Liebe, Wärme, gutem Essen, mit genug Geld und zärtlicher Fürsorge. Ich ging Jahr um Jahr in derselben Stadt in die Schule und besaß treue Klassenkameraden, die mich trotz meines geringen sportlichen Könnens in ihr Team aufnahmen. So blieben mir Einsamkeit und Minderwertigkeitsgefühle erspart, die so vielen lernbehinderten Kindern das Leben vergällen. Mein Sprachzentrum war nicht betroffen – ich konnte lesen, meine Noten waren gut –, und so brauchte ich mich mit Ausdrücken wie «dumm» und «Idiot» nicht auseinanderzusetzen. Es war schon schwierig genug, aber es wäre sowohl für meine Eltern als auch für mich noch viel schwieriger gewesen, wenn ich in der Schule Probleme gehabt hätte. Denn schulisches Wissen und Intelligenz werden meist gleichgesetzt.

Trotzdem weiß ich, wie das ist, wenigstens bis zu einem gewissen Grad – dieses Gefühl, daß die Welt nicht ganz in Ordnung, daß alles leicht verschoben ist. Und dann, eines schrecklichen Tages, erwacht man und überlegt, ob es am Ende nicht die Welt ist, sondern man selbst.

An dem Tag, an dem ich Maggie traf, begegnete ich mir selbst wieder, und ich wußte, ich mußte herausfinden, warum wir so waren. Waren wir lernbehindert? Hatten wir alle eine Hirnschädigung? Gab es mehr als nur eine einzige Art von Lernbehinderung? Was verursachte sie? Was konnte man dagegen tun? Und was steckte hinter diesem Wort «Dyslexie», das mit zunehmender Häufigkeit auftauchte?

Die ersten zwei Jahre College mit den Fächern Erziehungswissenschaften und Pädagogik brachten mir nicht soviel Anregung, wie ich gehofft hatte. Vor allem gefiel es mir, den Kindern Nachhilfeunterricht zu geben – ihnen zu helfen, zu lernen, und von ihnen zu lernen. Ich hatte immer beabsichtigt, zu den Kindern zurückzukehren, mit denen ich früher gearbeitet hatte – in die seltsame, schöne, quälende Welt der gefühlsgestörten Kinder. Sie waren schließlich der Hauptgrund, warum ich wieder aufs College ging. Doch nun faszinierte mich dieses neue Gebiet der Lernbehinderung immer mehr. Ich wollte mehr darüber erfahren, wollte mich selbst verstehen und Maggie und die anderen. Ich war ganz und gar davon gefangengenommen.

Ich bewarb mich um ein Ausbildungsprogramm für Lernbehinderung mit Abschlußdiplom und wurde angenommen. Die nächsten eineinhalb Jahre vertiefte ich mich in das Studium der historischen Entwicklung und Theorien der Lernbehinderung, der Gehirnfunktionen und des zentralen Nervensystems, der Techniken und Tests der Diagnose und der Lehrmethoden bei einer individuellen Therapie. Im Gegensatz zu meinen ersten Semestern faszinierten mich die Vorlesungen, und wir hatten fähige Professoren als Lehrer.

Wir lernten, daß es nicht nur eine einzige, simple Lernbehinderung gibt, sondern viele. Der Ausdruck «Lernbehinderung» bezieht sich auf Störungen in der geschriebenen Sprache (auch als Dysgraphie bekannt), auf Störungen im Rechnen (Dyskalkulie) und auf Störungen im passiven und aktiven Wortschatz und der Lesefertigkeit (Dyslexie) wie auch auf Schwierigkeiten in der Erfassung räumlicher Zusammenhänge und der Bewegungskoordination. Wir lernten, daß bei Dyslexie besondere Lehrmethoden etwas bewirken können, denn das Problem ist nicht ein Mangel an Intelligenz, sondern eine Unfähigkeit, Sprache zu verarbeiten.

Wir lernten, daß es viel mehr Jungen als Mädchen mit Lernbehinderungen gab, obwohl eigentlich kein Mensch genau wußte, warum oder wie viele Kinder in den Vereinigten Staaten als lernbehindert angesehen wurden.

Statistiken zeigen, daß fünf bis zehn Millionen Kinder, etwa zwanzig Prozent all unserer Kinder, irgendeine Art von Lernschwierigkeit haben, und wahrscheinlich sind es sogar noch mehr, bei denen man es nicht erkannt hat. Ich weiß aus praktischer Erfahrung, daß in fast jeder Durchschnittsklasse ein oder zwei Kinder sitzen, deren Schicksal es ist, nicht mitzukommen, es sei denn, ihre Behinderung wird diagnostiziert und man hilft ihnen. Neueste Untersuchungen geben Hinweise, warum mehr Jungen als Mädchen dyslexisch sind; nicht nur genetische Gründe spielen eine Rolle, sondern auch die Aufnahme des männlichen Hormons Testosteron beeinflußt Jungen während der vorgeburtlichen Entwicklung des Gehirns.

Ich gab neben Bobby und Maggie noch drei oder vier anderen Kindern Nachhilfeunterricht und wußte nun genau, daß ich, wenn ich mein Studium beendet und mein Diplom als Pädagogin für lernbehinderte Kinder hatte, eine Privatpraxis aufmachen würde. Ich liebte es, mit nur einem Kind allein zu arbeiten. In der Stille konnte ich beinahe hören, was im Innern des Kindes vorging, es waren gar keine Worte nötig. Mir gefiel es auch, sowohl die diagnostische Untersuchung als auch die Therapie durchzuführen, obwohl ich natürlich manchmal nur das eine oder das andere tat. Ich spürte, daß diese intelligenten, sensiblen Kinder sehr viel Hilfe brauchten, da sie so häufig mißverstanden wurden und bald für dumm, bald für faul gehalten wurden. Nur wenige Menschen verstehen, wieviel Mut ein Kind braucht, um an den Ort zurückzukehren, wo es gestern versagte und vorgestern und wo es aller Wahrscheinlichkeit nach auch am nächsten Tag versagen wird. Ich war immer wieder gerührt von der Tapferkeit dieser Kinder und glücklich, wenn sie erkannten, daß sie lernen und Erfolg haben konnten. Ich liebte sie ohne Vorbehalte.

Die Schwierigkeit bei der Eröffnung einer Privatpraxis für lernbehinderte Kinder lag im Fehlen von Vorbildern. Ich konnte niemanden finden, der schon einmal so etwas gemacht hatte, wie ich es plante, oder auch nur interessiert daran war, solche Möglichkeiten zu erforschen. Ich beschloß, praktisch zu denken und einfach einen Schritt nach dem anderen zu tun. Ich hatte ein paar Kinder, jetzt brauchte ich einen Praxisraum. Wenn ich ein Profi sein wollte, mußte ich meine eigenen vier Wände haben.

Ich hatte die Anzeigen in den Zeitungen verfolgt und Immobilienbüros angerufen, doch nichts gefunden, als mich Fred, eines meiner Kinder, ohne es zu ahnen, zu meiner Praxis führte.

Mit grausamer Treffsicherheit hatten die Mitschüler der vierten Klasse Fred «Schweinchen» getauft. Wenn er nämlich aufgeregt oder ärgerlich war, blähte er die Nüstern und kräuselte die Lippen, bis eine Art Rüssel entstand, während er unter seinem Pult herumkroch und schnaubte und grunzte.

Ich arbeitete mit Fred an seinen Lese- und Schreibfähigkeiten, doch gleichzeitig war er auch bei Rea Oldenburg, einer klinischen Psychologin, wegen tiefersitzender Gefühlsprobleme in Behandlung. Rea Oldenburg hatte einen guten Ruf, war aber auch umstritten. Sie war aufgrund ihrer Arbeiten über die Ursachen kindlicher Ängste sehr bekannt, und fast ebenso bekannt war sie für ihre Offenherzigkeit. Wir besprachen mehrmals im Monat Freds Fortschritte. Bei einem dieser Gespräche, kurz vor meinem Examen, erwähnte Rea Oldenburg, Freds Mutter habe ihr erzählt, daß ich eine Praxis aufmachen wolle und Räumlichkeiten suche.

Ich wich aus und gab mir Mühe, meine Worte sorgfältig zu wählen, denn natürlich würde sie mich für eingebildet halten. Statt dessen sagte sie: «Wenn es Ihnen mit der Sache ernst ist – hier in unserem Haus wird eine Praxis frei. Es ist nur ein Raum, dafür gibt es Parkmöglichkeiten im Hof. Unten sitzen Zahnärzte und Augenärzte. Psychologen und Psychiater sind oben. Sie wären bei uns im ersten Stock. Wir alle haben Patienten wie Fred, mit Lernschwierigkeiten und auch mit Gefühlsproblemen.»

Am nächsten Morgen war ich vor neun Uhr bei der Adresse, die Rea Oldenburg mir genannt hatte. Jedes Bürogebäude, in dem Rea Oldenburg ihre Praxis hatte, wäre für mich reizvoll gewesen – doch daß es in einer stillen, baumbestandenen Straße und in einem Viertel lag, das eine Wohngegend zu sein schien, war zu schön, um wahr zu sein. Das Gebäude selbst hatte Holzschindeln, eine Fassade aus Stein und blaue Fensterläden. Das Dutzend Namensschilder neben der breiten Eingangstür zeugte von der Verwandlung eines Wohnhauses in ein Geschäftsgebäude.

«Es ist klein», sagte auch Rea Oldenburgs Sprechstundenhilfe, während sie die Tür zu einem Raum neben einem winzigen Wartezimmer an der Vorderseite des Hauses öffnete. «Und es gibt keine Toilette – doch Dr. Oldenburg wird Sie bestimmt die unsere benützen lassen.»

«Es ist ideal», sagte ich.

Ich organisierte das Geld für die erste Monatsmiete und die Kaution und staffierte die Praxis mit nicht ganz passenden Büromöbeln aus, die mir ein Freund nach der Aufgabe seiner BMW-Händlerfiliale schenkte: kein kleiner, freundlicher runder Tisch, keine weißen Korbstühle, wie ich es mir vorgestellt hatte, sondern ein zwei Meter langer schwarzer Schreibtisch mit Nußbaumplatte, schwarzen Drehstühlen dahinter und grünen Lederstühlen davor. Ich erwarb einen gebrauchten Aktenschrank und ließ ein Telefon einrichten, und damit hatte ich einen eigenen Praxisraum.

Die Kinder liebten ihn fast so sehr wie ich – besonders Michael. Mit seinen acht Jahren konnte er noch nicht lesen und war schrecklich scheu – bis er den Schreibtisch sah. Er setzte sich in den riesigen Drehstuhl, legte die Füße auf die Schreibtischplatte, zündete sich eine imaginäre Zigarette an, blies Rauchringe und verkündete, er sei bereit anzufangen. Ich setzte mich neben ihn auf einen kleineren Stuhl – und Michael hatte recht. Er war bereit, und er fing an, lesen zu lernen. Michael war eines der vielen Kinder, die die Psychologen und Psychiater vom ersten Stock zu mir schickten. Maggie, Bobby, Fred und noch zwei oder drei andere, die ich schon vorher unterrichtet hatte, zogen mit mir in meine neue Praxis um, die allmählich immer größer wurde.

Auch dem zwanzig Jahre alten Tony gefielen meine neue Praxis und die Möbel. Sein Vater hatte ihm den Weg durch eine private High-School erkauft, indem er Tutoren dafür bezahlte, daß sie Tonys Arbeiten schrieben, und Schenkungen für die Erhaltung der Schule machte, die groß genug waren, um Tony immer wieder die Versetzung zu garantieren. Tony wurde mir von einem Psychiater geschickt mit der Bemerkung: «Er möchte lesen lernen. Gesunde Mutterfiguren werden ihm in seinem Leben sehr viel nützen.» Tony selbst erklärte, er komme zu mir, weil er die «verdammten Speisekarten» lesen können wolle, wenn er mit einem Mädchen zum Essen ausgehe.

Dann war da der achtjährige Adam – sandfarbenes Haar, Sommersprossen –, der die nettesten Eltern der Welt hatte. «Er ist genau wie ich», sagte sein Vater. «Lesen zu lernen fiel mir selbst auch schrecklich schwer. Rechtschreiben kann ich immer noch nicht. Helfen Sie ihm einfach, so gut Sie können, machen Sie es ihm so leicht wie möglich. Ich weiß, daß alles in Ordnung kommt. Es dauert eben seine Zeit.»

Als nächstes kam Rose, sechs Jahre alt. Rea Oldenburg schickte sie mir. «Ich glaube nicht, daß es ein schlimmer Fall ist», meinte sie, «aber die Berichte der Schule sind ungünstig – sie kommt nicht mit und verdreht die Buchstaben. Eine Menge davon ist eine Entwicklungsfrage, doch sie ist das einzige Kind eines älteren, wohlhabenden Ehepaars, und sie steht unter großem Druck. Spielen Sie den Puffer zwischen Schule und Eltern für sie. Helfen Sie ihr bei den Schulaufgaben. Ich glaube, das wird etwas bringen.» Rose sah aus wie meine alte Shirley-Temple-Puppe – das gleiche lockige blonde Haar, die gleichen braunen Augen und rosigen Wangen. Es war kaum zu glauben, daß ich für die Arbeit mit Rose auch noch bezahlt werden sollte. Rea Oldenburg hatte recht: Innerhalb von sechs Monaten gehörte Rose zur mittleren Lesegruppe und blühte auf wie eine Amaryllis.

Ich stand am Anfang. Manchmal denke ich, ich tue es immer noch. Unter der Anleitung von Rea Oldenburg und den anderen Fachleuten vom ersten Stock sammelte ich meine Erfahrungen, doch eigentlich sind es die Kinder, die mich alles Wesentliche gelehrt haben. Manchmal mit Freude, manchmal mit Kummer lerne ich von jedem Kind, das in mein Leben tritt, ein wenig mehr darüber, wie man Kindern helfen kann.

Es gibt viele Möglichkeiten, über Kinder mit Lernbehinderungen zu schreiben. Ich habe mich entschlossen, die Geschichten von fünf Kindern zu erzählen, weil dies in meinen Augen die wahrhaftigste Art ist zu zeigen, wie diese Kinder wirklich sind. Sie sind nicht alle aus demselben Holz geschnitzt – sie haben unterschiedliche Behinderungen und unterschiedliche Grade der Behinderung. Es ist ungerecht, sie in einen Topf zu werfen und anzunehmen, sie seien alle gleich. Im Gegenteil, es ist notwendig, jedes einzelne Kind genau zu kennen und eine winzige Besonderheit nach der anderen herauszufinden. Nichts darf übergangen werden, alles ist wichtig, und plötzlich bin ich mir über das Kind klar und erkenne, was zu tun ist. Die Bezeichnung ist der am wenigsten wichtige Teil, und ich habe schließlich aufgehört, mir den Kopf darüber zu zerbrechen, welches der beste Ausdruck für eine bestimmte Behandlung ist. Nur das Kind selbst ist wichtig.

Wir alle haben unsere Schutzmechanismen, aber diese Kinder haben mehr als die meisten Menschen. Weil sie überzeugt sind, daß sie dumm und deshalb nicht liebenswert sind, schützen sie sich, so gut sie können. Wenn sie nicht intelligent wären, würden sie sich natürlich deswegen nicht so viele Sorgen machen, weil es ihnen nicht derart schmerzlich bewußt wäre. So wie die Dinge liegen, spielen sie den Narren, benehmen sich wie ein Clown, stören die Klasse, weil sie glauben, es sei immer noch besser, Unannehmlichkeiten zu provozieren, als dumm dazustehen. Sie schmieren die Buchstaben über die Seite – manchmal, weil sie nicht anders können, häufig dagegen, damit niemand ihnen beweisen kann, daß sie von Rechtschreibung keine Ahnung haben. Sie haben Wutausbrüche, um zu zeigen, daß sie es nicht verdienen, geliebt zu werden. Doch die ganze Zeit senden diese Kinder einen stummen Hilfeschrei aus, und wenn man sie ernst nimmt, werden sie einen mit ihrem Scharfblick, ihrer Sensibilität, Intelligenz, ihrem Witz und Einfallsreichtum überraschen.

Von den Hunderten von Kindern, die ich gekannt habe, sind die fünf, über die ich hier schreibe, diejenigen, die am lautesten schrien – sie wollten gehört werden, sie wollten ihre Geschichte erzählen dürfen. Sie sind einzigartig, wie jedes Kind, doch sie sind gleichzeitig auch wieder typisch, denn ich treffe Dutzende von Joeys, Bens, Alices und Charlies in jeder Woche meines Lebens – und hin und wieder auch einen Eric. Ihr Haar mag eine andere Farbe haben, vielleicht sind sie größer oder kleiner, dünner oder dicker, jünger oder älter, aus unterschiedlichen wirtschaftlichen Verhältnissen und mit verschiedenen Graden der Behinderung geschlagen – doch ich erkenne sie sofort und bin immer wieder begeistert darüber, wieviel sie lernen können. Es ist jedesmal eine Herausforderung für mich.

Lernbehinderte Kinder sind genauso intelligent wie andere Kinder, nur müssen sie härter als die meisten arbeiten, um in der Schule Erfolg zu haben. Sie brauchen Unterstützung und Ermutigung. Ich habe erlebt, daß sie mit Liebe, therapeutischer Hilfe und einem sicheren Ort irgendwo in ihrem Leben lernen und sich entwickeln werden.

Joey

«Sap! Wam! Sappo!!!» Durch die Zweige eines Rhododendronbusches zielte eine Wasserpistole auf mich. «Erledigt! Hab Sie!» Ein roter Haarschopf und ein kleines sommersprossiges Gesicht tauchten kurz zwischen den Blättern auf.

«Joey», rief eine Stimme. «Schluß jetzt! Komm raus! Komm und sag Mrs. MacCracken guten Tag.»

Eine dunkelhaarige Frau mit rosigen Wangen trat aus den Büschen. «Sie sind Mrs. MacCracken, nicht wahr?»

Ich nickte.

«Ich bin Mrs. Stone. Entschuldigen Sie, bitte», sagte sie, als sie mir die Hand gab. Dann deutete sie in Richtung Rhododendronbusch. «Er ist nicht immer so schlimm. Ich kann ihn nur nicht aus diesen Büschen rauslocken.»

Ich lächelte. «Ich weiß, was Sie meinen. Neue Erfahrungen können sehr aufregend sein.»

«Danke für Ihr Verständnis. Und auch vielen Dank, daß Sie sich um Joey kümmern wollen», sagte Mrs. Stone. «Wir sind völlig ratlos. Es ist, als hätte ihn jemand vor der Geburt zu fest aufgezogen. Ich habe sieben Jahre auf ihn gewartet . . .»

Joey stürmte durch die Einfahrt in Richtung Straße, und Mrs. Stone schrie: «Bleib stehen! Du weißt, daß du das nicht darfst!»

Der kleine Junge hielt mitten in seinem halsbrecherischen Lauf inne, wich zu den Azaleen aus und ließ sich gekonnt auf den Hintern fallen. Dann sprang er wieder auf und rannte weiter.

«Ich hole ihn», sagte ich. Worte bedeuteten Joey offensichtlich wenig.

Ein Lieferwagen rumpelte durch die Straße, und Joey blieb am Ende der Einfahrt stehen, um zu beobachten, wie er vorbeifuhr. Ich nützte diese kleine Pause seiner Lebhaftigkeit aus, ging neben ihm in die Knie und packte seine kleine, schmutzige Hand. «Hallo, Joey», sagte ich. «Ich freue mich, daß du gekommen bist.»

Erstaunt wandte er mir das Gesicht zu und sah mich mit schiefgelegtem Kopf aus großen blauen Augen an. Die Sonnenstrahlen ließen sein hellrotes Haar aufleuchten und betonten die Sommersprossen auf dem Nasenrücken und den Wangen.

«Auf los geht's los», rief ich, immer noch seine Hand haltend. Ich rannte zu den Azaleen, bog wieder in die Einfahrt ein, lief bis zur niedrigen Steinmauer, die an ihr entlangführte, Joey immer hinter mir herziehend. Er lachte laut, während wir, so schnell wir konnten, über den Parkplatz liefen, dann über den Plattenweg auf der anderen Seite des Gebäudes. Joey blieb immer neben mir, während wir mit Höchstgeschwindigkeit zur Eingangstür des Bürohauses zurückrannten. Joey lächelte und keuchte, und ich winkte Mrs. Stone mit meiner freien Hand zu: «Ich seh Sie in einer Stunde», rief ich. Ich blieb nicht stehen, sondern schob Joey durch die Eingangstür und die Treppe hinauf zu meiner Praxis, wobei ich hoffte, daß er etwas von seiner überschüssigen Energie verbraucht hatte.

Vom Fenster aus beobachteten wir, wie seine Mutter mit dem Kombiwagen rückwärts aus der Einfahrt fuhr und dann die Straße entlang verschwand.

«Sie kommt wieder», versprach ich. «Jetzt sieh dir alles übrige an.»

Joey war sofort bei der Sache. Er rannte nicht mehr wie ein Verrückter sinnlos herum; er untersuchte die Bücherregale und betrachtete die Kinderzeichnungen, die die Wände bedeckten. Dieselbe Elektrizität, die ihn zu ziellosen Bewegungen antrieb, konnte eingesetzt werden, um ihn abzulenken. Joey wanderte von den Bücherregalen zu dem Tisch mit den Spielen. «Können wir eines von denen spielen?»

Es war das erstemal, daß ich ihn einen ganzen Satz sprechen hörte, und ich war erfreut, daß seine Sprache klar und gut artikuliert war. «Natürlich. Aber vorher komm zu mir herüber, damit ich dir die Stoppuhr erklären kann.»

Ich brachte Joey hinter dem großen Schreibtisch unter, reichte ihm die Stoppuhr und setzte mich neben ihn, um ihm zu zeigen, wie sie funktionierte.

Offensichtlich war er überrascht und erfreut, daß er die schwere silberne Uhr halten durfte. «Ist sie teuer?» fragte er.

«Ja», erwiderte ich. «Siehst du, du drückst hier drauf, damit sie läuft, hier drauf, damit sie stehenbleibt, und auf den Knopf, damit der Zeiger zum Anfang zurückspringt. Laß sie eine Minute laufen, dann mach diese Schublade auf und leg sie in die Schachtel. Ich muß dir ein paar Fragen stellen.»

Eine Minute lang saß Joey völlig still da, in die Betrachtung der Stoppuhr versunken. Dann verstaute er sie sorgfältig in der Schachtel, doch er konnte der Versuchung nicht widerstehen und nahm einen Magic Marker aus der Schublade.

«Später», sagte ich und legte den Stift zurück. Während ich die Schublade schloß, machte ich mir in Gedanken die Notiz, daß Joey bis jetzt ständig seine linke Hand benützt hatte. «Also», sagte ich, «mal sehen, ob du mir deinen Namen, deine Adresse und die Telefonnummer verraten kannst.»

Joey wurde immer glücklicher, und ich ebenso. Warum fand die Schule diesen kleinen Jungen so schrecklich? Er war voll Energie und ansteckender Überschwenglichkeit. Er konnte sprechen; er konnte Anweisungen befolgen.

Joey war mir von seinem Kinderarzt Dr. Grayson geschickt worden, der mit dem Erziehungsbeirat an Joeys Schule nicht einer Meinung war. Der Beirat fand, daß Joey in eine Sonderschule gehöre. Dr. Grayson schlug vor, Joey von einem Kinderneurologen untersuchen zu lassen, der eine «leichte Konzentrationsschwäche» feststellte, die aber «im Augenblick keine medikamentöse Behandlung» erfordere. Folglich empfahl Dr. Grayson den Stones, sich mit mir wegen einer pädagogisch-diagnostischen Untersuchung in Verbindung zu setzen. Ich hatte etwas gezögert, weil ich fand, daß Joey bereits von qualifizierten Leuten getestet worden war. Doch Dr. Grayson wollte unbedingt eine zweite Meinung hören, und weil er ein alter, hochgeschätzter Freund war, stimmte ich zu, Joey zumindest einmal zu sehen. Jetzt vergaß ich mein früheres Zögern – ich wollte soviel wie möglich herausfinden.

In der folgenden Stunde konzentrierte ich mich ganz auf Joey und sammelte alle Punkte, die bei ihm in Ordnung waren. Vor allem war er ein netter Junge – mit seinem dicken roten Haarschopf, den Sommersprossen, dem breiten Mund und dem leicht asymmetrischen Gesicht sah er richtig pfiffig aus. Seine Bewegungen waren schnell und anmutig, und mir gefiel die Art, wie er sich für eine Sache interessierte und sich auf die Dinge konzentrierte, wenn ich sie ihm erklärte. Ich mochte sein Lachen. Mir gefielen die Informationen, die er gesammelt hatte. Er wußte, daß sein Vater in einer Bank arbeitete und Al hieß. Der Name seiner Mutter war Gail, und sie arbeitete als Computerspezialistin. Er wußte die Namen seiner beiden älteren Brüder und auch ihr Alter und den Grund, warum er keine Haustiere halten durfte. Er sei nämlich «lergisch».

Mir gefiel, wie er die Sache mit den Chips verstand, die ich als ein System der Belohnung eingeführt hatte; er begriff sofort, welche Farbe wieviel wert war. Ich mochte die Ungeniertheit, mit der er sich einmischte. «Nein, verraten Sie nicht, welche Farben ich mir verdient habe», sagte Joey, als etwa die Hälfte der Stunde vorüber war. «Nur wie viele Punkte. Ich kann es selbst herauskriegen.»

Joey zog die alte Zigarrenschachtel, die die Chips enthielt, nahe zu sich heran und studierte die Liste auf der Innenseite des Deckels. «Orange bedeutet fünf, blau zehn», sagte er laut. «Die roten sind zwanzig wert, die grünen fünfundzwanzig, die gelben fünfzig, und diese silbernen hier sind jeweils hundert wert, stimmt's?»

«Ganz genau.»

«Sind die silbernen echt?»

«Ja, es sind Fünfzigcentsstücke. Mein Vater sammelte sie. Ich habe sie zu den Chips getan, damit es interessanter wird. Diese Testerei kann ganz schön langweilig werden, und deshalb zählst du am Ende unserer Zeit die Chips, die ich dir gezahlt habe, und dann bestimmst du, ob du sie für eine Kleinigkeit ausgeben oder für was Großes aufsparen willst. Du kannst Zeug aus dem Korb dort kaufen – Aufkleber, Bälle, Schreiber – solche Sachen. Ich zeig's dir, wenn wir fertig sind.»

Ich sagte es nicht laut, doch Chips können auch dabei helfen, daß ein Kind nicht zu mutlos wird. Die meisten Tests haben eine obere Grenze, und wenn ein Kind drei oder vier Fragen hintereinander nicht beantworten kann, ist der Test zu Ende. Im Verlauf einer einstündigen Untersuchung kann ein Kind ein dutzendmal oder mehr «versagen» – und die meisten Kinder, die zu mir kommen, sind aufgeweckt genug, um ihre Fehler zu erkennen. Schultern sacken zusammen, Köpfe senken sich. Doch wenn ich am Ende jedes Tests die Antworten in Fünfern oder Zehnern zusammenzähle und noch fünfzig oder so dazurechne und etwa sage: «Zahl dir einhundertfünfundachtzig aus», richten sich Schultern auf, und Köpfe heben sich in die Höhe wie Blumen nach einem Sommerregen. In dem Maß, wie der Haufen Chips wächst, wächst auch das Vertrauen des Kindes. Möglich, daß ich ein paar Statistiken verdrehe, doch ich erlebe so das Kind in seiner besten Verfassung, und nur das ist für mich wichtig.

Hin und wieder stellte ich Joey eine zusätzliche Frage, zum Beispiel: «Warum, glaubst du, bist du hier, Joey? Das frage ich alle Kinder.»

«Weil ich einen Haufen Probleme habe.» Joeys Stimme war kaum zu hören.

«Was für Probleme?»

Joey zuckte die Achseln. «Ich weiß nicht. Ich glaube, daß vielleicht mit meinem Kopf was nicht stimmt.»

Und in gewisser Weise hatte Joey recht. Mit seinem Kopf stimmte tatsächlich etwas nicht. Die Regierung der Vereinigten Staaten hat Lernbehinderung wie folgt definiert:

«Lernbehinderung ist eine Störung eines oder mehrerer grundlegender psychologischer Prozesse, die beim Verstehen und Benützen der gesprochenen oder geschriebenen Sprache beteiligt sind, und kann sich in einer mangelhaften Fähigkeit zu hören, zu denken, zu sprechen, zu lesen, zu schreiben, rechtzuschreiben und zu rechnen zeigen. Der Begriff umfaßt Zustände wie Wahrnehmungsbehinderung, Gehirnschädigung, leichte Gehirnfunktionsstörung, Dyslexie und entwicklungsbedingte

Aphasie (Verlust des Sprechvermögens oder Sprachverständnisses). Der Begriff bezieht sich nicht auf Kinder mit Lernschwierigkeiten, die die direkte Folge einer visuellen oder motorischen Behinderung oder eines Gehörschadens sind, oder auf Kinder, die geistig zurückgeblieben, gefühlsmäßig gestört oder sozial, kulturell oder wirtschaftlich benachteiligt sind.»

Jedes lernbehinderte Kind ist einzig; jedes zeigt eine unterschiedliche Verknüpfung und Schwere der Probleme – jedes hat einen oder mehrere bedeutsame Mängel bei den wesentlichen Lernprozessen und wird als fast durchschnittlich oder überdurchschnittlich intelligent angesehen.

Die meisten Kinder, mit denen ich arbeite, haben eine Lernbehinderung, die als spezifische Sprachbehinderung bekannt ist – Dyslexie. Manche Menschen haben ein natürliches Talent zur Erlernung ihrer Muttersprache und lernen in den ersten Schuljahren oder sogar noch früher lesen und schreiben und ihre Gedanken klar ausdrücken, während die meisten von uns härter arbeiten müssen und mehr Anleitung brauchen.

Manche finden dieses Lernen außerordentlich schwierig (Fachleute sprechen von mindestens zehn Prozent), und zwar so schwierig, daß es der persönlichen Entfaltung im Weg stehen kann. Das dyslexische Kind kann keine ganzen Wörter lernen und behalten, deshalb lernt es nicht lesen, wenn man es ihm durch ganze Wörter beibringen will. Es kann häufig nicht einmal die Buchstaben selbst behalten und verdreht b und d. Es hat Schwierigkeiten, die Wörter zu finden, um zu sagen, was es sagen möchte. «Kann ich mir mal . . . du weißt schon, das Ding, mit dem du schneidest, leihen?» Oder Wörter kommen manchmal verdreht heraus: «nerinnen» für «erinnern» oder «Basgetti» für «Spaghetti». Es kann auch «Vereinigung» als «Verneigung» lesen und «nuklear» als «unklar».

Rechenschwierigkeiten fallen heute auch unter den Begriff der Dyslexie; Rechnen ist ebenfalls eine Sprache, die man behalten und mit der man umgehen können muß. Ein dyslexisches Kind hat insgesamt Schwierigkeiten, sich zu organisieren – es verliert

seine Turnschuhe, seine Hausaufgaben und seinen Orientie-
rungssinn. Andere Familienmitglieder hatten durch Generatio-
nen wahrscheinlich die gleichen Schwierigkeiten.

Dyslexie ist keine Krankheit, sondern eine besondere Art von
Verstand, manchmal von sehr begabtem Verstand. Es gibt viele
berühmte dyslexische Menschen – Thomas Edison, Woodrow
Wilson, Albert Einstein, Leonardo da Vinci, Nelson Rockefeller
sind darunter. Ein Kind oder sogar ein Erwachsener mit einem
dyslexischen Verstand kann lernen. Er oder sie (viermal so viele
er) braucht nur mehr Hilfe und muß auf eine systematische Art
schrittweise unterrichtet werden, die Stärken ausnützt, Schwächen als geringfügig darstellt und ihm oder ihr hilft, Erfolge zu
erzielen. Fachleute sind sich einig, daß so ein Kind lernen kann zu
lesen, lesbar zu schreiben, einigermaßen ordentlich rechtzuschreiben und seine Gedanken in klare, verständlich gesprochene oder
geschriebene Worte zu kleiden.

Kinder mit Lernbehinderungen oder Dyslexie oder Lernver-
schiedenheit, wie manche meiner Kollegen es nennen, haben sehr
reale und große Probleme, die es verdienen, daß man sie erforscht
und zu verstehen versucht. Die Bezeichnung selbst spielt keine
Rolle, nur die Kinder. Wir können ihnen helfen – und wir wissen,
wie.

Am Ende der vier diagnostischen Sitzungen hatte ich noch eine
ganze Menge Dinge entdeckt, die mir an Joey gefielen. Es sprach
sehr viel mehr zu seinen Gunsten, als ich vermutet hatte. Er war
bei weitem intelligenter als ein durchschnittlicher siebenjähriger
Junge. Mrs. Stone hatte mir eine Kopie des Berichts des Erziehungsbeirats gegeben, und dort hatte der Schulpsychologe ange-
merkt, daß Joeys «Gesamtintelligenzquotient nach dem Wechsler-Test durchschnittlich» sei. Das stimmte, seine Gesamtwerte
waren durchschnittlich, doch das gab nicht die ganze Geschichte
wieder. Bei Joeys Werten in den Untertests gab es enorme
Unterschiede, die von einem hohen Prozentrang von achtundneunzig im Wortschatz bis zu einem niedrigen von zwei im
Mosaik-Test reichten. Wenn es derartige Höhen und Tiefen gibt,

ist das Kind meistens intelligenter, als seine Gesamtwerte zeigen. Aus den Meßwerten der Untertests einen allgemeinen Durchschnitt zu errechnen, ist als gäbe man die Durchschnittstemperaturen des Death Valley mit zwanzig Grad Celsius an, obwohl das Thermometer dort in Wirklichkeit tagsüber manchmal auf sechzig Grad klettert und nachts auf minus siebzehn Grad absinkt.

Im Gegensatz zu vielen lernbehinderten Kindern war Joeys passiver und aktiver Wortschatz groß und reich. Als ich ihn fragte, was ein Nagel sei, antwortete er: «Es ist ein Baumaterial – man schlägt ihn mit dem Hammer rein.» Bei einem anderen Test beschrieb Joey Ellbogen und Knie als «Gelenke», während die meisten Kinder seines Alters antworten: «Dinge, die abknicken».

Im Kontrast zu seinem guten Vokabular, seinen sprachlichen Fähigkeiten, seinem Urteilsvermögen, seinen praktischen Kenntnissen und seinem Wirklichkeitssinn waren seine Fähigkeiten, räumliche Zusammenhänge zu erfassen, Dinge in die richtige Reihenfolge zu bringen und aus dem Gedächtnis Zahlenreihen unter zehn oder Wortreihen zu wiederholen, sehr schwach.

Beim Mosaik-Test des Wechsler-Intelligenztests stieß er frustriert die Steine über die Schreibtischplatte, schlug sich mit der Hand an den Kopf und schrie: «Dummer Junge!» Als er sich beim Zahlennachsprechen an nicht mehr als zwei Zahlen erinnern und keine Reihe rückwärts aufsagen konnte, fing er an, im Stuhl auf und ab zu wippen und fiel schließlich hinunter.

Während der dritten Testsitzung meinte Joey, er glaube, daß er «die Dinge vielleicht etwas komisch» sehe. Er hatte recht, oder zumindest kamen Dinge «komisch» heraus, wenn er versuchte, das, was er sah, mit Papier und Bleistift wiederzugeben. Es hatte wenig Ähnlichkeit mit dem Original. Joey benützte weiter konsequent die Linke, und manche Zeichnungen waren seitenverkehrt oder standen auf dem Kopf; Winkel sahen aus wie doppelte Eselsohren.

Joey hatte noch andere Schwierigkeiten. Er las 41 als 14; Buchstaben, die ein d sein sollten, wurden zu einem b. Er hatte zwanzig Wörter auswendig gelernt, doch wenn er zu einem Wort kam, bei dem er sich nicht sicher war, gerieten die Buchstaben irgendwie durcheinander, und er las «Klappe» als «Kalb» und «Filz» als «Fließ». Beim Lautlesen ließ er Zeilen aus oder erfand Wörter, doch wenn ich ihm vorlas, konnte er jede Frage nach Sinn und Inhalt detailliert beantworten.

Joey war nicht nur intelligent, er war auch wachsam und sensibel. Ehe wir mit dem Rechtschreibtest begannen, sagte er: «Okay. Ich mache ihn, aber würden Sie bitte nicht so einen großen Kreis machen, mit der Zahl drin, wie viele Fehler ich gemacht habe, so wie in der Schule.» Joey zeichnete mir auf, was er meinte:

Er brachte nicht nur Buchstaben und Zahlen durcheinander. Auch seine Gedanken gerieten in Unordnung. Ich bat ihn, ein paar Sätze über etwas zu schreiben, das ihn interessierte. Er überlegte angestrengt und schrieb lange. «Ich werde das sehr ordentlich machen», verriet er mir, während er arbeitete.

Dann bat ich ihn, vorzulesen, was er geschrieben hatte, und er las: «Ich geh gern fischen, weil wir immer gewinnen...»

«Augenblick mal», unterbrach er sich. «Das stimmt nicht. Sehen Sie, ich fing mit dem Fischen an, aber irgendwann, ungefähr hier –», Joey machte einen Strich hinter fischen, das er «fsichn» geschrieben hatte, «muß ich angefangen haben, an Fußball zu denken.»

Ich hatte keinen Test, mit dem man Joeys innere Ruhelosigkeit hätte messen können. Doch meine Beobachtungen machten deutlich, daß er aktiver, angespannter und ablenkbarer war als ein gewöhnlicher Siebenjähriger. Ich fragte mich sogar, ob die Entscheidung des Neurologen gegen eine Behandlung mit Medikamenten richtig gewesen war.

Ich hatte mit anderen Kindern gearbeitet, die als hyperaktiv eingestuft worden waren oder ein «hyperkinetisches Syndrom» hatten –, und ich hatte erlebt, daß Medikamente bei manchen etwas nützten, wenn auch nicht bei allen. Ursprünglich hatte mich die Vorstellung einer Behandlung mit Medikamenten, gleich welcher Art, abgestoßen, doch ich lernte, daß sie bei manchen Kindern half, solange sie von einem Kinderneurologen oder erfahrenen Kinderarzt sorgfältig überwacht wurde. Häufig werden Hyperaktivität und Lernbehinderungen als ein und dasselbe angesehen, doch in Wirklichkeit sind es zwei gesonderte Zustände. Wenn sie zusammen auftreten, nenne ich das «Dyslexie plus», das «plus» steht für Hyperaktivität. Zum Unterrichten wie zum Erziehen dieser Kinder ist sehr viel Energie und Liebe nötig. Nur schon sie einzustimmen, damit sie überhaupt hören, was man sagt, ist ein hartes Stück Arbeit – ihre Aufmerksamkeit Minute für Minute wachzuhalten, damit sie lernen können, ist eine außerordentlich schwierige Aufgabe. Es sind verletzbare Kinder, ihre Sinneswahrnehmungen sind gesteigert, ihr Motor läuft immer ein wenig zu schnell, nie ganz im Rhythmus mit der restlichen Welt. Es sind ermüdende Kinder. Sie brauchen mehr Beaufsichtigung als die meisten. Sie brauchen mehr Fürsorge und Liebe. Aber sie geben sie auch überreichlich zurück.

Die Stones trafen zur selben Zeit ein, doch mit verschiedenen Wagen. Sie kamen direkt von der Arbeit zu mir in die Praxis. Mr. Stone war weit über einen Meter achtzig groß, mager, mit Haar, das nur wenig dunkler war als das von Joey.

«Hast du einen Babysitter gefunden?» fragte er seine Frau.

Sie zuckte mit den Schultern, leichte Runzeln kräuselten ihre Stirn. «Ich habe es bei dreien versucht, kein Glück. Ich glaube, sie hatten alle eine Ausrede.» Sie wandte sich an mich. «Unsere Familie ist für einen Babysitter nicht gerade einfach. Letztes Jahr, als ich in meinen Beruf zurückkehrte, versuchte ich alles zu organisieren, daß immer jemand da war, wenn die Jungen aus der Schule nach Hause kamen. Keiner blieb länger als eine Woche! Alle erklärten, sie könnten Joey nicht aushalten. Sie wußten nie, wo er steckte oder was er tat – und wenn er da war, war er bestimmt mit etwas beschäftigt, von dem er die Finger hätte lassen sollen. Deshalb kümmern sich die Jungen jetzt um sich selbst. Joey und Bill – das ist unser Elfjähriger – zanken sich ständig, Richard, der älteste, ist dreizehn und verläßlich. Er kann mit Joey besser umgehen als die meisten. Meine Eltern wohnen auch hier in der Stadt, und Richard kann sie anrufen, wenn irgend etwas

Ernstes los ist. Meine Mutter ist krank, doch mein Vater kann vorbeikommen.»

«Was meistens die Sache nur verschlimmert», warf Mr. Stone ein.

Mrs. Stone wandte den Kopf nach ihrem Mann um. «Fang nicht davon an!» warnte sie.

«Wollen wir dann also beginnen?» fragte ich, weil ich die wachsende Spannung zwischen den beiden abbauen wollte. «Ich habe alles gelesen, was Sie mir schickten», fuhr ich fort. «Die Berichte des Erziehungsbeirats, die Bemerkungen der Lehrer, das Gutachten des Neurologen, den Fragebogen mit den Lebensdaten, den Sie für mich ausfüllten. Ich habe das Dutzend Tests, die ich Joey machen ließ, ausgewertet und mit Dr. Golden besprochen. Phil Golden ist Psychologe und Professor für Lernbehinderungen. Jetzt würde ich gern alles mit Ihnen durchgehen und sehen, ob wir es auf einen Nenner bringen und einen Aktionsplan aufstellen können. Fangen wir mit dem Anfang an.»

Ich begann mit einer Zusammenfassung: «Joey war ein voll ausgetragenes Baby, wurde am 29. Oktober geboren und wog bei der Geburt dreitausendundfünf Gramm. Die Schwangerschaft war im Gegensatz zu den früheren schwierig. Gegen Ende des dritten Monats war die Blutung so heftig, daß der Arzt zu mehrwöchiger völliger Bettruhe riet . . .»

In der nächsten Stunde gingen wir jeden Test durch. Ich las ihnen Joeys intelligente, weltkluge Antworten vor, und sie waren erfreut und überrascht darüber, wieviel er trotz aller Schwierigkeiten über seine Welt gelernt hatte. Ich zeigte ihnen die Intelligenztests, die Tests über schulisches Wissen sowie visuelle und auditive Fähigkeiten, die Puzzles, Zeichnungen und Dr. Goldens Anmerkungen dazu.

Ich zählte Joeys Stärken auf: seine Intelligenz, seine große Wortgewandtheit, sowohl was den Wortschatz als auch die Sprache anbelangte; seine Liebe zu den Menschen und seine Fähigkeit, Freunde zu gewinnen; seine ausgezeichnete körperliche Koordination und seine intelligente, Halt gebende Familie.

Ich ging auch Joeys Schwächen durch: die große Kluft zwischen seiner Intelligenz und seinen Leistungen auf schulischen Gebieten; seine Schwierigkeit, still zu sitzen; die Schlafstörungen, die Mrs. Stone erwähnte; seine Linkshändigkeit; seine Schwierigkeiten, räumliche Zusammenhänge zu erfassen; seine Wortverdrehungen beim Lesen und Schreiben; seine Verwechslung von rechts und links; sein Unvermögen, Zahlen, Buchstaben, Wochentage, Monate der Reihe nach aufzusagen; seine Schwierigkeiten mit allem Geschriebenen; sein mangelndes Verständnis für die Dekodierungsfähigkeit, weshalb er sich in wilde Vermutungen flüchtete; seine Unorganisiertheit; sein fehlendes Vertrauen in seine Lernfähigkeit; und der alles überragende Faktor der Ablenkbarkeit und Frustration.

«Joey hat verschiedene Lernbehinderungen und auch eine gewisse Hyperaktivität», sagte ich. «Es ist möglich, das eine oder das andere zu haben, doch in Joeys Fall sind beide Zustände gegeben und verstärken sich gegenseitig noch. Aufgrund der Berichte vermute ich, daß irgendeine geringe Schädigung von Nervenbahnen stattgefunden hat, ehe Joey geboren wurde», fuhr ich fort.

Mr. Stone sah auf seine Uhr und räusperte sich. «Na schön, ich kann das akzeptieren. Der Neurologe hat das gleiche gesagt, und außerdem behauptet mein Bruder, daß er selbst dyslexisch ist – aber die Hauptfrage ist doch, was sollen wir unternehmen?» Er sah mich direkt an.

«Nennen Sie die zwei Dinge von Joey, die am meisten Schwierigkeiten machen», antwortete ich.

Sie redeten sofort. «Ich möchte nicht, daß er in eine Sonderschule kommt», erklärte Mrs. Stone. «Alle Leute werden denken, daß er zurückgeblieben ist.»

«Mir ist es gleich, was die andern denken», meinte Mr. Stone. «Aber Joey wird ganz sicher noch mehr uneins mit sich sein als jetzt, wenn er nicht in die Schule gehen darf, in die seine Brüder gegangen sind.»

«Wie steht's mit seiner Lehrerin? Was, glauben Sie, findet sie an Joey am schwierigsten?» fragte ich.

«Er stört die Klasse. Sie sagte auch, er benehme sich, als sei ihm nicht klar, was vor sich geht», antwortete Mrs. Stone. «Ich glaube, es ist von der Sonderschule die Rede, weil er jetzt ständig vom Stuhl fällt. Sie glaubt, daß er vielleicht Anfälle hat.»

«Die hat er nicht», erklärte ich. «Sie haben ihn bereits von einem Neurologen untersuchen lassen, und es gab keine Anzeichen für Krämpfe. Ich möchte wetten, daß Joey von seinem Stuhl fällt, weil er keinen Erfolg hat, wenn er auf ihm sitzt. Er muß begreifen», fuhr ich fort, «daß er klug ist und lernen kann und sich nicht wie ein Narr benehmen muß. Ich glaube, Joey ist es lieber, daß die Kinder in seiner Klasse ihn für einen Clown halten als für dumm. Joey selbst ist ziemlich davon überzeugt, daß er tatsächlich dumm ist, doch gleichzeitig ist er klug und möchte nicht, daß jemand anders so von ihm denkt.»

«Wie kann Joey sich jemals in seiner Haut wohl fühlen, wenn er so viele Probleme hat?» fragte Mrs. Stone. «Seine Lehrerin sagt, daß er weder lesen noch schreiben kann wie die andern – nun noch eine Sonderschule ...»

«Ich sage Ihnen ganz offen, daß Joey meiner Meinung nach in keine Sonderbehandlung gehört», erklärte ich. «Ich habe viele Jahre an einer Sonderschule unterrichtet, und für manche Kinder ist es die richtige Lösung. Doch ich glaube nicht, daß Joeys Probleme so ernst sind, und seine Intelligenz und sein Verhalten außerhalb der Schule verraten mir, daß er in eine normale Schule gehört. Ich bin der Meinung, daß er intelligent genug ist und lernen wird, seine Stärken einzusetzen, um sein schulisches Wissen auf den Klassenstand zu bringen. Sie haben von einem ausgezeichneten Fachmann den Rat, daß seine Überaktivität nicht so stark ist, um im Augenblick eine medikamentöse Behandlung zu rechtfertigen, und womöglich lernt Joey, seinen Bewegungsdrang zu beherrschen, wenn es sich nicht mehr lohnt. Wir müssen jetzt nur die Schule zu überreden versuchen, daß man ihn noch ein wenig länger in einer regulären Klasse läßt.»

«Das wird allein schon ein Wunder sein», sagte Mrs. Stone. «Ich glaube, sie haben schon entschieden.»

«Eines möchte ich noch klären, ehe wir weitermachen», sagte Mr. Stone. «Werden Sie uns helfen? Werden Sie mit Joey arbeiten? Oder sagen Sie uns das alles nur, damit wir es jemand anders erzählen können?»

Das zu fragen war nur fair, und ich wußte, wie meine Antwort hätte lauten müssen. Ich hatte jetzt so viele Kinder, die Hilfe brauchten, daß ich oft nicht vor halb acht oder acht Uhr in der Praxis fertig wurde; verständlicherweise würde Cal nicht begeistert sein, wenn ich noch ein Kind nahm. Trotzdem, an Joey war etwas ...

Ich gab Mr. Stones ruhigen Blick zurück und sah dann Mrs. Stone an. «Ja, ich möchte ihm helfen. Ich würde gern mit Joey arbeiten, aber ich kann es nicht allein. Ich brauche viel Hilfe, sowohl von Ihnen wie von Joey und seiner Schule. Ich müßte jede Woche oder so mit seiner Lehrerin sprechen. Es ist wichtig zu erfahren, wie es ihm in der Klasse ergeht, denn gleichgültig, wie gut er hier mit mir arbeitet, wenn er das nicht in seiner Klasse einbringt, wird es Joey nicht helfen, in einer normalen Schule zu bleiben.

Ich möchte Ihnen vorschlagen, zwei Dinge zu tun. Ich hätte gern, daß Sie Joey von einem Ohrenarzt untersuchen lassen – nur, um keine Möglichkeit außer acht zu lassen und um sicherzugehen, daß es keine körperliche Ursache für die geringen Werte bei seinen auditiven Fähigkeiten gibt. Zweitens möchte ich Sie bitten, sich darum zu bemühen, daß er ordentlich ißt, vor allem Obst und Gemüse, nicht soviel Süßigkeiten und wertloses Zeug. Es dürfte wohl kaum eine Diät auf der Welt geben, durch die er lesen lernt, doch vielleicht verringert sich seine Hyperaktivität.

Die Hauptsache wird sein, Joey dazu zu bringen, an sich selbst zu glauben. Er muß die Verantwortung für sein Lernen und sein Verhalten selbst übernehmen.

Ich schlage Ihnen folgendes vor: Lassen Sie es mich den Sommer über versuchen. Und sprechen Sie auch mit dem Erziehungsbeirat und stellen Sie fest, ob man dort damit einverstanden ist, sich Joey Ende August noch einmal anzusehen. Wenn er bis dahin ordentlich aufgeholt hat, werden sie ihn vielleicht in der zweiten Klasse anfangen lassen.»

Wir gingen den Terminplan durch – Joeys und meinen. Nächste

Woche schloß die Schule wegen der Sommerferien, und Joey und ich würden dann mehr Zeit haben. Im Herbst mußten wir sehen, wie es weiterging, doch bis dahin würde ich ihn jeden Dienstag und Donnerstag von Viertel nach neun bis zehn Uhr vormittags sehen.

Joey erschien Dienstag vormittag völlig verschlafen: Haare ungekämmt, Augen halb geschlossen, Hemdenzipfel aus der Hose, Schuhe nicht zugebunden. Er plumpste in den Stuhl hinter dem Schreibtisch.

«Also», begann er und legte den Kopf auf die Platte, «die gute Nachricht ist, daß die Schule aus ist. Die schlechte, daß ich aufstehen und herkommen mußte.»

«Möchtest du lieber am Nachmittag kommen?»

«Nein. Am Nachmittag muß ich zum Schwimmen. Wir fahren erst im August an den See. Und deshalb muß ich zu hundert Dutzend Schwimmveranstaltungen.» Joey hatte die mittlere Schreibtischschublade geöffnet und kramte darin herum.

«Bitte, schließ die Schublade, Joey.» Er hatte sie bereits bei anderen Besuchen mehrmals erforscht. Ich wollte, daß er jetzt genau aufpaßte.

Irgendein Teil von Joey war immer in Bewegung, er berührte dies oder öffnete das. Er tat es unbewußt, ohne sich eigentlich klar zu sein, was er machte. Er hatte keine reale Vorstellung davon, was ihm gehörte und was nicht. Was in Reichweite war, war Freiwild. Ehe er sich ändern konnte, mußte er sich seiner Handlungen bewußt werden.

Joey stellte die Schachtel mit Gummibändern, mit der er gespielt hatte, wieder hin, und ich sagte: «Gut, zahl dir zwanzig, das sind zwei blaue Chips oder ein roter, weil du Anordnungen so rasch befolgt hast. Jetzt möchte ich dir zeigen, was wir heute tun werden. Dies hier ist ein Notizbuch; dies ist dein Kästchen. Darin heben wir die Sachen auf, an denen du arbeitest. Würdest du bitte deinen Namen auf das Notizheft schreiben?»

«Darf ich den Magic Marker benützen, den Sie in der Schublade haben?»

Ich lachte. Das sollte ein Kind sein, das laut Berichten sich seiner Umgebung nicht bewußt war? «Selbstverständlich», sagte ich. «Allerdings kann man ihn nicht wieder ausradieren.»

Joey holte den Schreiber heraus und blätterte in dem schwarz und weiß marmorierten Heft, das leer war bis auf die erste Seite. Dort hatte ich den heutigen Arbeitsplan notiert. Er klappte das Heft zu.

«Vielleicht mach ich's doch erst mit Bleistift. Für alle Fälle. Verstehen Sie?»

«Guter Gedanke, Joey – zahl dir noch mal zwanzig.»

Jetzt war es Joey, der lachte. «Zwanzig nur fürs Denken. Denken ist leicht.»

«Möglich», sagte ich, «aber es ist das allerwichtigste. Du hast Glück, wenn du es gut kannst.»

«Ja», erwiderte Joey und schrieb das J verkehrt herum, mit der linken Hand. Dann radierte er es mit seinem Radiergummi wieder aus und schrieb es richtig. Das o gelang gut, doch als er das e machte, überlappte es das o irgendwie. Joey attackierte es mit dem Radiergummi.

Während er die Radiergummispuren fortwischte, sah Joey zu mir hin, grinste und meinte: «Dieser alte Radiergummi hat es wirklich schwer, was?»

Wie hatte ich je daran denken können, Joey nicht in mein Leben aufzunehmen?

Nachdem Joey seinen Namen mit Bleistift geschrieben und mit dem schwarzen Marker nachgezogen hatte, nahm ich seine Akte aus seinem Kästchen und zeigte ihm, wie er bei jedem Test abgeschnitten hatte.

Joey war nur wenig interessiert, und ich beschloß, deutlicher zu werden. «Das wichtigste ist folgendes», sagte ich. «Du sollst wissen, daß du gescheit bist; also brauchst du nicht herumzulaufen und rumzuschreien, wie blöd du bist, und vom Stuhl fallen.»

«Ich kann nichts dafür.»

«Vielleicht.»

«Und ich bin blöd! Ich bin der einzige in meiner Lesegruppe. Da sind die ‹Adler› und die ‹Rotkehlchen› und die ‹Amseln›. Und dann bin da ich, ganz allein. Ich habe nicht mal den Namen von irgend so einem alten Vogel gekriegt.»

«Ich behaupte nicht, daß du gut lesen kannst. Ich sagte, du seist gescheit. Das ist ein Unterschied.»

«Wieso?»

«Wenn du gescheit bist, kannst du besser lesen lernen – wenn ich es dir auf die richtige Weise beibringe und du hart genug arbeitest.»

Joey zu helfen würde schwierig sein, denn die Tests hatten gezeigt, daß weder sein Seh- noch sein Hörvermögen eine Stärke von ihm waren. Ich hatte den Verdacht, daß Joeys auditive Fähigkeiten besser waren, als die Tests ergeben hatten, und daß am schlechten Abschneiden auf diesem Gebiet höchstwahrscheinlich Achtlosigkeit schuld war. Seine gesprochene Sprache war so klar, und er hatte so viele Informationen aufgeschnappt, daß sein Gehör nicht derart schlecht sein konnte, auch wenn er keine Zahlenreihe wiederholen konnte. Angst konnte auch eine Rolle gespielt haben; es ist schwierig, sich überhaupt an etwas zu erinnern, wenn man verängstigt ist. Später bestätigte der Ohrenarzt, daß keine Schädigung des Gehörs vorlag.

Ich beschloß, eine Kombination von Methoden zu verwenden, um Joey lesen zu lehren, bis ich entdeckte, welche am besten wirkte. Das wichtigste, was zu Joeys Gunsten sprach, war seine Intelligenz. Wenn er begreifen konnte, daß Lesen wie ein Code war und die Buchstaben, je nach ihrer Position, für bestimmte Laute standen, würde er lernen können, den Code zu knacken.

Es war wichtig für Joey zu verstehen, daß er beim Lesen fünfundachtzig Prozent der Wörter entschlüsseln könnte, die übrigen fünfzehn Prozent würden als «rote Wörter» gekennzeichnet werden. Ich würde diese «roten Wörter» mit roter Tinte auf Karteikarten schreiben und Joey bitten, sie auswendig zu lernen. Aber das war dann auch die einzige Gedächtnisübung, die ich von ihm verlangte. Die anderen Wörter konnte er selbst herausfinden, wenn er sich an die Regeln hielt. Die Bücher, die ich Joey zu lesen geben wollte, hatten ein sorgfältig ausgesuchtes Vokabular und benützten nur Wörter, die den Regeln entsprachen, die er bereits gelernt hatte. Ich verließ mich darauf, daß ein so unabhängiger Junge wie Joey begeistert sein würde, alles allein herauszufinden.

Rechtschreiben und Schreiben würden mit dem Lesen Hand in Hand gehen. Hat ein Kind gelernt, «Hut» zu lesen, kann es auch lernen, «Hut» zu schreiben, wenn man ihm beibringt, wie man Buchstaben mit den entsprechenden Lauten zusammenbringt. Ich würde Joey dazu bringen, das Wort zu visualisieren – es laut auszusprechen, es auf den Schreibtisch zu schreiben, in den Sandkasten oder auf Papier.

Ich würde vorsichtig sein und ihn nicht bitten, Wörter zu buchstabieren, die phonetische Unregelmäßigkeiten hatten, und ich würde auch aufpassen und nicht zu viele neue Informationen auf einmal geben. Sicherlich rührte eine Menge seiner Probleme daher, daß er zuviel Neues in zu kurzer Zeit erfuhr, und das erdrückte ihn. Vermutlich war das der Grund, warum er vom Stuhl fiel.

An jenem ersten Morgen erzählte ich Joey nur von dem Laut jedes Buchstabens und zeigte ihm, wie er den entsprechenden großen oder kleinen Buchstaben schreiben mußte. «Sieh ihn dir an, hör ihn dir an, sag ihn, schreib ihn auf, Joey. Laß dir nur Zeit.» Es war nicht leicht für Joey. Er verwechselte die Laute für b und p und schrieb natürlich viele Buchstaben verkehrt herum. Trotzdem verbesserte sich seine Schreibfähigkeit in jener einen kurzen Sitzung enorm, als er lernte, jeden Buchstaben korrekt zu bilden und seinen Laut zu sagen, während er ihn schrieb.

Ich wußte, daß ich damit wieder beim Anfang anfing, und riskierte, ihn zu langweilen, denn all dies war bereits in der ersten Klasse oder wahrscheinlich schon früher durchgenommen worden, doch ich wußte auch, daß das Risiko nicht groß war.

Wenige lernbehinderte Kinder langweilen sich. Sie tun vielleicht so, oder ihre Eltern nehmen dies schnell an, doch die meisten sind nicht gelangweilt, sondern verängstigt. Weder sie noch die Eltern können begreifen, wieso sie an einem Tag etwas verstehen und am nächsten nicht. Gewöhnlich kommt es daher, daß sie die Grundschritte einer Aufgabe nicht gründlich genug gelernt haben, um sie spontan und «auf Verlangen» anwenden zu können, vor allem dann, wenn sie unter Leistungsdruck stehen.

Wie dem auch sei, wir waren beide so vertieft in das, was wir taten, daß wir fünf Minuten überzogen und das nächste Kind warten mußte. Trotzdem nahmen wir uns noch die Zeit, Joeys Chips zu zählen und die Gesamtsumme von achthundertvierzig in sein Heft einzutragen. Dann zogen wir sechshundert ab für den zuckerlosen Naturkostlutscher, den er sich dafür aus dem Bonbonkorb kaufte. Ich bewahrte einen kleinen Vorrat von Allerlei in einem Weidekorb auf dem Aktenschrank auf, und am Schluß jeder Sitzung hatte jedes Kind einen Augenblick Zeit, um sich zu entscheiden, ob es seine Chips ausgeben oder sparen wollte.

Während des Juni und Juli lasen, schrieben und buchstabierten Joey und ich zweimal in der Woche. Wir zählten zusammen und zogen ab. Wir unterhielten uns und spielten. Es geschahen keine Wunder. Ich unterrichtete Joey und wiederholte mit ihm und ließ ihn üben, und ich sorgte dafür, daß jede Stunde mit einem Erfolgserlebnis endete. Seine Fähigkeit, Wörter zu entschlüsseln, und sein aktiver Wortschatz besserten sich beide; seine Schrift wurde lesbarer, das Rechnen genauer. Ich gab ihm kleine Mengen von Hausaufgaben auf, die er selbständig machte und, was noch wichtiger war, nicht vergaß, wieder mitzubringen.

Er bewegte sich noch immer unruhig auf seinem Stuhl und spielte mit Heftklammern, doch er lernte, richtig zu atmen, um seinen Körper bewußt zu entspannen, und mit den drei Pausen auszukommen, die ich ihm bei jeder Unterrichtsstunde zugestand.

Ende Juli hatten wir beide einiges gelernt. Joey hatte lesen gelernt, obwohl er immer noch unter dem Klassendurchschnitt lag, und ich hatte gelernt, daß seine Schwierigkeiten, Ordnung zu halten, nicht nur ihn allein betrafen. Sie schienen Teil der Lebensart seiner Familie zu sein. Meine Telefonmitteilungen wurden selten ausgerichtet, und Joey erschien oft am falschen Tag oder zehn Minuten zu früh oder überhaupt nicht.

Trotzdem waren wir alle zuversichtlich. Seit eineinhalb Monaten war Joey nicht mehr von seinem Stuhl gefallen oder hatte gesagt, er sei blöd. Andererseits war Sommer, und im Sommer ging es Joey immer gut.

Ich schickte ihn in seine Augustferien mit zwei Büchern zum Lesen und einem Arbeitsbuch, das er meiner Meinung nach bewältigen konnte. Wir mußten einfach abwarten und sehen, was im Herbst passierte.

Die Stones kehrten eine Woche früher aus den Ferien zurück, um Joey die Möglichkeit zu geben, mit mir den Stoff noch einmal durchzugehen, ehe er in der Schule erneut getestet wurde. Der Erziehungsbeirat prüfte ihn und stellte fest, daß «bedeutende Fortschritte» gemacht worden seien, wenn auch die Leistungen noch immer «ungenügend» seien. Er war damit einverstanden, daß Joey in seiner Schule blieb und in die zweite Klasse kam.

Keiner von uns ahnte, daß Joey in Mrs. Maddens Klasse landen würde. Niemand hatte schuld daran. Die Lehrerin der zweiten Klasse, der Joey zugeteilt worden war, war im Sommer schwanger geworden und fand am ersten Schultag, daß sie sich nicht gut genug fühlte, um ihre erste Schwangerschaft und gleichzeitig eine zweite Klasse durchzustehen. Sie ließ sich ein Jahr beurlauben. Der Rektor, Mr. Templar, hielt die neue Lehrerin, die er einstellte, für zu unerfahren, um mit Joey fertig zu werden, und versetzte Joey deshalb in Mrs. Maddens Klasse.

Mrs. Madden war durchaus erfahren. Dreißig Jahre Erfahrung – fast ausschließlich im selben Schulsystem. Als ich sie in der ersten Woche nach Schulbeginn anrief, um ihr von Joeys Einstufung zu erzählen und was wir den Sommer über getan hatten und um sie zu bitten, ob ich mich mit ihr einmal in der Woche besprechen könne, gab sie mir deutlich zu verstehen, daß Konferenzen oder Telefongespräche mit mir nicht notwendig seien. Sie erklärte, sie habe Joeys Fall mit dem Erziehungsbeirat diskutiert. Man habe ihr gesagt, daß er zur Probe in die zweite Klasse versetzt worden sei. Sie versicherte mir, daß sie eine Menge anderer Kinder mit Problemen gekannt habe und Joey in ihrer Klasse nicht die geringsten Probleme verursachen würde. Sie sagte außerdem, sie halte es für das beste, offen mit mir zu sein: Ihrer Meinung nach sei Nachhilfeunterricht reine Zeitverschwendung – noch schlimmer als Zeitverschwendung sogar, wenn die Nachhilfelehrer die Kinder von sich abhängig machten. Natürlich, wenn die Stones ihr Geld zum Fenster hinauswerfen wollten, so sei das ihre Sache.

Als ich den Erziehungsbeirat anrief, um zu sagen, daß ich anscheinend gewisse Verständigungsschwierigkeiten mit Mrs. Madden haben würde, erklärte man mir, daß sie dies verstünden, sie hätten selbst Schwierigkeiten mit ihr, doch in vieler Hinsicht sei sie eine sehr gute Lehrerin.

Am Dienstag nach Schulbeginn schlurfte Joey um Viertel nach sechs in meine Praxis. Er blieb mitten im Zimmer stehen, hob die Arme und ließ sie dann herunterfallen. «Die schlechte Nachricht: Ich hab die Madden. Die nächste schlechte: Ich bin immer noch nicht in einer Lesegruppe – da gibt's die ‹Yankees›, die ‹Rotsokken›, die ‹Golddrosseln›, und außerdem mich. Die nächste schlechte Nachricht: Ich durfte nicht mitturnen und mußte nach der Schule noch dableiben! Ich werde die zweite Klasse nie schaffen, Mary!»

«Setz dich, Joey. Ich freue mich, daß du da bist. Zahl dir vierzig. Das ist ein Haufen schlechter Nachrichten.»

Seit unserem Telefongespräch hatte ich immer wieder über Mrs. Madden nachgedacht. Gegen alle Vernunft hatte ich gehofft, daß sie und Joey sich verstehen würden, obgleich mir dies mit ihr nicht gelungen war. Offensichtlich war nichts dergleichen geschehen.

Ich musterte Joey. «Okay, ich hab's gehört. Deine Lehrerin ist ein harter Brocken. Aber du kannst auch ein harter Brocken sein. Du kannst dir nämlich genau überlegen, wie du die zweite Klasse schaffst.»

Joey rollte sich langsam zur einen Seite und fiel dann schweigend von seinem Stuhl auf den Boden. Mit den von sich gestreckten Armen und Beinen lag er auf dem grauen Teppich, die Augen geschlossen, der Körper schlaff wie der einer Stoffpuppe. Ich saß da und beobachtete ihn. Nachdem eine volle Minute verstrichen war, öffnete Joey das eine Auge und blinzelte zu mir hoch. Ich gab den Blick milde zurück und wartete auf den Rest der Aufführung. Kein Zweifel, Joey wußte, wie man eine Szene gekonnt hinlegte.

Da er nun sicher war, daß ich ihm zusah, verdrehte er die Augen, so daß sie pupillenlos und weiß zu mir hochstarrten, und seine Beine und Arme bewegten sich auf und ab wie Dreschflegel. Die Kinder in der Schule mußten davon begeistert gewesen sein.

«Okay, Joey, das reicht.» Ich griff hinunter und zog ihn hoch. «Wir haben fünfundvierzig Minuten und sollten sie nicht mit solchem Zeug vertrödeln. Außerdem mag ich so was nicht. Der nächste Sturz kostet dich hundert.»

«Einhundert!» heulte Joey auf. «Verdammt! So was würden Sie nicht tun!» Schützend legte er die Hand über den roten Plastikteller mit seinen Chips.

«O doch! Und das weißt du ganz genau! Aber ich will dir was sagen: Während dieses ersten Schulmonats, also jeden Tag im September, den du mit Mrs. Madden klarkommst, erhältst du von mir hundert.»

«Was meinen Sie damit? Etwa... etwa, wenn ich nach der Schule nicht dableiben muß?»

«Genau. Oder wenn du nicht zum Rektor geschickt wirst oder mitturnen darfst. Solche Sachen. Du wirst einfach gut sein müssen, Joey. Nicht nur ein wenig gut, sondern hundert Prozent gut, jeden Tag! Denk nicht mehr an die ‹Rotsocken› – ich weiß, daß du lesen kannst und es noch besser lernen wirst. Aber du mußt immer die Aufgaben machen, die Mrs. Madden dir gibt. Keine Hausaufgaben vergessen, das Pult in Ordnung halten, immer auf dem Stuhl sitzen, den Arm heben, ehe du was sagst, dich ordentlich in eine Reihe stellen und noch viele Dinge mehr.»

«Ich weiß nicht, es klingt nach einem ziemlich fürchterlichen Leben.»

«Nun, Joey, überleg die Alternative.»

«Was ist eine Alternative?»

«Andere Möglichkeiten. Wie zum Beispiel durchzufallen und nicht versetzt zu werden und Mrs. Madden noch einmal ein Jahr zu genießen.»

«Oh, Mann!»

In der vierten Woche nach Schulbeginn beschloß ich, bei Mrs. Madden vorbeizugehen. Wenn meine Telefonanrufe nichts bewirkten, mußte ich einen anderen Weg einschlagen, um herauszubekommen, was in der Schule los war.

Um zehn Minuten nach drei ging ich den Gang entlang zur zweiten Klasse. Den Hausmeister hatte ich nur mit einem kurzen Kopfnicken begrüßt. Ich war schon oft in der Schule gewesen, um mit den Lehrern anderer Kinder zu sprechen, doch Mrs. Madden war ich noch nicht begegnet.

Sie saß an ihrem Schreibtisch und sah irgendwelche Papiere durch, als ich an das Fenster der Tür klopfte. Das graue Haar lag in ordentlichen kleinen Locken eng an ihrem Kopf an. Der geschwungene Kragen ihrer Bluse umgab ihren Hals in zwei makellosen Falten. Sie trug ein braunes Kostüm. Mrs. Madden erhob sich und ging langsam durch den Raum zur Tür.

Sie öffnete sie und stand da, ohne zu lächeln.

«Mrs. Madden? Ich bin Mary MacCracken», sagte ich.

«Ja, das habe ich mir schon gedacht.» Sie machte keine Anstalten, mich hereinzubitten.

«Mrs. Madden, könnte ich Sie wohl für zehn Minuten sprechen?» Ich wußte, daß alle Lehrer bis halb vier Uhr in der Schule zu bleiben hatten.

Sie sah zu der Uhr über der Tür hoch. «Drei Uhr zwölf. Na schön. Kommen Sie rein.»

Ich folgte ihr zur anderen Seite des Raums, und sie wies auf einen Stuhl neben ihrem Schreibtisch. Ich setzte mich ihr gegenüber und stellte dabei fest, daß das Zimmer viel freundlicher war, als ich erwartet hatte. Die großen, sonnigen Fenster links von mir waren voll grüner Blattpflanzen aller Größen. Auf dem Fensterbrett stand ein Aquarium. Auf der Wandtafel waren in der linken Ecke die zu machenden Hausaufgaben notiert, und in der Mitte der Tafel standen fünf kurze Sätze über einen Ausflug zur Polizeiwache. War Mrs. Madden mit ihrer Klasse tatsächlich zur Polizei spaziert?

Ich hielt zwei Schnellhefter mit Joeys Unterlagen im Schoß. Der eine enthielt die Berichte über die Tests, die ich gemacht hatte (ich hatte die Stones um Erlaubnis gefragt), der andere ein paar von Joeys neuesten Arbeiten. Doch ich öffnete weder den einen noch den anderen. Ich war hier, um herauszufinden, wie Mrs. Madden und Joey miteinander auskamen. Hatte sie erkannt, was in ihm steckte? Arbeitete er mit? Lernte er?

«Darf ich fragen, wie Joey sich macht?»

Mrs. Madden langte nach ihrem Notenbuch. «Sie haben die Erlaubnis der Eltern, nehme ich an.» Ich nickte, und sie las aus dem Buch vor: «Rechnen: 68, 75, 90, unvollständig, unvollständig, 80. Lesen: 55, 72, unvollständig, unvollständig, unvollständig, 84, unvollständig, unvollständig. Rechtschreiben: 45, 25, 60, 50. Hier gibt es kein ‹unvollständig›, weil jeder die Prüfung am Freitag mitmacht, ob er es schafft oder nicht. Lautlehre: 60, 50, unvollständig, unvollständig, unvollständig, unvollständig, 60.»

Mrs. Madden klappte das Buch mit einem Knall zu. «Wegen Turnen, Zeichnen, Bücherkunde und Sonderkursen müssen Sie die Fachlehrer fragen.»

«Vielen Dank», sagte ich und steckte mein Notizbuch in die Tasche zurück. «Das scheint mir ein Haufen ‹unvollständig› zu sein.»

«Ja. Joey macht oft seine Arbeit nicht fertig. Teilweise kommt es daher, daß er nicht aufpaßt, und so versteht er nicht, was er zu tun hat. Er will immer, daß ich es noch einmal mit ihm durchnehme. Davon halte ich nichts. Er muß lernen zuzuhören. Ein anderer Grund, warum er zurückbleibt, ist sein häufiges Fernbleiben vom Klassenzimmer», fuhr Mrs. Madden fort. «Er geht hinaus mit dem Sprachlehrer oder wegen irgendeines Arbeitsprogramms. Mal ist es dies, mal ist es das. Kein Wunder, daß er mit den Aufgaben im Rückstand ist.»

Ich hatte den starken Eindruck, daß Mrs. Madden ebensowenig an Sonderförderung glaubte wie an Nachhilfelehrer. Nun, wenigstens schien sie nicht darauf aus zu sein, Joey aus dem Klassenzimmer zu verweisen, und das war schon etwas.

Die Uhr tickte, es war inzwischen drei Uhr fünfundzwanzig, und ich erhob mich, um Mrs. Madden zu verstehen zu geben, daß ich nicht über die Zeit bleiben würde.

«Noch eine letzte Frage. Wäre es wohl möglich, ein zusätzliches Exemplar von Joeys Schulbüchern auszuleihen? Rechtschreiben, Rechnen, Lautlehre?»

Mrs. Madden zuckte die Achseln, stand auf, strich sich den makellosen Rock glatt. «Fragen Sie unseren Rektor. Er hat das zu entscheiden.»

«Vielen Dank», sagte ich, während ich zur Tür ging. «Ich danke Ihnen für die Zeit, die Sie mir geopfert haben, und für Ihr Interesse an Joey.»

Mrs. Madden quittierte meinen Dank mit einem Nicken. Als wir an der Tür standen, sagte sie großmütig: «Ich möchte Ihnen eines verraten: Die Noten lassen es nicht erkennen, aber der Junge ist sehr viel klüger, als aus den Tests des Erziehungsbeirats hervorgeht. Sehr viel klüger!»

Ich starrte Mrs. Madden an und unterdrückte das fast überwältigende Verlangen, sie zu umarmen. «Da bin ich ganz Ihrer Meinung», sagte ich, fast schreiend. «Aber wie haben Sie das herausgefunden? Haben Sie mit Joey irgendwelche eigenen Tests gemacht?»

Mrs. Madden wandte sich zum Klassenzimmer um. Wie eine Königin in ihrem Königreich verkündete sie: «Nach dreißig Jahren brauche ich keine Tests mehr.»

Joey zerrte eine schwere Plastiktüte über den Praxisboden. «Mr. Templar sagte, ich sollte Ihnen das bringen.» Er kippte den Inhalt neben dem Schreibtisch auf den Teppich und stöhnte laut, als sein Lese-, Rechen-, Rechtschreib- und Lautlehrebuch herausfielen. «Oh, nein! Es ist schon schrecklich, in der Schule damit arbeiten zu müssen. Aber hier noch mal alles durchzukauen ist noch viel schrecklicher.»

Natürlich arbeiteten wir die Bücher nicht genau durch, doch Joey konnte mir zeigen, wo er war und was er nicht verstand. Das war viel leichter für ihn, als wenn er es zu erklären versuchte. Da Mrs. Madden Seite für Seite und Kapitel für Kapitel vorging, konnte ich außerdem etwas vorausarbeiten und feststellen, was als nächstes durchgenommen wurde. So konnte ich Joey mit dem

Stoff ein wenig vertraut machen, ehe Mrs. Madden ihn in der Klasse durchnahm.

Mrs. Madden war immer noch kurz angebunden, aber sie trug das Ihre zur Lösung des Problems bei. Sie sprach jetzt am Telefon mit mir, wenn ich den Zeitpunkt dafür richtig wählte, und schickte mir die von Joey gemachten Aufgaben freitags in einem verschlossenen Kuvert. Sie hatte sich nicht beschwert und rief auch die Stones nicht an, außer wegen der geplanten Herbstkonferenz. Da erzählte sie ihnen nur, daß Joey immer noch viel arbeiten müsse, daß er aber Fortschritte mache. Das wichtigste war das, was sie nicht sagte. Von einer Sonderschule wurde nicht gesprochen.

An einem Tag im Februar klingelte mein Telefon gegen Mittag. Es schneite heftig, und ich war hinuntergegangen, um die Post zu holen. Deshalb läutete es fünf- oder sechsmal, bis ich beim Telefon war.

«Mrs. MacCracken? Hier ist Mrs. Madden. Beinahe hätte ich wieder eingehängt. Ich dachte, Sie seien nicht da.» Mißbilligung schwang in ihrer Stimme mit.

«Tut mir leid.» In meiner Freude, daß sie von sich aus angerufen hatte, konnte ich ruhig etwas Reue zeigen.

«Ja, also. Joey fällt mit seiner Arbeit am B-Buch immer mehr zurück. Ich meine, mit der Lautlehre. Immer muß er hinaus, wenn Lautlehre auf dem Stundenplan steht. Jetzt ist er zwanzig Seiten zurück. Ich hätte gern, daß er mit Ihnen die Seiten achtundneunzig, hunderteins, hundertfünf und hundertsieben durchgeht. Das wird ihm eine Vorstellung davon geben, wo die andern stehen. Machen Sie die Aufgaben aber nicht für ihn. Ich möchte seine eigene Arbeit sehen. Schicken Sie sie mir, damit ich sie durchsehen kann. Ich wollte, daß ein Fachlehrer den Stoff mit ihm durchnimmt, doch die sagten, daß sie selbst zuviel zu tun hätten.»

«In Ordnung», sagte ich und kritzelte die Zahlen auf das Telefonbuch. «Seite achtundneunzig... könnten Sie die anderen Zahlen noch einmal wiederholen?»

Ich wußte, was die Fachlehrer dachten. Es würde mich Zeit

kosten, die ich lieber für andere Dinge verwendet hätte, doch was allein zählte, war die Tatsache, daß Mrs. Madden zu einem Mitglied unseres Teams wurde. Und das hatte Vorrang vor allem anderen.

Es bestand kein Zweifel. Trotz der versäumten Seiten im Lautlehrebuch machte Joey Fortschritte. Er zählte zusammen, er zog ab, er multiplizierte sogar ein wenig. Die Ergebnisse kamen nicht völlig automatisch, und manchmal brachte er beim Abziehen die Zahlen durcheinander, doch er verstand, was er machte.

Mit vereinten Kräften arbeiteten wir an der Lautlehre, an dem Erkennen von Wörtern und dem aktiven Wortschatz, und Joeys Lesefähigkeit besserte sich ständig. Viel half auch, daß die Stones Joey abends abwechselnd vorlasen. Wenn Joey gewaschen und geschrubbt im Bett lag, las ihm entweder Mr. oder Mrs. Stone eine halbe Stunde lang vor. Zu ihrer Freude machte ihm das Lesen jetzt nicht nur mehr Spaß, er schlief auch besser.

Aber für Joey war nur eine Sache wichtig: «Glauben Sie, daß die ‹Rotsocken› mich jetzt aufnehmen?»

Nicht die «Rotsocken» und nicht vor April.

«Da-di-da-dah!» Joey blies auf einer unsichtbaren Trompete, während er zur Tür hereinkam. «Die gute Nachricht: Ich bin ein verdammter ‹Criole›!»

«Joey – mal langsam. Und nicht fluchen.»

«Na, jedenfalls bin ich einer. Gestern hat man mich aufgenommen. Jetzt gehöre ich zu einer Gruppe.»

Ein Grund zum Feiern. Joey war nicht mehr länger allein, isoliert, anders. Jetzt gehörte er wie die andern in seiner Klasse dazu.

Im Juni erreichte Joey das Ziel der zweiten Klasse und wurde in die dritte versetzt. Meine Tests ergaben sehr gute Resultate im leise Lesen und im Wortverständnis. Im Rechnen gehörte er zum Klassendurchschnitt, in Rechtschreiben lag er leicht darunter.

Bei den Prüfungen in der Schule gehörte Joey auf allen Gebieten zum Klassendurchschnitt, und Mrs. Madden schrieb auf seine Karteikarte: «Deutliche Besserung in Betragen und schulischen Leistungen.» Von Mrs. Madden wirklich ein großes Lob.

Eine unerwartete Nachricht war, daß Mrs. Madden in Pension gehen wollte. Ich konnte mir ihr Klassenzimmer nicht ohne sie vorstellen – oder auch umgekehrt. Sie hatte an Joey geglaubt und ihm einen sicheren, strukturierten Ort geschaffen, wo er lernen konnte. Mr. Templar versicherte mir, daß es ihr Wunsch gewesen sei. Sie hatte schon immer reisen wollen und freute sich auf die Pensionierung. Vielleicht. Aber es würde eine Menge Seen und Berge brauchen, um sie für Joey zu ersetzen.

Wenn es auch traurig war zu hören, daß Mrs. Madden in Pension ging, so gab es auch eine erfreuliche Nachricht. Mrs. Stone hatte beschlossen, sich unabhängig zu machen und zu Hause als Computerspezialistin zu arbeiten, nicht mehr in einem Büro.

«Es macht Spaß», erzählte sie mir am Telefon. «Ich bin jetzt sogar gern zu Hause. Ich weiß nicht, ob es daher kommt, daß es Joey besser geht, oder weil ich keine solchen Schuldgefühle mehr habe. Obwohl mir eigentlich nie bewußt war, daß ich mich schuldig fühlte. Ich weiß jetzt nur, daß ich soviel wie möglich mit den Kindern zusammensein möchte. Ich hätte nie geglaubt, daß ich so etwas einmal sagen würde. Den Sommer über mache ich frei, und dann im Herbst fange ich an, zu Hause zu arbeiten. Al geht es ähnlich. Er arbeitet an den Wochenenden kaum noch. Er war es sogar, der mir den Heimcomputer gekauft hat!»

Ich freute mich für sie und für Joey. Doch ich war auch froh, daß Joey der alte blieb. Ich liebte den etwas verqueren, übersprudelnden, dramatischen Teil von ihm ebenso oder sogar noch mehr als den Teil, der ihm die Aufnahme bei den «Golddrosseln» eingebracht hatte.

Er kam zur letzten Stunde vor den Sommerferien, und wir suchten ein paar Bücher und Arbeitshefte aus, mit denen er den Stoff der zweiten Klasse wiederholen konnte. Er versprach, den Studienplan, den ich ihm gab, ordentlich zu führen, damit man sehen konnte, wie er die tägliche Arbeitszeit von zwanzig Minuten einsetzte, während er am See war.

«Wie fühlst du dich, Joey?» fragte ich. «Hast du ein gutes Gefühl, wenn du an dieses Jahr denkst?»

Er zuckte die Achseln. «Ja, vermutlich schon. Ich meine, ich weiß, daß ich jetzt ganz gut im Lesen bin und daß ich ganz gut zusammenzählen und sogar abziehen kann. Ich fall nicht mehr vom Stuhl und hab keine solchen Probleme mehr. Aber das Multiplizieren ist schwierig, und in der dritten Klasse muß man es mit zweistelligen Zahlen können. Das schaff ich nie!»

Er schüttelte den Kopf und stand auf. «Wissen Sie, Mary, mit mir ist es so: Wenn's das eine nicht ist, ist's das andere.»

Ich lachte. «Du wirst es im Herbst schon sehen, Joey», sagte ich.

Joeys Mutter verspätete sich, doch da Joey an diesem Tag mein letzter Schüler war, freute ich mich, daß ich ein paar zusätzliche Minuten mit ihm hatte, ehe er in die Ferien fuhr.

Wir kauten Nüsse und Rosinen und Popcorn, das ich immer in der Praxis vorrätig habe, und schwatzten und warteten.

Eine Hupe ertönte, und Joey packte seine Bücher, Arbeitshefte und Papiere zusammen. Er schnappte sich noch eine Handvoll Popcorn und rannte durch die Tür hinaus und die Treppe hinunter.

Auf halbem Weg drehte er sich um und winkte mir zu, und dabei glitten ihm irgendwie die Füße weg, und er fiel mit dem Gesicht nach vorn flach auf den Boden, Bücher, Papiere und Popcorn um ihn her verstreut.

«Oh, Joey...» Ich wollte auf ihn zulaufen, doch ehe ich die Treppe hinunter war, stand Joey schon wieder auf den Füßen, zuckte mit den Schultern in meine Richtung, grinste und winkte ein letztes Mal.

Am nächsten Tag hatten die Eichhörnchen das Popcorn gefressen, und ich werde nie ganz sicher sein, ob Joeys Sturz ein Zufall war oder seine Vorstellung von einem perfekten Abgang.

Die zweite Klasse war für Joey wie für mich so gut verlaufen, daß wir beide den ganzen Sommer Ferien machten. Wir kehrten auch beide erst im letzten Moment zurück, und so ging Joey schon wieder über eine Woche in die Schule, ehe ich ihn wiedersah.

Seit unserer letzten Begegnung war offensichtlich etwas passiert, und zwar bestimmt nichts Gutes. Joey war ein einziges Häufchen Elend. Er saß an meinem Schreibtisch, öffnete Schubladen, kramte in Papieren, verbog Heftklammern. Seine Nägel hatte er bis zum Fleisch abgebissen. Die frühere nervöse Ruhelosigkeit war wieder da und außerdem eine neue Art von Lustlosigkeit, die mich noch mehr beunruhigte.

«Was ist los, Joey?»

Er zog den Kopf ein. «Ich weiß es nicht.»

«Magst du deine Lehrerin?»

«Nicht besonders. Sie ist neu.»

«Das ist doch normal. Jeder ist mal neu. Was magst du denn nicht?»

«Ich weiß nicht. Ich kann's nicht erklären. Sie bringt mich völlig durcheinander.»

Ich hakte nicht weiter nach. Wenn man Joey zwang, Gefühle, die er nicht verstand, in Worte zu fassen, verängstigte man ihn nur noch mehr.

Ich änderte das Thema und fragte etwas Sachliches: «Hast du dein Notizheft mitgebracht?»

Joey zerrte seine Schultasche hoch und legte sie auf den Schreibtisch. Ein Blick bestätigte, daß nicht alles zum besten stand. Die Umschläge lösten sich schon von den Büchern, am Boden der Tasche mischten sich Papierfetzen und Bleistifte mit Kaugummipapieren und einer einzelnen Socke.

Ich nahm das Notizbuch heraus. Es lag kein Aufgabenzettel vorne drin; es war überhaupt nichts in dem Heft außer leeren Seiten.

«Hast du für morgen Hausaufgaben zu machen?» fragte ich.

Joey zuckte die Achseln. «Ich weiß es nicht.»

«Joey...» begann ich.

Joey unterbrach mich. «Es ist aber so», rief er. «Ich weiß nicht, was eigentlich los ist. Sie liest die Hausaufgaben so schnell vor, daß ich sie nicht mal hören kann, und schon gar nicht aufschreiben. Nie schreibt sie sie an die Tafel. Es ist sowieso egal. Selbst wenn ich sie mache, sammelt sie sie nie ein. Zum Beispiel beim

Rechtschreiben, da verteilt sie diese roten Fotokopien mit völlig verdrehten Wörtern drauf. Sie behauptet, es ist ein Spiel und wird uns helfen, die Wörter richtig zu schreiben. Aber ich weiß nicht mal, was das für Wörter sind, weil ich sie nicht ordnen kann. Überall ist es so – Sprache, Rechnen, Sozialkunde –, alles ist völlig durcheinander.»

Armer Joey. Das letzte, was er brauchen konnte, war eine desorganisierte Klasse und eine unerfahrene Lehrerin. Er hatte schon genug zu tun, um die Dinge innerhalb seines eigenen Kopfes in Ordnung zu halten, auch ohne daß man ihn noch mit einem äußerlichen Durcheinander konfrontierte. Was hielt wohl Mr. Templar davon? Er wußte, welche Art Klasse Joey brauchte. Doch so, wie die Dinge jetzt lagen, würde Joey seine ganzen Kräfte zusammenraufen müssen, um zu überleben.

«Hör zu, Joey. Ich kann dich verstehen, doch ich möchte nicht, daß alles, was du gelernt hast, verlorengeht, nur weil du eine neue Lehrerin hast. Du mußt deine Hausaufgaben aufschreiben – und du mußt dich richtig verhalten. Wenn du nicht verstehst, was deine Lehrerin sagt, dann gehst du nach dem Unterricht hin und fragst sie noch einmal.»

«Klar, und wenn ich dann rauskomme, sind alle anderen weg.»

«Dann komm früher und frag, ehe die Schule anfängt. Ich werde mit ihr sprechen, Joey, aber du mußt auch dein Teil dazu beitragen.»

Joey beruhigte sich etwas. «Ja, gut. Außerdem, was sind erweiterte Brüche? Sehen Sie, ich hab die Rechenhausaufgabe hier auf meinen Buchdeckel geschrieben, aber ich begreif's nicht.»

Während der restlichen Zeit sprachen wir darüber, und am Ende der Stunde konnte Joey sie sehr gut. Doch irgendwie fühlte ich mich deshalb auch nicht besser, und voll Unbehagen sah ich Joey vom Praxisfenster aus nach. Er schloß sein an einen Baum gekettetes Rad auf, und bevor er aufstieg, holte er ein Paar Kopfhörer aus der Jackentasche und setzte sie sich auf, als wollte er sich vom Rest der Welt abschirmen.

Am nächsten Tag rief ich bei Joey zu Hause an. Niemand meldete sich. Einer augenblicklichen Regung folgend, wählte ich ihre alte Büronummer. Nach dem ersten Läuten antwortete sie. «Ich weiß, daß Sie jetzt nicht sprechen können», sagte ich, «doch ich habe mich gefragt, ob wir uns nicht irgendwann zusammensetzen könnten. Auch mit Ihrem Mann. Ich mache mir Sorgen wegen Joey.»

«Ich wollte Sie auch schon anrufen», antwortete Mrs. Stone. «Zu Hause ist er schrecklich. Joey hatte immer Sinn für Humor. Jetzt ist er ihm abhanden gekommen. Alles, was irgend jemand tut, ist falsch. Hören Sie, ich weiß, daß Al auch mit Ihnen sprechen möchte – aber er ist gerade befördert worden, und jetzt arbeitet er jeden Abend bis spät in die Nacht. Und ich bin auch wieder im Büro, wie Sie sehen.» Sie kicherte nervös. «Oder wie Sie hören können.» Es folgte eine kleine Pause. «Ich glaube, wir haben beide unsere Meinung geändert. Jedenfalls möchte ich Sie fragen, so unangenehm es mir ist, ob Sie wohl am Sonnabend nachmittag zu uns kommen könnten. Rich ist beim Fußballtraining, und Joey und Bill begleiten ihn immer und sehen ihm zu, so daß wir uns ungestört unterhalten könnten.»

Ich zögerte. Ich bemühte mich immer, das Wochenende für meine eigene Familie freizuhalten. Doch ich machte mir Sorgen wegen Joey. Ich hatte das Gefühl, daß er jeden Tag tiefer hineinschlitterte.

«Wie wäre es mit zwei Uhr?» fragte ich. «Ich werde vorher noch mit seiner Lehrerin sprechen. Es ist Miss Ansara, nicht wahr?»

«Ich glaube, ja», antwortete Mrs. Stone. «Jedenfalls hat ihr Name so ähnlich geklungen. Der erste Elternabend ist nicht vor Oktober. Oh, ich muß gehen. Also, bis Sonnabend.»

Am nächsten Tag ging ich bei Mr. Templars Büro vorbei, um Joeys Schulbücher der zweiten Klasse zurückzugeben und zu versuchen, die für die dritte Klasse zu bekommen. Ich wollte auch mehr über Joeys Lehrerin herausfinden. Mr. Templar war ein guter Rektor – fair und besorgt um die Kinder und um seine Mitarbeiter –, und Joey einer unerfahrenen Lehrerin anzuvertrauen, paßte nicht zu dem, was ich von ihm wußte.

«Miss Answera, meinen Sie. Dritte Klasse. Ja, sie ist neu, doch sie hat gute Zeugnisse.» Mr. Templar zog ein Gesicht. «Was immer die auch wert sind. Wie man erwarten kann, daß wir die Kinder etwas lehren, wenn sie den Lehrern nichts beibringen, geht über mein Begriffsvermögen. Ich weiß, es muß für Joey schwer sein, aber für Miss Answera ist es genauso schwer. Und für mich. Wissen Sie, wie viele Lehrkräfte dieses Jahr die Schule verlassen haben? Über ein Drittel meiner Leute, die beiden Lehrkräfte für die dritte Klasse eingeschlossen, ist neu. Haben Sie eine Ahnung, wie viele Eltern mich anrufen? Nun, ich tue mein Bestes. Was kann ich mehr sagen? Wie dem auch sei, kommen Sie, ich gehe mit Ihnen hinunter und mache Sie bekannt.»

Die dritte Klasse drängte gerade von der Turnstunde herein. Die Kinder waren bei dem warmen, sonnigen Septemberwetter draußen im Hof gewesen und schoben und zwängten sich jetzt erhitzt und verschwitzt durch die Tür zum Klassenzimmer. Miss Answera schob die Träger ihres blauen Sommerkleids zurecht, während sie auf ihren hochhackigen Sandalen vor und zurück wippte und die Klasse ermahnte, ruhig zu sein.

Ich sah mich nach Joey um. In Situationen wie dieser konnte er losgehen wie eine Feuerwerksrakete. Aber diesmal war es anders. Joey ging mit gebeugten Schultern an mir vorbei, die Hände in den Taschen, blind gegen alles, was um ihn her passierte; sogar sein rotes Haar wirkte stumpf und leblos. Ich konnte nicht glauben, daß man ihm erlaubte, in der Schule Kopfhörer zu tragen, doch er hatte sie auf, und niemand schien sich daran zu stören.

«Miss Answera», sagte Mr. Templar. «Ich weiß, es ist nicht der günstigste Moment, doch Mrs. MacCracken ist häufig in unserer Schule, und ich wollte, daß Sie beide sich kennenlernen. Mrs. MacCracken arbeitet mit Joey Stone.»

Miss Answera betrachtete mich durch ihre violetten Brillengläser, groß wie Untertassen. «Sehr erfreut», sagte sie.

«Hören Sie, ich komme morgen vor der Schule wieder vorbei – ist Ihnen das recht? An einem Tag wie heute können Sie keine Störung brauchen.»

«Selbstverständlich», antwortete Miss Answera freundlich. «Das würde passen.»

Ich winkte Joey zu, ehe ich ging, aber falls er mich sah, so reagierte er nicht. Er lehnte vornübergebeugt gegen den Kleider-schrank, die Kopfhörer auf dem Kopf, den Blick auf etwas gerichtet, das nicht zu sehen war.

Nach meinem Besuch in der Schule war ich noch besorgter als je zuvor. Ich machte Mr. Templar oder Miss Answera keine Vor-würfe, und außerdem würde es Joey nichts nützen, wenn man dem Erziehungssystem die Schuld zuschob. Vielleicht hatte ich mich getäuscht. Vielleicht hätte ich nicht so heftig darum kämpfen sollen, ihn in einer normalen Schule zu lassen. Wenn Joey jetzt in einer Sonderschule wäre, würden weniger Kinder in der Klasse sein, es würde weniger Verwirrung geben, und wahrscheinlich hätte er dieselbe Lehrerin wie im vergangenen Jahr.

Mrs. Stone sprengte den Rasen, als ich vor dem Haus hielt.

«Vielen Dank, daß Sie uns an einem Sonnabend Ihre Zeit opfern», sagte sie, während wir den Weg zur Haustür entlang-gingen.

Sie lächelte, doch ehe sie noch die Tür geöffnet hatte, ver-schwand ihr Lächeln. Eine laute, ärgerliche Männerstimme schrie: «Verschwinde von hier! Sofort! Verdammt! Ich hab es dir schon tausendmal gesagt! Kein Essen hier im Wohnzimmer! Es ist mir gleich, daß hier der Fernseher steht. Das Zimmer ist ein Saustall! Bring den Teller jetzt in die Küche, du Ferkel!»

«Das ist Großvater.» Gail Stone seufzte. «Die Jungen machen ihn verrückt, vor allem Joey. Meine Mutter starb am Anfang des Sommers, und bei seinem hohen Blutdruck wollte ich es nicht riskieren, ihn allein wohnen zu lassen. Wir verkauften also ihr Haus, und er zog zu uns. Damals schien es eine gute Idee zu sein. Wie auch immer», sagte sie, «gehen wir nach hinten. Al wird gleich unten sein.»

Am hinteren Ende des Hofs war eine kleine Terrasse, und Mrs. Stone bat mich, in einem der Segeltuchstühle Platz zu nehmen, und reichte mir ein Glas Eistee. Al Stone trat aus dem Haus und kam über den Hof. Er wirkte müde und war dünner, als ich ihn in Erinnerung hatte. Etwas in seinem Haar blitzte im Sonnenschein auf, und ich starrte ungläubig hin. In den metallenen Seitenteilen der Kopfhörer, die genauso aussahen wie die von Joey, hatten sich die nachmittäglichen Sonnenstrahlen reflektiert.

Al streifte die Kopfhörer ab, während er auf uns zukam, und reichte mir die Hand. «Schön, Sie zu sehen. Wie geht es Ihnen?»

«Gut», antwortete ich, immer noch fasziniert von den Kopfhörern.

«Ach, die», sagte er, meinem Blick folgend. «Die einzige Möglichkeit, hier zu überleben.»

«Gailll? Wo steckst du, Gailll?» Der Großvater stand in der Hintertür und rief klagend nach seiner Tochter.

«Entschuldigen Sie mich. Es dauert nur eine Minute», sagte Gail Stone und eilte über den Hof davon.

Obwohl die Sonne schien und die Vögel sangen, erschauerte ich in meinem Segeltuchstuhl. Es war klar, daß Joeys Welt auseinanderbrach, sowohl zu Hause wie in der Schule.

Al Stone sagte den ganzen Nachmittag nichts. Es war, als hätte auch er die Welt abgeschaltet. Obwohl er die Kopfhörer abgenommen hatte, schien er immer noch auf etwas anderes zu hören. Er war freundlich, doch still, und widerstand oder überging jeden Versuch von mir, ihn ins Gespräch zu ziehen. Mrs. Stone und ich unterhielten uns, doch alle wichtigen Dinge blieben ungesagt.

Gail Stone erwähnte nicht, daß sie zwischen den Pflichten ihrem Vater gegenüber und dem Unmut ihres Mannes hin und her gerissen war. Den ganzen Nachmittag über rannte sie zwischen den beiden hin und her und bemühte sich, den Frieden aufrechtzuerhalten, während wir in Bruchstücken über das sprachen, was mit Joey passierte.

Al Stone redete nicht über seinen Ärger, daß sich in seinem Haus ein quengeliger, ichsüchtiger alter Mann breitmachte – er blendete sich einfach aus. Er blieb so lange wie möglich im Büro, und wenn er nach Hause kam, setzte er seine Kopfhörer auf. Als ich eine Bemerkung darüber machte, wie unangebracht es sei, daß Joey in der Schule Kopfhörer trage, lächelte Al Stone freundlich und sagte, das habe er gar nicht gewußt.

Und ich konnte Al Stone nicht begreiflich machen, daß seine Taten eine beredtere Sprache sprachen als seine Worte. Wie sein

Vater schloß sich Joey vor dem Durcheinander seiner Welt ab, indem er Kopfhörer aufsetzte. Während Gail Stone mich zum Wagen brachte, erzählte sie mir sogar, daß sowohl Vater wie Sohn häufig mit den Kopfhörern auf dem Kopf einschliefen und die Musik ihnen dann weiter in den Ohren dröhnte. Wer konnte wissen, was für eine Wirkung das auf Joeys Gehör hatte?

Wie sollte Joey es je schaffen? Seine Schulwelt war ein totales Durcheinander, seine Welt zu Hause angefüllt mit Ärger, Wut, Schuldgefühlen und Lärm. Es hätte nicht schlimmer für ihn sein können, dachte ich.

Doch ich täuschte mich. Zwei Monate später starb sein Großvater ganz plötzlich an einem Herzanfall, und statt daß die Dinge sich nun besserten, wurden sie noch schlimmer. Jetzt hörte Joey fast ganz auf zu sprechen. Er machte keine Hausaufgaben und aß laut seiner Mutter «nicht soviel, daß ein Vogel davon am Leben geblieben wäre». Ein- oder zweimal in der Woche telefonierten Gail Stone und ich miteinander. Sie war ebenso beunruhigt wie ich und genauso verwirrt. Keiner von uns konnte es verstehen. Soviel wir wußten, hatte Joey vor seinem Großvater Angst gehabt, und so hätte er eigentlich erleichtert sein müssen, daß dieser jetzt nicht mehr hinter ihm her sein konnte.

Ich versuchte, mit Joey zu sprechen, doch er schaltete mich so wirkungsvoll aus, als trüge er seine Kopfhörer. Er arbeitete, während er bei mir in der Praxis war, und das meiste, was er gelernt hatte, war noch da, doch er machte keinerlei Hausaufgaben, und Miss Answera berichtete, daß er in der Klasse nicht mitarbeitete. Mr. Templar rief an und sagte, Miss Answera sei der Meinung, daß Joey nicht in eine normale Klasse gehöre.

Ich empfahl den Stones dringend, Joey zu einem Psychologen zu schicken, doch Al Stone wollte nichts davon hören.

«Joey ist nicht verrückt», sagte er. «Großvater war der Verrückte. Joey wird wieder in Ordnung kommen, jetzt, da Großvater nicht mehr hier ist. Man muß ihm Zeit lassen. Es ist erst ein paar Wochen her.»

Ich fragte mich, ob Al Stone seine Kopfhörer schon abgenommen hatte. Ich wußte, daß Joey sie noch trug.

Es war fast Weihnachten und ein Monat seit dem Tod des Großvaters vergangen. Ich stellte einen kleinen Baum in einer Ecke meiner Praxis auf und schmückte ihn mit Papierketten und Dekorationen, die die Kinder mitbrachten. Unter dem Baum lag für jedes von ihnen ein kleines, eingepacktes Geschenk, das sie nach der letzten Stunde vor den Feiertagen mitnehmen konnten. Die anderen Kinder entwickelten sich alle prächtig, nur Joey blieb gleichgültig und einsilbig und kaute nervös an seinen Fingernägeln.

Kurz ehe Joey zu seiner letzten Stunde vor den Feiertagen erschien, strich ich aus einem Impuls heraus die Aufgabe, die ich mit ihm hatte machen wollen, durch und beschloß, lieber mit ihm zu lesen. Wenn er mir schon nicht sagen konnte, was mit ihm los war, würden wir vielleicht gemeinsam an einer Geschichte Spaß haben können. Es war eine liebenswürdige Erzählung von einem kleinen Jungen mit seinen eigenen kleinen Sorgen. In seinem Haus gab es weder einen offenen Kamin noch einen Schornstein, und er war überzeugt, daß der Nikolaus ihn nicht würde finden können. Schließlich überredete ihn seine Mutter, seine Socke am Fußpfosten seines Bettes aufzuhängen und vor dem Schlafen liebevolle Gedanken zu denken. Natürlich fand der Nikolaus den Strumpf, und am Morgen, als der Junge aufwachte, entdeckte er, daß der Strumpf dick und voll war und vor Spielzeug und Süßigkeiten überquoll. Auf einer Seite in der Mitte war eine schwarze Tuschzeichnung zu sehen, mit einem schmalen Bett mit vier gedrechselten Pfosten. Eine bauchige, gestreifte Socke hing an dem einen Pfosten des Fußendes.

Ich wollte das Buch schließen, doch Joey, der neben mir saß, machte es schnell wieder auf. Schweigend fuhr er das Bett mit dem Finger nach. Ich legte meine Hand über seine, doch er schob mich ungeduldig wieder weg. Wieder und wieder fuhr er die Zeichnung von oben bis unten nach.

Da glaubte ich, daß er etwas sagte, und beugte mich vor.

«Das Bett», murmelte Joey.

«Was hast du gesagt, Joey?» fragte ich sanft.

Joey hörte mich nicht, oder falls doch, reagierte er nicht auf meine Frage. Aber er redete tatsächlich, wenn auch nur zu sich selbst. «Auf dem Bett. Auf dem Bett.»

«Auf dem Bett», wiederholte ich. «Auf dem Bett war etwas.»

Jetzt reagierte Joey. Er nickte. «Auf dem Bett. Er war auf dem Bett.»

Ich zwang mich mit jeder Faser meines Geistes, mich auf Joey einzustimmen, zu verstehen, was er sagte.

Ich wiederholte: «Er war auf dem Bett.» Dann nahm ich meinen Mut zusammen und wurde genauer: «Er lag auf dem Bett.»

Joey nickte immer noch, jetzt sehr erregt. «Er lag auf dem Bett. Er lag auf dem Bett. Großvater.»

Der Großvater?

Plötzlich drehte Joey seinen Körper zu mir, so daß er mich direkt ansah. Seine Stimme war kalt und ausdruckslos, doch er sprach jetzt offen mit mir, nicht zu sich selbst oder zu dem Buch.

«Großvater war auf meinem Bett, als er starb. Ich habe ihn getötet.»

«Nein», sagte ich, «nein, natürlich nicht. Du hast ihn nicht getötet.»

«Doch», beharrte Joey. «Doch, ich tat es. Ich habe ihm sogar zugehört, während er starb.»

Ich ließ Joeys Blick nicht los, und er erzählte mit der gleichen ausdruckslosen Stimme weiter:

«Verstehen Sie, er war hinter mir her», sagte Joey. «Ich wußte nicht, was er mir tun würde. Ich rannte einfach aus dem Fernsehzimmer, weil er so wütend wurde, als ich sein Gebrüll nachmachte. Ich rannte hinauf in mein Zimmer und versteckte mich unter meinem Bett, damit er mich nicht kriegen konnte. Doch dann hörte ich, wie er hinter mir her kam, er rannte die ganze Treppe hoch und schlug dabei gegen die Wand. Dann stürzte er plötzlich in mein Zimmer und fiel schwer auf mein Bett und machte so komische Geräusche, als würde er ersticken.»

So wie Joey das erzählte, war die Sache völlig einleuchtend. Joeys Nachahmungstalent und sein Hang zum Dramatisieren mußten den Großvater wütend gemacht haben. Kein Wunder, daß er auf den Jungen losgehen wollte und seinen hohen Blutdruck dabei vergaß.

«Dann nach einer Weile hörte er auf zu keuchen, und alles war ganz ruhig... und das war noch schlimmer», fuhr Joey fort, «weil es anfing dunkel zu werden und ich wußte, ich mußte aus dem Zimmer raus, ehe Rich und Bill nach Hause kamen und mich unter dem Bett entdeckten. Wenn sie mich fanden, würden sie erfahren, daß ich es gewesen war.»

An meine Praxistür wurde dreimal laut geklopft. «Einen Augenblick noch», rief ich, so gelassen ich konnte, ohne den Blick von Joey abzuwenden. «Weiter, Joey. Hör nicht auf!»

«Ich kroch hervor», sagte er mit einer Stimme, die kaum mehr als ein Flüstern war, «aber es war schwierig. Das Bett lag fast auf mir, weil Großvater so dick war, doch ich quetschte mich raus und rannte hinunter und drehte alle Lampen an. Der Fernseher lief schon, und ich blieb einfach davor sitzen, ganz still. Als meine Mutter ihn fand... verstehen Sie, Großvater kam nicht zum Essen runter wie sonst, und da fingen sie an, nach ihm zu rufen, und dann begannen sie zu suchen, und nach einer Weile fand ihn meine Mutter in meinem Zimmer. Und sie schrie und rief und weinte, daß er tot sei. Da wußte ich ganz genau, daß ich ihn getötet hatte. Bis dahin hatte ich gedacht, daß er vielleicht bloß krank war. Aber er war nicht krank, er war tot.»

Wieder klopfte es an der Tür. «Noch eine Minute», rief ich.

«Verraten Sie es niemand», sagte Joey, in Panik geratend, und zog an meinem Jackenaufschlag. «Ich wollte es Ihnen gar nicht erzählen.»

«Hör, Joey. Dein Großvater war sehr alt und sehr krank. Er hatte einen Herzanfall. Das hat mir deine Mutter gesagt. So was passiert vielen alten Menschen.»

«Ich weiß nicht mal, wann er starb», sagte Joey. «Vielleicht lebte er noch, als ich hinauslief. Vielleicht, wenn ich einen Arzt gerufen hätte, wäre er wieder in Ordnung gekommen. Außerdem wollte ich, daß er starb. Manchmal betete ich sogar darum. Vielleicht wurden meine Gebete erhört.»

Kein Wunder, daß Joey niemand etwas erzählt hatte. Er mußte

starr vor Schreck gewesen sein, wie er so allein und gefangen unter dem Großvater lag, während dieser starb, und wie er später überzeugt war, daß er ihn getötet hatte.

Joey legte den Kopf auf den Schreibtisch. Ich nahm ihn einen kurzen Augenblick in die Arme und rief dann seine Mutter an.

Joey blieb während der nächsten zwei Unterrichtsstunden in der Praxis. Er lag unter einer Wolldecke zusammengerollt auf der Couch und schlief, oder tat, als schliefe er, bis seine Mutter kam.

Im Wartezimmer fragte ich Gail Stone, ob es wahr sei, daß sie den Großvater in Joeys Zimmer gefunden hatte.

Sie nickte. «Warum?»

«Warum haben Sie mir das damals nicht erzählt?» fragte ich zurück.

Mrs. Stone traten die Tränen in die Augen. «Ich weiß es nicht. Joey nahm es so schwer, und ich dachte, es würde alles noch viel schlimmer machen, wenn ihm bewußt wurde, daß ich seinen Großvater in seinem Bett gefunden hatte. Joey war unten und sah die ganze Zeit fern, während wir suchten. Ich nahm an, mein Vater sei auf dem Weg ins Badezimmer gewesen, das gegenüber von Joeys Zimmer liegt. Ich kann mir nur vorstellen, daß ihm schlecht wurde oder schwindlig, oder daß er einen Anfall hatte und dachte, er könnte sich für ein paar Minuten auf Joeys Bett legen. Kein Mensch wird je Genaueres wissen. Was hat das überhaupt mit Joey zu tun? Warum haben Sie mich angerufen? Stimmt etwas nicht?»

Am nächsten Tag kam Gail Stone während ihrer Mittagspause zu mir in die Praxis.

«Nachdem die Jungen im Bett waren», sagte sie, «haben Al und ich gestern abend noch stundenlang geredet. Es hat Al sehr aufgewühlt, als er erkannte, was in Joeys Kopf vorgegangen war und daß er – ich meine Al – keine Ahnung davon hatte. Al ist ein guter Mensch. Er arbeitet viel, er ist intelligent, er liebt seine Familie. Er hat immer durch dick und dünn zu mir gehalten. Es war ein Fehler, daß ich meinen Vater zu uns ins Haus holte. Das weiß ich jetzt. Ich glaube, ich habe immer noch versucht, ihm zu gefallen, wie ich das schon als kleines Mädchen getan habe. Damals hat es auch nicht funktioniert. Ich hätte einfach jemand einstellen sollen, der sich um ihn kümmerte, denn sein Haus war ja nicht weit weg.

Nun, wie dem auch sei», fuhr Gail fort. «Jetzt ist es vorbei. Wir werden darüber hinwegkommen. Joey auch? Das wüßten wir gern. Sicherlich finden Sie, wir sollten alle in eine Therapie gehen, aber Al ist strikt dagegen. Er meint, wir sollten uns vorher eine Chance geben. Er ist bereit, mit mir zu sprechen, er ist bereit, mit dem Jungen zu sprechen, doch er möchte nicht mit irgendwelchen Fremden reden – vorläufig jedenfalls nicht. Ich kann das verstehen. Doch ich möchte sicher sein, daß wir Joey nicht wieder verlieren.»

«Ich verstehe», sagte ich, nach Worten suchend. Ich glaubte an die Nützlichkeit einer Familientherapie, doch sie durfte nicht erzwungen werden. «Was für ein Gefühl haben Sie denn?» fragte ich.

«Ich habe die ganze Nacht überlegt», sagte Gail. «Ich habe nicht viel geschlafen. Wahrscheinlich hat das niemand von uns, außer Joey. Er schlief rund um die Uhr, und heute morgen war er in einer so guten Verfassung, wie ich es seit Monaten nicht mehr erlebt habe. Er aß zwei Schüsseln Haferflocken – und erzählte seinem Vater alles über den Großvater, obwohl ich gedacht hatte, er würde kein Wort darüber verlieren. Ich behielt ihn heute zu Hause, und Al nahm sich auch frei. Als ich wegfuhr, sah Joey fern, und Al las die Zeitung, es hätte nicht friedlicher sein können.

Ich glaube, wir schaffen es. Al und ich sind einen langen Weg zusammen gegangen, wir haben eine Menge Probleme gehabt und auch gute Zeiten. Außerdem ist Al ein entschlossener Mensch. Wenn er sich mal was in den Kopf gesetzt hat, bleibt er dabei.»

Während sie sprach, dachte ich an Joey. Er hatte im letzten Schuljahr solche Fortschritte gemacht. Er hatte seine große Energie darauf verwendet, mitzuarbeiten und zu lernen. Er hatte aufgehört, den Narren zu spielen, wenn er auch immer noch gern Spaß machte und herumalberte. Er liebte Menschen. Er war intelligent und seine Körperkoordination war ausgezeichnet. Er besaß ein musikalisches Gehör und hatte ein ungewöhnliches Gespür für alles Dramatische. Seine Stärken waren alle noch da. Sie konnten sich nur bei dem Durcheinander in der Schule und der Spannung zu Hause nicht durchsetzen.

«Wird es bei Ihnen zu Hause denn jetzt anders werden? Mit Miss Answera als Klassenlehrerin glaube ich nicht, daß es in der Schule große Veränderungen geben wird. Und Sie kennen Joey. Er blüht und gedeiht, wenn die Dinge strukturiert, sicher und organisiert sind – doch wenn es Veränderungen gibt, Verwirrung entsteht oder wenn er Angst hat, dann geht er kaputt.»

Gail Stone nickte. «Genau wie ich. Ich bin selbst nicht sehr gut organisiert. Das weiß ich. Aber was ich sagen wollte, ist, daß wir es versuchen werden. Sie sagten mir einmal, daß jeder sich weiterentwickeln kann – nicht nur die Kinder. Erinnern Sie sich?»

«Ich erinnere mich», antwortete ich.

«Und Sie glauben immer noch, daß es wahr ist?» fragte sie.

«Ja.» Ich nickte. «Es ist immer noch wahr.»

«Also, als erstes gebe ich meine Arbeit auf», erklärte Gail Stone. «Ich habe noch den Computer, den Al mir vor einem Jahr schenkte, und damals hätten wir es beinahe geschafft. Ich glaube, ich will Ihnen damit sagen, daß ich bereit bin, die beste aller Ehefrauen und Mütter zu werden.»

Ich lächelte ihr zu und stand auf. «Es klingt, als hätten Sie und Al alles genau durchdacht und seien ziemlich fest entschlossen. Wissen Sie, ich glaube, daß Eltern ihre Kinder besser kennen als irgend jemand anders. Jedenfalls, wenn Sie und Al ein gutes Gefühl haben, würde ich mit dem Jungen sprechen und weitermachen und es versuchen.»

Wer behauptet, daß Wünsche nicht wahr werden? Miss Answera fuhr an den Weihnachtsfeiertagen nach Hause nach Florida und kam nicht wieder. Und was für Joey noch viel schöner war – Mr. Templar konnte Mrs. Madden überreden, zurückzukehren und für den Rest des Schuljahres Joeys dritte Klasse zu übernehmen.

«Portugal gibt es schon eine ganze Weile», sagte Mrs. Madden, als ich in die Schule kam, um mit ihr zu sprechen. «Es wird vermutlich in einem halben Jahr auch noch existieren.»

Wieder hatte ich Mühe, die Hände in den Taschen zu behalten, um sie nicht zu umarmen. Joey würde gut aufgehoben sein – zumindest für dieses Schuljahr, denn Mrs. Madden hatte in der Schule erneut die Leitung seiner Klasse übernommen, und zu Hause waren seine Mutter und sein Vater wieder ein Gespann.

Während der dritten und vierten Klasse sah ich Joey zweimal in der Woche und arbeitete eng mit seinen Lehrern zusammen. Er eignete sich eine solide Wissensgrundlage an, auf der er aufbauen konnte, und sein Vertrauen in seine Lernfähigkeit wuchs. Außerdem war er der Star jeder Klassenaufführung. Er strahlte auch auf der Bühne seine außerordentliche Energie aus, und innerhalb von Minuten wickelte er die Zuschauer um den kleinen Finger.

Nach der Hälfte der fünften Klasse setzten wir den Unterricht auf nur noch einmal die Woche an, in der sechsten hörten wir ganz auf.

Bei Joeys Examensfeier saß ich auf einem Platz neben dem Mittelgang. Joey strahlte wie ein polierter Penny – er trug einen neuen blauen Anzug, sein rotes Haar war frisch gewaschen und ordentlich gekämmt. Er schaffte es, während der Feierlichkeiten still zu sitzen und sein Diplom ohne Zwischenfall in Empfang zu nehmen, doch auf dem Weg hinaus fiel ich ihm auf. Das schiefe Grinsen tauchte auf seinem Gesicht auf, und während er an meinem Platz vorbeiging, tat er einen Augenblick so, als würde er gleich hinfallen. Es war ein perfekter Abgang.

Wie ich schon früher sagte: Mit Joey war immer etwas los...

Eric

An dem Abend, an dem ich Eric kennenlernte, war niemand mehr im Wartezimmer. Sogar das Licht war abgedreht.

Es war ein langer Tag gewesen, und als das letzte Kind gegangen war und ich Ordnung gemacht und Bücher und Spielzeug aufgeräumt hatte, wollte ich sofort nach Hause. Von meiner Praxis bis zur Wohnung war es eine Fahrt von gut fünfundvierzig Minuten, und auf den Straßen herrschte um diese Zeit starker Berufsverkehr.

Ich schlüpfte in meine Jacke, machte die Lampen aus, zog die schwere Praxistür hinter mir zu und trat beinahe auf Eric.

Überrascht fuhr ich zurück. «He, was ist denn mit dir los?» Als sich meine Augen an das dämmrige Licht gewöhnt hatten, konnte ich einen kleinen Jungen erkennen, der vor der Praxistür auf dem Boden des Wartezimmers saß und den Inhalt einer Damenhandtasche untersuchte.

Der Hausmeister hatte offensichtlich die Lampen im Wartezimmer ausgeschaltet; das wenige Licht, das hereinfiel, stammte von der Deckenleuchte im Gang. Ich tastete mich zu einer der Leselampen, und als das Licht aufflammte, wimmerte der kleine Junge leise.

Aus einer Ecke des Raums fragte eine Frauenstimme: «Mrs. MacCracken? Sind Sie Mrs. MacCracken?»

Die Frau stemmte sich mühsam von dem Sofa hoch und zog den abgetragenen schwarzen Mantel enger um sich. Sie mußte einmal eine hübsche Frau gewesen sein, doch jetzt, im Näherkommen, sah ich, daß ihr Gesicht mager war, mit tiefen Falten. Unter ihren Augen lagen dunkle Schatten.

Ihre Worte waren an mich gerichtet gewesen, doch sie hatte dabei den Jungen angesehen. Sie trat an mir vorbei und ging zu der Wand, vor der er saß, die Hände vor die Augen gelegt. Sie zog ihn an sich und barg zärtlich seinen Kopf an ihre Hüfte. «Scht, Errol», besänftigte sie ihn. «Scht! Es ist alles in Ordnung.»

Dann sagte sie, zu mir gewandt: «Er mag kein Licht.»

Sie waren ein seltsames Bild, wie sie dort im Lampenlicht standen – die Gestalt im schwarzen Mantel, die sich über den kleinen Jungen beugte, die knotigen Finger in seinem matten braunen Haar, sein Gesicht in den schwarzen Stoffalten vergraben.

Ich warf einen Blick auf meine Uhr. Fast acht. Und noch mehr als eine halbe Stunde Fahrt. Ich räusperte mich. «Entschuldigen Sie», sagte ich. «Es ist sehr –»

«Bitte», unterbrach mich die Frau. «Gehen Sie nicht weg.» Sie trat auf mich zu, ihre dunklen Augen lagen forschend auf meinem Gesicht. Der Junge klammerte sich an ihr Bein. Sie sah zu alt aus, um die Mutter eines so kleinen Kindes zu sein, aber ihr nächster Satz ließ erkennen, daß sie es vielleicht doch war.

«Mrs. Tortoni riet mir, herzukommen. Sie haben ihrem Sohn Frank geholfen. Sie meinte, daß Sie uns auch helfen würden.»

Eine kleine Welle der Freude durchströmte mich. Als ich meine Privatpraxis als Beraterin für lernbehinderte Kinder begann, war Frank einer meiner ersten Schüler gewesen. Frank hatte seine Erfahrungen auf der Straße gesammelt und besaß einen messerscharfen Verstand. Sein Vater arbeitete in der Werkstatt, die sich um meinen Wagen kümmerte. Frank zu helfen war einfach gewesen, vor allem, weil mit ihm eigentlich alles in Ordnung war. Keine Zeichen von irgendwelchen Lernbehinderungen, keine ernsthaften Gefühlsprobleme. Er war einfach durch die Maschen des großen, unzulänglichen Schulsystems der wirtschaftlich darniederliegenden Stadt gefallen, in der er wohnte. Jemand hatte arm mit dumm gleichgesetzt und ihn in die niedrigste Intelligenz- und Leistungsklasse eingestuft. Jedes Jahr wurde er versetzt, immer mit der gleichen Beurteilung, daß er langsam und träge sei. Doch als man ihm eine Chance gab und er von außen etwas Hilfe bekam, legte Frank los und konnte gar nicht erwarten zu zeigen, zu was er fähig war, und seine Eltern feuerten ihn dabei noch an.

«Ich hab's begriffen», schrie er dann. «Dieses idiotische Multiplizieren! Es ist nichts anderes als malnehmen und zusammenzählen. Warum haben sie das nicht gleich gesagt?»

Ich bereitete Frank auf die staatliche Leistungsprüfung vor und rief danach die Schule an, um zu hören, wie er abgeschnitten hatte.

Im nächsten Jahr gehörte er zur zweithöchsten Leistungsstufe in der Mittelschule und machte große Fortschritte.

Meine Gedanken an Frank und die Überlegung, wie wenig es gebraucht hatte, um ihm zu helfen, ließen mich schwach werden. Ich zögerte.

«Bitte!» sagte die Frau. «Bitte, lassen Sie mich ein paar Minuten mit Ihnen sprechen.»

«Wohnen Sie in der Nähe der Tortonis?» fragte ich. Ich wußte, daß ihre Wohnung fast eine Stunde weit entfernt war.

Sie nickte. «Zwei Häuser weiter.»

«Wie sind Sie hergekommen?»

«Mit dem Bus», antwortete sie sachlich. «In Grover mußten wir umsteigen.»

Eine lange, kalte Busfahrt, noch dazu um diese Tageszeit. Diese verarbeitete, besorgte Frau mußte den seltsamen kleinen Jungen sehr lieben, sonst hätte sie niemals diesen weiten Weg gemacht.

Ich öffnete die Praxistür wieder, und sie folgten mir hinein.

Dann saß sie da und schwieg. Die Anstrengung, sie beide in meine Praxis zu schleusen, schien ihre ganze Kraft aufgezehrt zu haben. Ich ging im Zimmer umher und sammelte Spielzeug für den Jungen zusammen, der neben ihr auf dem Boden saß. Er war winzig, so groß wie ein Vierjähriger, obwohl sein blasses, spitzes Gesicht älter wirkte. Er wandte den Kopf ab, als ich mich bückte, um Autos und Lastwagen und Puppen neben ihn zu legen, und versteckte sein Gesicht in der Couch. Ich war versucht, mich neben ihn auf den Boden zu setzen, doch dann beschloß ich, daß es jetzt besser wäre, mit der Mutter zu reden – falls diese Frau tatsächlich seine Mutter war.

Ich zog einen Stuhl zu ihr heran und griff nach Block und Bleistift. «Warum fangen Sie nicht damit an, daß Sie mir Ihren Namen sagen?»

«Kroner», antwortete sie. «Ich bin Blanche Kroner, und das ist Errol. Nun, eigentlich heißt er Eric. Ich nenne ihn Errol, sozusagen ein Kosename. Sie wissen schon – wie der Filmstar. Gut aussehend und so weiter.»

Ich beobachtete, wie Eric einen der Wagen über den Teppich hin und her zu schieben begann. Er sah dabei nicht auf. Sein kleines, spitzes Gesicht war ernst und konzentriert. Hielt sie ihn wirklich für hübsch?

Nach und nach kam Erics Geschichte Stück für Stück ans Tageslicht. Eric hatte eine ältere Schwester, Bella, die jetzt vierzehn war. Sie wurde am ersten Hochzeitstag der Kroners geboren. Mrs. Kroner hatte jeden Tag ihrer Schwangerschaft erbrochen, und nach den achtzehnstündigen Wehen hatte sie geschworen, nie wieder ein Kind zu bekommen, obwohl sie erzählte, daß sie «zwei verlor, als ich im zweiten oder dritten Monat war».

Im Sommer nach Bellas siebtem Geburtstag fühlte sich Mrs. Kroner nicht gut, und als sie zu brechen begann, wußte sie, daß sie wieder schwanger war. Sie dachte an eine Abtreibung, doch irgendwie konnte sie es nicht über sich bringen. Sie zählte die Tage, bis das Kind geboren werden würde, nicht weil sie es haben wollte, sondern damit Schmerzen und Erschöpfung ein Ende hätten. Um die Sache noch schlimmer zu machen, kam das Kind zwei Wochen zu spät, und als sie es schließlich geboren hatte, wog es nur fünf Pfund – es war so klein und schwach, daß es nicht einmal richtig trinken konnte.

Mrs. Kroner seufzte. «Ich mußte ihm eine Flasche mit einem so großen Loch im Lutscher machen, daß ich die Milch praktisch in ihn hineingießen konnte.»

Ihr Gesicht erhellte sich plötzlich, und ein paar Sekunden lag ein Strahlen auf ihrem Gesicht, das die Müdigkeit auslöschte. «Trotzdem war er ein süßer kleiner Fratz. Die Schwestern waren alle ganz verrückt mit ihm.» Bei der Erinnerung daran mußte sie lächeln.

Während sie sprach, sah ich von Zeit zu Zeit zu Eric hin. Er kroch jetzt ein wenig umher, stellte Autos und Laster in einer ordentlichen Reihe auf. Jeden Wagen drehte er immer wieder um und untersuchte ihn genau. Nachdem er eine Entscheidung nach irgendwelchen eigenen Maßstäben getroffen hatte, stellte er ihn an einen bestimmten Platz in der Reihe. Seine Ernsthaftigkeit und Konzentration hatten etwas sehr Rührendes. Manchmal gebrauchte er die rechte Hand, manchmal die linke. Nachdem alle Wagen ordentlich in einer Reihe standen, begann er, die Puppen aus ihrem Karton zu nehmen, der ein Puppenhaus darstellen sollte.

Es waren fünf kleine Figuren aus weichem, biegsamem Plastik in etwas schäbig gewordener Filzkleidung (ich hatte sie schon ziemlich lange), doch immer noch sehr gut zu erkennen – Vater, Mutter, Mädchen, Junge und ein Baby in Windeln. Eric nahm alle heraus und legte sie auf den Teppich.

Der Boden der Schachtel war in Fächer eingeteilt, die Zimmer darstellten. Ich beobachtete, wie Eric die Vaterpuppe aufnahm und sie in das Zimmer am hinteren Ende der Schachtel setzte. Als nächstes plazierte er das Mädchen neben den Vater. Dann stellte er die Mutter in ein Zimmer am anderen Ende. Nur der Junge und das Baby waren noch übrig. Er ergriff sie – in jeder Hand hielt er eine Puppe –, und dann legte er das Baby neben die Mutter, doch nur für einen Augenblick, dann vertauschte er das Baby mit dem Jungen. Er probierte mit der Jungenpuppe mehrere Positionen aus – er stellte sie, setzte sie, legte sie hin –, doch offensichtlich war er mit keiner zufrieden. Schließlich verstaute er den Jungen auf der Couch unter einem der Kissen und legte das Baby wieder neben die Mutter.

Ich war von Erics Spiel so gefesselt gewesen, daß ich ein paar von Mrs. Kroners Worten überhört hatte. Jetzt drang ihre Stimme wieder zu mir durch, als sie sagte: «. . . nie viel geredet, doch er machte auch keine Schwierigkeiten oder wurde frech wie Bella.»

Sie hatte Eric nicht in die Kinderkrippe gegeben. Es schien nur Geldverschwendung zu sein, und außerdem hatte sie ihn gern um sich. Bella und sie verstanden sich nicht, und Mr. Kroner schlief am Tag und arbeitete nachts in der Fabrik, und es war irgendwie angenehm, etwas Gesellschaft zu haben.

Vor einem Jahr kam Eric in den Kindergarten, als er fünf war, und alles schien gutzugehen, obwohl er kleiner als die anderen Kinder und viel krank war. Nur Erkältungen, Ohrenschmerzen – nichts Ernstes.

Nach den Sommerferien wollte er nicht in die Schule gehen, doch Mrs. Kroner hatte inzwischen einen Job in einer Kosmetikfirma, ein paar Häuser von ihrer Wohnung entfernt, angenommen, da sie wußte, daß Eric als Erstkläßler den ganzen Tag in der Schule sein würde. Also bestand sie darauf, daß er hinging, und nach der ersten Woche oder so gewöhnte er sich daran und hörte auf, «sich die Augen aus dem Kopf zu weinen. Aber er mochte die Schule immer noch nicht. Er wehrt sich nicht, doch er kann es nicht erwarten, rauszukommen.»

Weder sie noch ihr Mann waren je zu einem Elternabend gegangen, bis auf letzte Woche. Die Lehrerin seiner ersten Klasse, Miss Selby, «hatte richtig gedrängt» und gesagt, wenn sie nicht kämen, würde sie sie zu Hause aufsuchen.

«Deshalb ging ich letzten Donnerstag hin, aber jetzt wünschte ich, ich hätte es nicht getan. Sie sagte bloß immer wieder, daß Eric dies nicht wisse und jenes nicht, daß er sich nie melde, keine Anweisungen befolge, nicht richtig sprechen, seine Laute nicht lernen könne. Sie sagte, er müßte getestet werden. Aber ich will keine Tests. Ich habe über die Jahre eine Menge Tests machen müssen, und wenn vorher noch alles mit einem in Ordnung war, dann hinterher bestimmt nicht mehr. Jetzt muß Errol jeden Abend mit mir zu Hause seine Laute lernen.»

Es war kein erfreuliches Bild. Mrs. Kroner war Ende Dreißig gewesen, als sie mit Eric schwanger war. Eine frühere Schwangerschaft war schwierig gewesen, weshalb sie später zweimal ein Kind verlor. Während sie Eric trug, hatte sie unter schwerer Übelkeit und Erbrechen zu leiden. Eric war ein Baby gewesen, das bei seiner Geburt Untergewicht gehabt hatte und nicht gut saugen konnte, und er war anfällig für Koliken. Ihm fehlten die Erfahrungen aus der Kinderkrippe. Er hatte Ohrenentzündungen gehabt und die Schule von Anfang an nicht gemocht. Außerdem ließ sich aus Erics Spiel und Mrs. Kroners Bemerkungen entnehmen, daß mit der Familienstruktur etwas nicht stimmte. Und doch spürte ich eine Anziehungskraft – fast gegen meinen Willen fühlte ich mich zu ihm hingezogen.

«Was hält Ihr Mann von der ganzen Sache?» fragte ich.

Mrs. Kroner zuckte die Achseln. «Er überläßt Eric mir. Behauptet, er hätte genug Schwierigkeiten, das Brot auf den Tisch zu bringen. Meint, daß die Schule wahrscheinlich viel Lärm um nichts macht.» Mrs. Kroner seufzte. «Aber ich weiß nicht recht», sagte sie. «Ich mußte immer wieder an Mrs. Tortoni und Frankie denken, und ich überlegte, ob Sie Eric vielleicht bei seinen Schularbeiten helfen könnten. Sie verstehen schon, mit ihm die Laute durchgehen, wie ich es abends mache.»

Ich sah zu dem kleinen Jungen hin. Er hielt das Baby jetzt in der flachen Hand und streichelte es in regelmäßigen Abständen, während er mit geschlossenen Augen hin und her schaukelte. Jetzt war es an mir zu seufzen. Was immer Eric auch brauchte, es war jedenfalls mehr, als nur die Lautlehre mit ihm durchgehen. Plötzlich öffnete Eric die Augen, und ich konnte sehen, daß sie voll Tränen standen. Seine langen dunklen Wimpern waren feucht und klebten zusammen. Warum weinte er still in sich hinein?

«Wie wäre es, wenn ich zu Erics Schule fahren und mit seiner Lehrerin, mit Miss Selby sprechen würde? So heißt sie doch, nicht wahr? Vielleicht kann sie mir mehr Informationen über die Art von Hilfe geben, die Eric braucht.»

«Nein!» Mrs. Kroner sagte es sehr scharf. «Ich möchte nicht, daß die Schule von meinem Besuch bei Ihnen erfährt. Dann werden sie nur noch überzeugter sein, daß mit ihm etwas nicht stimmt. Oder sie werden behaupten, daß die Nachhilfelehrerin die Aufgaben macht und nicht Eric.»

«Dann tut es mir leid, Mrs. Kroner», sagte ich. Und ich meinte es auch so. Trotz der späten Stunde, trotz der offensichtlichen Schwierigkeiten war etwas an diesem kleinen Jungen und seiner Mutter, das mich zu ihnen hinzog, und es rührte mich, wie sehr sie ihren Sohn liebte und wie verzweifelt sie ihm helfen wollte. Trotzdem, ich konnte nicht in einer Wolke von Täuschung arbeiten. Ich versuchte, es ihr zu erklären. «Auf diese Weise kann ich nicht arbeiten. Ich brauche Ihre Hilfe und auch die von Erics

Lehrerin. Wir müssen alle zusammenarbeiten, ein Team bilden, wenn wir Eric helfen wollen.»

«Was würden Sie ihr denn erzählen?» fragte Mrs. Kroner. «Ich möchte nicht, daß hinter Erics Rücken über ihn geredet wird – oder hinter meinem.»

«Ich würde mich erkundigen, in welchen Fächern Eric gut ist und wo er Schwierigkeiten hat. Ich würde nach den anderen Kindern fragen und ob er mit ihnen auskommt.»

«Nein!» erklärte Mrs. Kroner energisch.

Ich seufzte – halb aus Müdigkeit, halb aus Ärger.

«Dann ist mir nicht klar, wie ich –»

Ich brach ab, weil mich etwas am rechten Fuß berührte. Ich sah hinab und entdeckte, daß Eric das Baby in einen der Laster gesteckt hatte und jetzt neben den Beinen seiner Mutter hockte und den Wagen hin und her schob. Der Laster war gegen meinen Schuh gestoßen. Ein Zufall, oder war das Erics Art, um Hilfe zu bitten? Er war so blaß und still wie vorher, doch jetzt blickte er ruhig zu mir auf und deutete auf den Laster. Mein Herz kapitulierte.

«Was ist, Eric?» fragte ich und beugte mich zu ihm hinunter. Doch der Augenblick war vorbei. Ich hatte keinen Zugang mehr zu ihm. Er vergrub den Kopf wieder in der Couch. Aber in diesem kurzen Moment des Augenkontakts hatte ich die Intelligenz hinter diesen Augen gespürt, und ich wußte ohne den Schatten eines Zweifels, daß ich diesem kleinen Jungen etwas beibringen konnte, wenn ich zu ihm durchdrang.

Mrs. Kroner schreckte mich aus meinen Gedanken auf. «Könnten Sie sie statt dessen anrufen – seine Lehrerin?» fragte sie fast flüsternd. «Und nicht hingehen?»

«Ja», meinte ich. «Ich glaube, das ist möglich. Wenn Ihnen das lieber ist.»

«Sagen Sie ihr dann auch, was ich Ihnen erzählt habe? Sie wissen schon – daß ich Eric zuerst gar nicht wollte.»

«Nein. Ich glaube, es ist überflüssig, das zu erwähnen. Außerdem bin ich mir gar nicht so sicher, daß es wahr ist.»

Ich wünschte, Mrs. Kroner hätte mir erlaubt, in die Schule zu gehen. Ich hätte durch die Beobachtung von Erics Verhalten gegenüber den anderen Kindern und seinen Reaktionen auf seine Lehrerin so viele Informationen zusammentragen können. Und ich brauchte ganz entschieden alle Hinweise, die ich bekommen konnte, vor allem, da er nicht nach den üblichen Tests geprüft werden sollte. Ich hatte einen Kompromiß geschlossen, weil ich Eric nicht verlieren wollte, und jetzt mußte ich mich an die Abmachung halten. Ich konnte nur hoffen, daß seine Lehrerin eine gute Gesprächspartnerin war.

Miss Selby war klar und sachlich. «Ich bin sehr beunruhigt», sagte sie sofort. «Ich bin neu. Es ist mein erstes Jahr hier, und die Schule ist groß. Es gibt eine Menge Dinge, die ich nicht verstehe – ich bin die erste, die das zugibt. Aber ich begreife wirklich nicht, wieso Eric in unserer Schule ist. Er paßt einfach nicht zu den anderen Kindern. Wieso man ihn aus dem Kindergarten genommen hat, ist mir ein Rätsel. Er reagiert überhaupt nicht – weder im guten noch im schlechten. Und er bekommt auch keine Hilfe. Nicht einmal von mir, und ich würde gern helfen. Ich weiß nur nicht, wo ich anfangen soll. Ich bin nie sicher, ob er mich überhaupt hört.»

«Spricht er mit den anderen Kindern?»

«Nun, ja und nein. Ich kann daraus nicht schlau werden. Sie mögen ihn irgendwie, und irgendeiner scheint immer auf ihn aufzupassen.»

Wir sprachen über die Tests, die sie Mrs. Kroner vorgeschlagen hatte, und deren Weigerung, diese Möglichkeit in Betracht zu ziehen. «Ich erklärte ihr», sagte Miss Selby, «daß ich bei Eric eine Art Sprachbehinderung für möglich hielte und sie sich mit dem Erziehungsbeirat wegen einer Untersuchung in Verbindung setzen sollte. Sie benahm sich, als sei ich diejenige, die Hilfe brauchte. Sie behauptete, daß mit Eric alles in Ordnung sei und im vergangenen Jahr sich niemand über ihn beklagt habe. Nun, trotz dieser Sachlage habe ich kürzlich mit dem Psychologen gesprochen und ihn gebeten, irgendwann in meine Klasse hereinzuschauen, zu einer informellen Beobachtung sozusagen. Er war einverstanden, doch wann er kommt, hat er nicht gesagt.»

Ich bohrte weiter und stellte noch mehr Fragen. Spielte Eric? Malte er? Aß er in der Pause?

«Ich sagte Ihnen schon», erwiderte Miss Selby, «die anderen behalten ihn immer dabei, aber er tut eigentlich nie etwas.»

Ich bedankte mich bei Miss Selby. Sie war ehrlich interessiert und versuchte ihr Bestes. Nur hatte ich von Eric und der Schule immer noch kein deutliches Bild.

Ich rief Mrs. Kroner an und berichtete, daß ich mit Erics Lehrerin gesprochen hätte und glaubte, sie wolle ihm helfen. Vielleicht sei es wirklich eine gute Idee, den Erziehungsbeirat einzuschalten und eine Untersuchung vornehmen zu lassen. Wieder blieb Mrs. Kroner eisern – keine Tests.

Ich fragte auch noch einmal, ob sie nicht jemand finden könne, der näher bei ihnen wohnte. Ich wollte nicht zugeben, nicht einmal vor mir selbst, wie gerne ich mit Eric arbeiten wollte. Als sie auf mir als Nachhilfelehrerin bestand und erklärte, es gebe niemand anderen und sie sei entschlossen, Eric nach der Arbeit zu mir zu bringen, konnte ich meine unverhohlene Freude nicht mehr zurückhalten. Ich verlangte die Hälfte meines üblichen Honorars und setzte die erste Stunde für nächsten Mittwoch, abends halb sieben Uhr fest.

Eric überraschte mich. Er ließ seine Mutter los und kam langsam, ohne zu protestieren, in den Praxisraum.

Er stand wartend mitten im Zimmer da, während ich wieder ein paar Spielsachen zusammensammelte. Diesmal setzte ich mich auch auf den Boden. Ich mußte mit Eric auf gleicher Höhe sein, wenn ich eine Möglichkeit haben wollte, mit ihm in Kontakt zu kommen. Es gab so viel, das ich wissen mußte. Mrs. Kroner hatte gesagt, Eric rede nicht viel. Seine Lehrerin glaubte an ein Sprachproblem. Doch was für eines? War es eine Frage des Aufnehmens? Konnte er nicht hören, oder wenn er hörte, nicht verstehen, was gesagt wurde? Konnte er die Geräusche der Welt um ihn hören? Konnte er Wörter begreifen? Verstand er einen Satz oder eine Reihe von Sätzen?

Hören kommt vor dem Sprechen. Zuerst mußte ich herausfinden, ob Eric mich hören konnte, und dann, ob er verstand, was er gehört hatte.

Ich hatte versprochen, keine Tests zu machen, aber kein Mensch hatte etwas von Spielen gesagt.

Ich baute ein paar Klötzchen zusammen und sagte, wie zu mir selbst: «Ich glaub, ich mach eine Garage für den Laster da. Das sind die Wände – und das soll die Tür sein. Sie geht so auf. Da kommt schon der Laster. Rum-rum...»

Aus den Augenwinkeln sah ich, daß Eric sich umwandte und einen Schritt auf mich zu machte.

«Rum-rum. Ich fahr ihn einfach in diese schöne alte Garage. Rum-rum-rum. Oh, oh! Oje! Das habe ich nicht gewollt. Jetzt habe ich die Wand umgefahren. Wahrscheinlich bin ich zu schnell gewesen.»

Ich wollte das Klötzchen wieder aufstellen, doch Erics Hand war schneller als meine. Hurra, ich hatte ihn! Jedenfalls saß er jetzt neben mir am Boden. Wir konnten anfangen! Draußen auf der Straße fuhr ein Krankenwagen mit heulender Sirene vorbei. Eric wandte sich um, für einen Augenblick abgelenkt. Hatte er die Sirene gehört, oder war es Zufall? Noch zu früh, um das sagen zu können.

Ich kehrte zu meinem Spiel zurück. «Danke, Eric, daß du die Mauer wieder aufgebaut hast. Vielleicht bau ich jetzt hier drüben einen Laden.» Ich begann ein viereckiges, zweistöckiges Haus zu bauen. «Nein, ich weiß was Besseres», sagte ich, meine Geschichte erfindend, während ich weiterbaute, «nein, keinen Laden. Ich mache einen Bauernhof. Das ist schöner. Und macht mehr Spaß. Ich hol die Tiere.»

Ich riskierte es, aufzustehen, und hoffte, er würde sich nicht von der Stelle rühren. Ich sammelte rasch ein paar kleine Plastiktiere ein und ließ Eric nicht aus den Augen. Er blieb neben der Garage hocken, die Augen fest auf dem Laster.

«Also. Das ist jetzt die Scheune, und da stelle ich ein paar Kühe rein – und dieser Teil ist ein Feld. Da kommen die Pferde hin. So, das genügt.» Ich ließ die Schweine, Hühner und Enten auf einem Haufen liegen.

«Okay. Jetzt werde ich mit dem Laster zur Farm rüberfahren. Rum-rum. Jetzt mache ich kehrt. Vorsicht. Willst du mitkommen?» Ich schwieg und sah Eric an, doch er hielt weiter die Augen auf den blauen Laster gerichtet. «Offenbar nicht», sagte ich fröhlich. «Also, los geht's! Rum-rum-rum. Das ist vielleicht ein lauter alter Laster! Ich fahr damit direkt bis zur Scheune.» Ich schob den Laster vor mir her und rutschte auf den Knien ein kleines Stück von Eric fort.

«So, da wären wir. Hm. Niemand da, nur die Kühe. Ich frage mich, ob wohl jemand zu Hause ist.»

Und was geschieht jetzt? Da kommt Eric und rutscht genau neben mich. Er rutscht nicht nur näher, er berührt mich jetzt. Seine Hand liegt auf meinem Knie. Er berührt mich nicht nur – er redet!

«Pu», sagt er.

«Pu?» wiederhole ich. Laß es mich verstehen, ich darf ihn jetzt nicht wieder verlieren.

«Pu.» Er deutet auf den Schrank an der Wand. «Pu – früh.»

«Früh – Pu?» Na, komm schon, was ist los mit dir, ermahnte ich mich.

Eric schüttelte den Kopf. «Pu – wie früh.»

Ja, natürlich die Puppen!

«Die Puppen», wiederholte ich. Jetzt hatte ich verstanden. Mein Herz klopfte wild. «Du hast schon früher mal mit ihnen gespielt, als du hier warst. Gute Idee.»

Eric konnte hören. Er verstand. Er sprach. Er teilte sich mit. Vielleicht nicht sehr klar. Vielleicht nicht in Sätzen. Aber das konnte in Ordnung gebracht werden.

Ich nahm die Schachtel mit der Puppenfamilie aus dem Regal im Schrank und reichte sie Eric.

«Pu», sagte er und nickte bestätigend und kehrte zu unserer primitiven Farm zurück.

Ich folgte ihm, ohne ein Wort zu sagen, und überließ ihm jetzt die Führung.

Er nahm den Deckel ab und holte die Mutterpuppe heraus. «Hau?» Er deutete auf den Boden.

«Hau was?» Ich hatte wirklich in dieser Art von Gesprächen keine Übung mehr.

Eric schüttelte den Kopf und deutete wieder auf den Boden. «Hau.» Er legte die Mutterpuppe auf den Boden, nahm einen Bauklotz und legte ihn neben die Scheune, die ich gebaut hatte. Vorsichtig legte er einen weiteren Klotz auf den ersten. «Hau!» sagte er energisch. «Bau Hau!»

Ich legte einen Bauklotz neben seinen. «Jetzt verstehe ich. Wir müssen ein Haus für die Leute bauen, stimmt's?»

Eric nickte, ohne zu antworten, und legte geschäftig Klotz auf Klotz. Seine Wangen röteten sich, die Augen blitzten.

Ganz sicher war mit seiner Augen-Hand-Koordination alles in Ordnung. Seine Bewegungen waren schnell und genau. Er setzte die Klötze mit Leichtigkeit gerade aufeinander und hatte bald ein dreistöckiges Haus gebaut, mit einer Vorder- und einer Hintertür.

«Ma», sagte er und legte die Mutter hinein. Er nickte.

Ich spielte jetzt wieder mit und schob den blauen Laster von der Scheune herüber. «Ich fahr wohl besser rüber zum Haus. Hier bei der Scheune ist offensichtlich niemand. Rum-rum. Ich muß nur an der Kuh vorbei und dann die Straße runter. Rum-rum.»

Ich stieß die braun und weiß gefleckte Plastikkuh mit meinem kleinen Finger absichtlich um. «Hoppla, jetzt habe ich die Kuh erschreckt. Der Motor macht zuviel Lärm.»

«Kuh», sagte Eric deutlich und stellte sie wieder auf die Füße. Also keine Probleme mit dem k-Laut, auch nicht mit dem u.

Ich klopfte an die Tür. «Hallo. Ist jemand zu Hause?»

Eric manövrierte die Mutter zur Haustür; das Baby folgte in seiner anderen Hand.

«Hallo, wie geht es Ihnen heute? Da haben Sie aber ein hübsches Baby!»

Eric ließ die Mutter auf und ab hüpfen.

«Ist Ihr Mann da? Ich muß ihn sprechen.»

Eric schüttelte die Mutter hin und her und bewegte verneinend seinen Kopf.

«Hm. Das ist zu dumm. Ich komm später noch mal wieder. Rum-rum.» Ich fuhr mit meinem Laster zur Garage.

Es war klar, daß Eric hören und verstehen konnte, was man zu ihm sagte. Er konnte eine Information auch verarbeiten und mit dem verbinden, was er bereits wußte, und dem Ganzen eine Bedeutung geben. Seine Schwierigkeit lag in der gesprochenen Sprache – seine Wörter waren unvollständig und unklar. Sowohl sein Wortschatz wie sein Satzbau waren begrenzt, und er hatte Mühe bei der Bildung der l-, r- und s-Laute.

Jetzt, da ich einen allgemeinen Eindruck von Erics Sprachmöglichkeiten hatte, wäre ich am liebsten zur Wandtafel gegangen. Wie stand es mit seinen schreibmotorischen Fähigkeiten? Konnte er zeichnen, schreiben? Kannte er die Buchstaben des Alphabets?

Es fiel mir schwer, meinen Entdeckungseifer zu bezähmen. Doch ich kannte mich gut genug und wußte, daß meine Begeisterung mit mir durchgehen konnte. Ich mußte aufpassen und nicht zu schnell weitergehen. Ich durfte nicht vergessen, daß Eric den Rhythmus unserer Arbeit bestimmte.

Eric legte Mutter und Baby wieder ins Haus und stellte den Vater unten in der Schachtel an dieselbe Stelle wie beim erstenmal. Dann holte er die Mädchen- und die Jungenpuppe heraus und sah mich an.

«Schuh?»

«Ich habe nicht die leiseste Ahnung», sagte ich.

Er legte die Puppen hin und ergriff wieder einen Bauklotz. Ich seufzte. Offensichtlich würden wir heute nicht bis zur Wandtafel kommen. Eric war viel zu sehr mit seinem Spiel beschäftigt – ihn zu unterbrechen wäre unfair und sinnlos gewesen. Es blieb mir nichts anderes übrig, als weiter auf ihn einzugehen.

Ich hockte mich neben ihn und legte einen Klotz auf den seinen. Er nickte zufrieden. «Schuh», sagte er. «Groh Schuh.»

Der g-Laut ist in Ordnung, das sch auch, und manchmal benützte er beschreibende Wörter, überlegte ich, immer noch Informationen sammelnd. Doch was konnte der «Schuh» bedeuten?

Das Gebäude war jetzt zweimal so groß wie die Scheune, und Eric stellte den Jungen und das Mädchen hinein. «Gehn Schuh», informierte er mich.

«Du hast recht, Eric. Du bist mir immer voraus. Ja, dort sollten sie sein. In der Schule.»

Unsere Blicke trafen sich über die Schule hinweg. Konnte er meine Freude spüren? fragte ich mich. Er wußte so viel – so viele Informationen steckten in diesem kleinen Jungen. Warum kam sein Wissen in der Schule nicht zum Vorschein? Vielleicht waren dort zu viele Kinder, oder vielleicht waren die Informationen, die er besaß, dort nichts wert, weil er sie nicht aussprechen konnte.

«Hör zu, Eric», sagte ich. «Wir müssen in ein paar Minuten aufhören, aber nächste Woche kommst du ja wieder. Soll ich dir helfen, die Puppen einzupacken? Oder möchtest du es lieber allein machen?»

Eric breitete schützend die Hände über den Puppen aus. «Okay», sagte ich. «Ich kümmere mich um die Bauklötze. Und du räumst die Puppen weg.»

Ich begann, die Klötze in ihrer hölzernen Kiste zu verstauen, und Eric nahm den Jungen und das Mädchen aus der Schule und stellte sie zu der Mutter und dem Baby ins Haus. Erst dann legte er sie zögernd in die Puppenschachtel, eine Puppe neben die andere – Mutter, Baby, Junge, Mädchen, Vater.

«Vielen Dank, Eric. Jetzt sehen wir nach, ob deine Mutter schon da ist.»

Mrs. Kroner fiel fast ins Zimmer, als ich die Tür öffnete. Offensichtlich hatte sie, das Ohr fest an die Tür gedrückt, dagestanden, was ich durchaus in Ordnung fand. Wer hätte ein größeres Recht gehabt, über Eric Bescheid zu wissen, als sie?

Sie straffte sich und fragte dann, sich verteidigend: «Haben Sie mit ihm die Laute durchgenommen?»

«Wir haben angefangen», antwortete ich. «Hören Sie, ich muß Sie unbedingt sprechen. Wir müssen einen Plan machen, wie wir Eric helfen können. Wäre es möglich, daß Sie mich morgen in Ihrer Mittagspause anrufen?»

Am nächsten Tag klingelte das Telefon genau um zwölf Uhr.

«Mrs. MacCracken? Hier ist Blanche Kroner. Ich sollte Sie anrufen.»

«Ja. Vielen Dank. Ich wollte Ihnen erzählen, daß ich mich sehr gefreut habe, festzustellen, wieviel Eric weiß und versteht. Und außerdem möchte ich, daß Sie selbst auch mit ihm arbeiten, wenn Sie dazu bereit sind.»

Wieviel Eltern mit ihren Kindern arbeiten können oder sollen, ist ein heikles Thema. Manchmal ist es nur eine Übung in Frustration, bei der mehr verlorengeht, als gewonnen wird. Doch in diesem Fall arbeitete Mrs. Kroner schon mit Eric – aber am falschen Ende. Erics Lehrerin hatte recht – er konnte die Laute nicht produzieren –, aber er war auch noch gar nicht dazu fähig. Der Lernvorgang ist ein zusammenhängendes Ganzes. Wie beim Bau einer Mauer wird jeder Ziegelstein sorgfältig auf den nächsten gelegt, das heißt, jede Fähigkeit ist die Folge einer anderen. Meiner Meinung nach konnte Eric die Laute nicht sagen, weil er keine kannte. Das würde sich ändern. In der nächsten Stunde würden wir damit beginnen. Im Augenblick sollte er so viele vollständige, bedeutungsvolle Sätze hören wie möglich, damit er für seine Sprache Vorbilder hatte.

«Einverstanden», sagte Mrs. Kroner. «Augenblick. Ich hol mir was zu schreiben.»

«Nein, Sie brauchen keinen . . .» Doch in ihrem Eifer hatte sie den Hörer schon hingelegt.

«Hier bin ich wieder. Also, was kann ich tun?»

«Nun, eigentlich wollte ich im Augenblick nur vorschlagen, daß Sie in Ihre Bücherei gehen, in die Kinderabteilung. Wenn Sie noch keine Lesekarte haben, wird man Ihnen erklären, was Sie zu tun haben, um eine zu bekommen. Dann sagen Sie der Bibliothekarin in der Kinderbuchabteilung, daß Sie Bilderbücher für kleine Kinder brauchen – etwa im Alter von vier bis sechs –, und lassen Sie sich zeigen, wo sie stehen. Dann suchen Sie ein halbes Dutzend verschiedene Bücher aus, von denen Sie glauben, daß sie Eric gefallen.»

«Ja, in Ordnung. Das mache ich. Und weiter?»

«Lesen Sie Eric jeden Abend, ehe er schlafen geht, eine halbe Stunde vor. Sie brauchen nicht alles auf einer Seite zu lesen. Lesen Sie nur so viel, wie Sie schaffen, ohne daß er das Interesse verliert. Dann sehen Sie sich einfach die Bilder an und sprechen über sie –

über Begriffe wie ‹über› und ‹unter›. Die Sonne steht über dem Haus. Die Blumen sind unter dem Baum. Zeigen Sie auf die Bilder und bitten Sie ihn zu sagen, was sie bedeuten. Wir müssen seinen Wortschatz so rasch wie möglich vergrößern.

Machen Sie sich keine Gedanken darüber, wie seine Sprache klingt. Darüber unterhalten wir uns später. Im Augenblick genügt es, wenn Sie ihm möglichst viele Wörter beibringen. Bemühen Sie sich, in kurzen, klaren Sätzen zu sprechen, und stellen Sie Fragen, damit er sprechen muß.»

Eric war schon durch die Tür, ehe ich sie noch ganz geöffnet hatte. «Buch», sagte er und streckte mir zwei Bücher hin.

Ich blieb einen Augenblick unter der Tür stehen und lächelte Mrs. Kroner zu. «Sie arbeiten schnell.»

Sie lächelte zurück, und wieder fiel mir auf, wie ihr Gesicht strahlte, wenn sie von Eric sprach. «Er ist ganz begeistert», sagte sie. «Und kann nicht genug kriegen. Wir lesen jeden Abend, und die übrige Zeit schleppt er seine Bücher immer mit sich herum. In der Bücherei waren sie ganz reizend zu mir. Am nächsten Sonnabend, wenn ich wieder hingehe, nehme ich Eric mit.»

«Gut. Ich seh Sie dann später.»

Eric saß vor der Couch auf dem Boden, auf demselben Platz wie beim letztenmal, nur lehnte er sich jetzt mit dem Rücken an die Couch und hielt eines der beiden Bücher aufgeschlagen in seinem Schoß. Ich setzte mich neben ihn und lehnte mich auch an die Couch.

«Beh!» sagte er und deutete auf einen großen Bären, der hinter einem Stuhl stand.

«Ja», sagte ich zustimmend. «Ich glaube, es ist die Bärenmutter, und offenbar sitzt jemand auf ihrem Stuhl.» Ich betonte leicht das r in «Mutter» und «Bär».

Eric nickte nachdrücklich, während ich ihm die Geschichte von Goldilock und den drei Bären erzählte, die er schon kannte, und als Antwort auf meine Fragen zeigte er auf die entsprechenden Bilder. «Wer war eigentlich Goldilock?» fragte ich zum Beispiel. «Was machte sie, als sie müde wurde?»

In der nächsten Stunde würde ich ihn dazu bringen, daß er mir das Märchen erzählte oder wenigstens einen Teil davon.

Wir betrachteten kurz das andere Buch, dann ging ich zur großen Wandtafel an der entfernteren Wand des Raums. «Komm hierher», sagte ich zu Eric. «Ich möchte dir etwas zeigen. Siehst du diese Kreide? Hast du schon mal so eine dicke Kreide gesehen? Wir haben sie in Gelb, Blau, Rosa, Weiß.»

Ich zog einen Kreis von der Größe einer Untertasse. «Kannst du auch so einen Kreis malen?» fragte ich Eric.

Er produzierte ein wackliges Oval sich überlagernder Striche und zuckte mit den Achseln.

«Nicht so schlecht.» Ich lächelte ihn an und malte kleinere Kreise an beide Figuren, Ohren, Augen, Mund, Barthaare und einen Schwanz. «Eine dicke Katze und eine magere Katze. Gut, Eric», sagte ich und gab ihm einen Wischer. «Laß die Katzen verschwinden. Wisch sie weg.» Er tat es.

«Und wie wäre es jetzt mit einem Viereck?» Diesmal zeichnete ich es ihm nicht vor. Eric zeichnete eine Figur, die als Rechteck zu erkennen war, obwohl zwei Ecken offen und eine rund waren. Er zeichnete auch ein Kreuz – als ich ihm zeigte, was ich meinte –, doch ein Dreieck, eine Raute oder einen Stern schaffte er nicht.

Ich zog zwei parallele Linien über die halbe Tafel, ungefähr zehn Zentimeter voneinander entfernt, mit einem halben Dutzend senkrechter Striche dazwischen. «Das soll ein Zaun sein. Kannst du ihn fertig malen?»

Eric versuchte es, doch er hatte Schwierigkeiten, die Kreide festzuhalten, und seine Striche verirrten sich die Tafel hinunter.

Offensichtlich gab es bei ihm Schwierigkeiten mit seinen schreibmotorischen Fähigkeiten – und doch war es nicht nur eine Frage der Augen-Hand-Koordination, denn mit den Bauklötzen hatte er problemlos gespielt. Ich machte mir im Geist die Notiz, daß ich sofort Spielbrett und Puzzles herausholen würde, wenn wir an der Wandtafel fertig waren. Würde er im Umgang mit den Spielsteinen und im Erfassen räumlicher Zusammenhänge die gleichen Schwierigkeiten haben, oder war es vor allem ein Kraftmangel in den Fingern?

Ehe wir die Arbeit an der Wandtafel beendeten, fragte ich: «Kannst du deinen Namen schreiben, Eric?»

Er nahm eine Kreide und machte ein schiefes E.

«Gut. Das ist der erste Buchstabe. Kannst du noch mehr?» Schweigend schüttelte Eric den Kopf.

«Paß mal auf, was ich mache. Zuerst male ich ein E wie deines – eine große, gerade Linie nach unten, von der drei Arme abgehen. Einer oben, einer in der Mitte und einer unten. Jetzt ein kleines r – eine kurze, gerade Linie nach unten, halb so groß wie beim E, und eine kleine Welle hier oben am Ende. Als nächstes ein i, ein Kinderspiel – wieder eine kurze, gerade Linie, mit einem Punkt darauf. So, siehst du? Und jetzt der letzte Buchstabe, ein c – dazu zeichnet man einfach einen Kreis rückwärts und hört auf, ehe er ganz fertig ist. Also, nimm diese blaue Kreide hier und fahr meine Buchstaben nach.»

Während Eric schrieb, machte ich mir im Geist die Notiz, daß ich nach der Stunde mit seiner Mutter darüber sprechen sollte. Sie konnte eine Menge Dinge tun, um seine Fähigkeiten im Zeichnen und Schreiben zu verbessern.

Eric legte die Kreide weg und marschierte auf den Schrank los. «Pu», sagte er und nickte energisch.

«Langsam! Komm noch mal her! Wir sind noch nicht ganz fertig. Verstehst du, Eric, ich möchte dir das Lesen beibringen, damit du selbst deine Bücher lesen kannst.» Sofort war er wieder bei der Sache. Und natürlich war es seine Aufmerksamkeit, an der mir am meisten gelegen war. Ich konnte ihm nichts beibringen, wenn er uninteressiert war. Alle Schüler der ersten Klasse lernen lesen, und so war Eric natürlich davon fasziniert. Und ich konnte weiter an seiner Sprache arbeiten und dabei ein paar grundlegende Fähigkeiten entwickeln.

«Buch», sagte Eric und trottete zu den Büchern, die er auf der Couch liegengelassen hatte. Wenn er nicht mit den Puppen spielen konnte, dann waren die Bücher das Zweitschönste.

«In Ordnung», sagte ich und führte ihn zur Wandtafel zurück. «Wir legen die Bücher hierher, bei der Wandtafel. Also», ich öffnete irgendeine Seite, «Bücher bestehen aus Wörtern – auch dein Name Eric ist ein Wort –, und Wörter sind aus Buchstaben zusammengesetzt. Jeder Buchstabe hat seinen eigenen Laut, und wenn du die Laute gelernt hast, kannst du die Wörter lesen. Paß noch ein wenig auf, Eric. Wir wollen einen Buchstaben kennenlernen, damit du ihn die Woche über mit deiner Mutter üben kannst.

Los. Wir schreiben zusammen.» Ich steckte ihm die Kreide zwischen die Finger und legte meine Hand über die seine. «Wir werden ein B machen», sagte ich. «Hier die gerade Linie nach unten. Gut. Nun ein dicker Bauch – wie ein Ball –, oben, und noch ein dicker Bauch unten. So. Das ist das große B. Und gleich daneben malen wir ein kleines b. Wieder eine gerade Linie nach unten – und nur ein kleiner Ball unten. Gut. B ist der Buchstabe, mit dem das Wort Ball beginnt.» Ich zeichnete rasch einen Ball an die Tafel.

«Kannst du es nachsprechen, Eric? Ball?»

«Bah.»

«Ja, gut.» Ich hatte vergessen, daß er l als Endlaut nicht aussprechen konnte oder wollte. «Hier ist oben ein B.» Ich schrieb schnell. «Das ist ein B für Bub.»

«Bub», wiederholte Eric.

«Großartig! Jetzt holen wir die Puppen.»

So gern ich auch das Spielbrett und die Puzzles herausgenommen hätte, mußte ich doch fair bleiben. Eric hatte hart gearbeitet. Jetzt war es an mir, mich nach ihm zu richten.

Ich gab Eric die Schachtel mit den Puppen, und ich trug den Holzkasten mit den Klötzen. Automatisch gingen wir beide zu der Stelle vor der Couch, wo wir das letztemal schon zusammen gespielt hatten.

Eric öffnete die Schachtel und nahm eine Puppe nach der anderen vorsichtig heraus. Seine Bewegungen waren präzise. Er ließ sie nicht einfach herausplumpsen und warf sie durcheinander wie manche andere Kinder.

Nachdem er jede Puppe inspiziert hatte, legte er sie nebeneinander hin und verteilte sie dann nach dem Plan, den er sich gemacht hatte. Er legte die Vaterpuppe in das hintere Schlafzimmer auf den Bauch. «Schla», sagte er.

Die Mutter stellte er in die Küche. Dann hielt er den Jungen und das Baby nebeneinander und setzte dann den Jungen neben die Mutter. Das Baby legte er unter das Couchkissen. Er ließ die Mutter Essensgeräusche vollführen, und ich sagte: «Der Vater schläft, und die Mutter und der Junge essen. Ich frage mich, wie spät es wohl ist. Mittag?»

Eric schüttelte den Kopf. «Früh.»

«Ich verstehe. Sie frühstücken.»

Nun stellte Eric Mutter und Sohn vor das Puppenhaus. «Gehn Schuh.»

Ich erinnerte mich noch. «Sie gehen in die Schule. Wo ist das Mädchen?»

Wieder schüttelte Eric den Kopf. Offensichtlich ging das Mädchen nicht mit ihnen zur Schule. Eric hatte es aber noch nicht im Haus untergebracht.

Eric zog ein Kissen von der Couch. «Schuh», verkündete er. Heute verschwendete er keine Zeit mit dem Bau einer Schule. Vielleicht spürte er, daß die Stunde bald vorbei war.

Vor dem Kissen küßten sich Mutter und Sohn, dann winkten sie sich zu, und die Mutter ging fort. «Ma geh we», sagte er traurig, während er den Jungen auf das Kissen legte.

Bis jetzt seine längste Rede – ein richtiger Satz! «Ja», stimmte ich zu. «Die Mutter geht weg zur Arbeit, und der Junge geht in die Schule.»

Tap, tap, tap. Ich erhob mich und öffnete die Tür. Draußen stand Mrs. Kroner. «Ich wollte Sie nicht drängen», sagte sie entschuldigend, «aber abends gehen nicht so viele Busse von Grover weg, wir müssen uns beeilen, damit wir den um acht Uhr kriegen. Am ersten Abend, als wir bei Ihnen waren, sind wir erst um Mitternacht nach Hause gekommen, und ich möchte eigentlich nicht, daß Errol jedesmal so lange aufbleibt.»

«Natürlich, das versteh ich. Es tut mir leid. Können Sie mich morgen wieder anrufen, wie letzte Woche?»

Mrs. Kroner schob Erics Arme in die Ärmel seiner Jacke und zog den Reißverschluß zu. Am liebsten hätte ich gesagt: «Bitte, tun Sie das nicht. Lassen Sie ihn sich allein anziehen.» Doch mit Kritik läßt man keine Unterrichtsstunde zu Ende gehen.

Statt dessen nahm ich ein leeres Heft aus dem Bücherregal und drückte es Mrs. Kroner in die Hand. «Hier, nehmen Sie es mit. Ich erklär's Ihnen morgen am Telefon.»

Kurz nach zwölf am nächsten Tag rief Mrs. Kroner wieder an.

«Sind Sie gut nach Hause gekommen?» fragte ich.

«Ja. Wir haben es gerade noch geschafft. Es gab keine Probleme. Ich habe Papier und Kugelschreiber da.»

Die würde sie diesmal wirklich brauchen. Ich freute mich, daß sie und Eric so gut zusammenarbeiteten, und hatte den Eindruck, es mache sie glücklich, ihm helfen zu können. Ich mußte nur vorsichtig sein, um sie nicht zu überfordern, und ihr sehr sorgfältig die Dinge erklären, die sie tun sollte. Ich wollte, daß Eric durch tägliches Üben seine Fähigkeiten entwickelte. Ich wollte, daß er Fortschritte machte. Und vor allem wollte ich, daß sie beide erfolgreich waren.

Ich erklärte ihr, daß sie, um Eric zu helfen, das große B und das kleine b oben auf zwei Seiten des Heftes schreiben sollte. Dann sollte sie alles, was sie in Zeitschriften, Reklamesendungen oder Illustrierten finden konnte und das mit dem Laut b begann, ausschneiden und auf diese zwei Seiten kleben. Als nächstes erklärte ich ihr, was ich bereits Eric erklärt hatte, wie sich jeder Buchstabe zusammensetzte, und bat sie, auf jede Seite des Heftes am unteren Rand «Eric» zu schreiben. Eric sollte dann jeden Tag die Buchstaben nachfahren.

Ich bat Mrs. Kroner auch, Knetmasse und Wäscheklammern zu besorgen und Eric dazu zu ermuntern, zu kneten und zu rollen und zu zwicken, um die Kraft in seinen Fingern zu verstärken. Ich empfahl ihr, Eric dazu anzuhalten, Topfdeckel, Flaschenverschlüsse und Spielkarten aufzuspüren.

Weiter sollte sie die Buchstaben B und b auf Karteikarten oder leere Zettel schreiben und Eric in der Wohnung nach zwei Dingen suchen lassen, die mit dem Laut b begannen – ganz gleich, was es war (Bett, Badewanne, Ball, Brett) –, und die Zettel oder Karteikarten dort ankleben und einige Zeit dort lassen.

Ich schlug vor, daß sie Eric half, am Abend vorher seine Sachen für die Schule bereitzulegen, und ihn sich allein anziehen ließ, soweit dies möglich war.

Sie sollte ihm auch weiter vorlesen und ab und zu mit den Fingern die Wörter unterstreichen, um ihm zu zeigen, wie die Schrift von links nach rechts verlief. Eric sollte ermutigt werden, so viele Wörter wie möglich zu gebrauchen. Wenn er Milch oder einen Keks haben wollte, sollte er darum bitten.

Ich erzählte ihr, wie gut sich Eric in der letzten Stunde gehalten hatte und daß ich bereits eine Besserung seiner Sprachfähigkeit festgestellt hatte.

Mrs. Kroner las mir die Notizen, die sie sich gemacht hatte, genau vor, und es war klar, daß sie mich gut verstanden hatte. Ich ermahnte sie, daß die Übungen jeweils nicht länger als eine halbe Stunde dauern und jede mit einer Aufgabe enden sollte, die Eric gut konnte. Außerdem riet ich ihr, sich keine Sorgen zu machen, wenn einmal etwas dazwischen kam und sie einen Tag nicht üben konnten. Die Hauptsache war, daß sie Spaß dabei hatten.

Mrs. Kroner erwies sich als talentierte Lehrerin. In den folgenden Wochen tat sie nicht nur all das, was ich vorschlug, sie ging sogar noch weiter und spielte Spiele mit Eric, die auf demselben Gedanken beruhten. Wenn sie ihre Einkäufe auspackte, ließ sie Eric nach Artikeln forschen, die mit den Buchstaben, an welchen sie arbeiteten, begannen.

Noch ehe der Monat vorbei war, hatte Eric so schon den b-, p-, t-, k- und d-Laut gelernt und konnte auch die Buchstaben schreiben. Er hatte immer noch Schwierigkeiten mit dem l und dem r, doch seine Sprache war klarer, und er benützte kaum noch nur ein einziges Wort, um seine Gedanken auszudrücken. Jetzt sprach er zwei, drei, manchmal vier Wörter hintereinander und ordnete sie sinngemäß an.

Das beste von allem war aber die Auswirkung auf die Schule. Jede Woche berichtete ich Miss Selby, was er zu Hause und mit mir lernte, und schlug bestimmte Dinge vor, die er in der Schule tun konnte, wie zum Beispiel zusammenpassende kleine und große Buchstaben heraussuchen, Bilder finden, die zu Lauten paßten, Schablonen nachfahren, malen. Ich bereitete ein paar Arbeitsblätter zur Förderung der Wahrnehmungsfähigkeit vor (Wege und Irrgärten zum Nachfahren mit wachsendem Schwierigkeitsgrad) und gab sie Eric mit.

Und ehe ich es mich versah, hatte die gute Miss Selby der Kindergartenlehrerin ein paar Übungsbücher abgeschwatzt, und Eric arbeitete nun jeden Tag mit wie die anderen Kinder. Doch sie betonte immer wieder, daß Erics Leistungen nicht dem Klassenniveau entsprachen, «aber wenigstens tut er etwas».

Ostern war dieses Jahr früh, und am Tag vor Erics sechster Unterrichtsstunde stellte ich auf einem Tisch beim Fenster einen Ostereierbaum auf. Natürlich war es kein richtiger Baum, nur ein nackter, weiß angesprayter Zweig, mit bunten, ausgeblasenen Eiern behängt. Eine Freundin hatte mir gezeigt, wie man mit einer Nadel in ein Ei oben und unten ein Loch sticht, einen Strohhalm an das eine Loch legt und das Innere des Eis zum anderen hinausbläst. Auf diese Weise kann ein Ei ewig halten. Und jedes Jahr schaffte ich es, diese klebrige Arbeit durchzustehen und für jedes Kind, das in meine Praxis kam, ein eigenes Ei zu machen.

Für Eric machte ich sogar sechs. Sie waren einfach – einfarbig mit je einem anderen Buchstaben darauf. Ich konnte es kaum erwarten, daß er kam, seine Eier in Empfang nahm und mir die Namen und Laute jedes Buchstabens sagte, wobei seine Augen vor Aufregung glänzten und sein Kopf vor Freude auf und ab wippte.

Viertel vor sieben. Ich überprüfte meine Uhr noch einmal. Mrs. Kroner war noch nie zu spät gekommen. Sie mußten nach jeder Stunde immer pünktlich gehen, um ihren Bus zu erwischen, und so saßen sie und Eric stets vor der verabredeten Zeit im Wartezimmer.

Um sieben Uhr rief ich zu Hause bei den Kroners an. Eine weibliche Stimme meldete sich nach dem dritten Läuten.

«Hallo», sagte ich. «Hier ist Erics Nachhilfelehrerin, Mary MacCracken. Ich wollte –»

Am anderen Ende ertönte ein Klicken. Ich wählte sofort wieder und ließ es mindestens ein dutzendmal klingeln. Um halb acht Uhr wählte ich erneut. Niemand zu Hause – oder zumindest niemand, der den Telefonhörer abnehmen wollte.

Am nächsten Morgen rief ich wieder an, es war besetzt. Das Besetztzeichen kam den ganzen Tag.

Ich suchte nach dem Namen einer Kosmetikfirma in dem Teil der Stadt, in dem die Kroners wohnten, doch ohne Erfolg.

Mittags rief ich Miss Selby an, und sie sagte, Eric sei nicht da. Er sei schon die ganze Woche nicht gekommen. Sie wußte nicht, was los war, doch auch das war nicht ungewöhnlich. Die Lehrer hatten selten die Zeit, unentschuldigt fehlenden Schülern nachzuspüren.

«Könnten Sie mir Mrs. Kroners Nummer in der Firma geben?» fragte ich.

«Nein, tut mir leid. Die muß in den Akten im Hauptbüro sein. Ich kann versuchen, Sie dorthin zu verbinden. Lassen Sie es mich wissen, wenn Sie etwas erfahren.»

Die Verbindung kam nicht zustande, und ich wählte erneut und erhielt schließlich Mr. Kroners Firmennummer. Mrs. Kroners Nummer stand nicht in der Akte.

Ich wußte, daß er Nachtschicht hatte, doch ich war nicht sicher, wann sie begann. Ich beschloß, früh anzurufen und eine Nachricht zu hinterlassen, um ihn nicht bei der Arbeit zu stören. Um neun Uhr hatte ich aufgehört, mir darüber Gedanken zu machen, ob ich ihn störte, und wählte die Nummer der Firma. Ich hatte keine Ahnung, was Mr. Kroner arbeitete oder wie groß das Unternehmen war.

Eine Männerstimme meldete sich, und ich fragte, ob ich Mr. Kroner sprechen könne. Im Hintergrund konnte ich das schwere, rhythmische Dröhnen von Maschinen hören.

«Wer ist am Apparat?» fragte der Mann.

Ich zögerte. Kannte Mr. Kroner meinen Namen? Ich war mir nicht sicher. Doch vielleicht gefiel es ihm nicht, wenn ich verriet, daß ich Erics Nachhilfelehrerin war.

Ich schloß einen Kompromiß. «Die Lehrerin eines seiner Kinder», sagte ich.

«Ist es denn dringend?»

«Ja», erwiderte ich.

«Jack», rief der Mann. «Telefon!»

Ein Geräusch war zu hören, als würde der Hörer auf einen Tisch gelegt. Die Maschinen dröhnten weiter im Hintergrund.

«Hallo!» Die Stimme des Mannes klang weicher, als ich erwartet hatte.

«Hier ist Mary MacCracken, Mr. Kroner. Wir haben uns nie persönlich kennengelernt, aber ich habe in den letzten paar Wochen mit Eric gearbeitet und ihm geholfen...» Ich zögerte. Wobei hatte ich Eric geholfen? Warum fiel es mir so schwer, die richtigen Worte zu finden?

«Hm, ich habe ihm bei seinen Schularbeiten geholfen. Gestern ist er nicht zur Stunde erschienen, und man hat mir gesagt, daß er die ganze Woche nicht in der Schule gewesen ist. Ich mache mir Sorgen um ihn. Ich... hm... bei Ihnen zu Hause konnte ich niemand erreichen.»

«Tatsächlich?» Ich preßte eine Hand über das andere Ohr, als könnte ich ihn dann durch das Gedröhn der Maschinen besser hören. «Na, schon möglich. Mrs. Kroner macht eine kleine Reise – und hat den Jungen mitgenommen.»

«Eine Reise? Davon hat sie nichts erwähnt. Und abgesagt hat sie die Stunde auch nicht. Wohin sind sie gefahren?» Ich merkte zu spät, daß meine Frage ziemlich abrupt kam.

Doch Mr. Kroner sprach mit der gleichen weichen Stimme weiter. «Ich weiß nicht, wohin sie gefahren sind. Keine Ahnung. Wenn sie beschließt, wegzufahren, dann tut sie's und nimmt das Balg mit. Wenn sie beschließt, zurückzukommen, dann kommt sie zurück.»

Das Balg? Meinte er damit Eric? Aber seine Stimme war so weich, so sanft; vielleicht hatte ich ihn mißverstanden. In der Schule hatte niemand erwähnt, daß er früher schon öfter gefehlt hatte – doch schließlich hatte ich mit seiner Kindergartenlehrerin nicht gesprochen, und Miss Selby war neu.

«Aber Eric geht es gut? Ich meine, es fehlt ihm nichts?»

«Ob ihm was fehlt? Und Sie behaupten, Sie kennen ihn!» Sogar sein Sarkasmus glitt ihm so weich und sanft von den Lippen, daß ich nicht sofort begriff. «Ich muß jetzt gehen, meine Dame», sagte er. «Aber er wird zurückkommen. Tut er immer. Seine Mama hat nun mal so ein kleines Problem mit dem Trinken. An Feiertagen wird es schlimmer, und dann verschwindet sie einfach.» Das Telefon klickte, es summte im Hörer, und ich hängte ein.

Mrs. Kroner trank? Ich konnte es nicht glauben. Sie hatte auf mich so verantwortungsbewußt gewirkt, so beherrscht. Sie sah sehr viel älter aus, als sie den Jahren nach war, doch ich hatte angenommen, das komme von der Arbeit und den Sorgen. Ich hatte niemals etwas gesehen oder gehört, das in mir den Verdacht hätte aufkommen lassen, sie trinke. Doch wenn sie mit dem Alkohol Probleme hatte, wie schlimm war es? War sie in der Lage, sich um Eric zu kümmern? Mr. Kroner hatte jedenfalls nicht beunruhigt geklungen, aber er hatte von Eric als von «dem Balg» gesprochen.

Halb zehn. Ich holte wieder das Telefonbuch hervor, obwohl es schon so spät war. Aber vielleicht war es nicht zu spät.

Ich ging das halbe Dutzend Tortonis durch, fand einen Frank, wählte und entschuldigte mich, als sich eine Frau meldete.

«Mrs. Tortoni?»

«Ja. Wer ist da?»

«Mary MacCracken. Entschuldigen Sie, daß ich so spät anrufe, aber – also, es ist eine lange Geschichte. Ich habe mit dem kleinen Eric Kroner gearbeitet – dem Sohn einer Freundin von Ihnen –, und ... ich bin einfach wegen ihm in Sorge und wollte Sie fragen, ob Sie irgend etwas wissen.»

«Nun, Mrs. MacCracken, ich würde Ihnen gern helfen. Wirklich, nach allem, was Sie für uns getan haben. Frankie macht sich großartig. Doch ich fürchte, ich kann Ihnen gar nichts sagen, und ich kann jetzt auch nicht länger reden. Auf Wiedersehen.»

Mrs. Tortoni hatte vorsichtig geklungen, nicht wie sonst. Sie hatte sich nicht einmal erkundigt, warum ich mir um Eric Sorgen machte. Ich hatte das Gefühl, sie wußte mehr, als sie zugegeben hatte. Aber es hatte keinen Zweck, noch einmal anzurufen, zumindest nicht vor morgen früh.

Um zehn Uhr würden die Tortoni-Kinder in der Schule sein und

Frank senior in der Werkstatt. Falls Mrs. Tortoni jemals aufrichtig mit mir sprechen würde, dann erschien mir das um diese Zeit am wahrscheinlichsten.

«Hallo.» Mrs. Tortonis Stimme wirkte ein wenig freundlicher.

Ich sagte, wer ich sei, und ohne zu wiederholen, was Mr. Kroner mir erzählt hatte, erklärte ich, daß ich wegen Mrs. Kroner ebenso besorgt sei wie wegen Eric.

«Nun ja, es ist wirklich freundlich von Ihnen, sich um sie zu kümmern», meinte Mrs. Tortoni. «Ich weiß, sie würde sich darüber freuen und so weiter, aber es gibt nichts, was Sie tun können. Bitte, glauben Sie mir! Ich gebe Ihnen Bescheid, wenn sich etwas Neues ergibt. Und Frankie bat mich, Sie herzlich von ihm zu grüßen.»

Am späten Freitag nachmittag klingelte in meiner Praxis das Telefon, und ich gab dem Jungen, mit dem ich gerade arbeitete, die Stoppuhr (ich zahle immer einen Chip für jede Sekunde, die ich am Telefon bin) und hob den Hörer ab.

«Mrs. MacCracken. Hier ist Blanche Kroner. Entschuldigen Sie, daß ich Sie störe.» Sie redete in einem gepreßten Flüsterton, doch ihre Worte waren deutlich zu verstehen.

«Das macht nichts. Ich habe versucht, Sie zu erreichen. Wie geht's Eric?»

«Deshalb rufe ich an. Es geht ihm gut, aber ich brauche neue Aufgaben für ihn. Ich kann am Telefon nicht sprechen.» Ihre Stimme war so leise geworden, daß ich sie kaum verstehen konnte. «Ich habe mir überlegt, ob Sie morgen früh nach Grover kommen und für Eric Aufgaben mitbringen könnten. Ich kann nicht länger reden. Treffen wir uns im Schnellimbiß an der Hauptstraße um zehn Uhr?»

Sie hängte ein, ehe ich antworten konnte.

Als ich an jenem Abend mit meiner Arbeit fertig war, durchstöberte ich Regale und Schränke und sammelte Material, das für Eric hilfreich sein konnte. Ich war nicht ganz sicher, was für Aufgaben Mrs. Kroner haben wollte – oder für wie lange Zeit –, und fand nicht besonders viel. Das meiste, mit dem ich arbeitete, war in meinem Kopf, doch ich fand ein Legespiel, ein paar Arbeitsbücher und ein Unterrichtsbuch für Lehrer. Ich steckte alles in einen großen braunen Umschlag und nahm es mit nach Hause.

Am nächsten Morgen fuhr ich mit Hilfe des Stadtplans nach Grover und fand die Hauptstraße sofort. Der Schnellimbiß lag am westlichen Ende der schäbigen Straße.

Mrs. Kroner hatte offensichtlich nach mir Ausschau gehalten, denn sie kam auf mich zu und führte mich in die hinterste Nische der fast leeren Imbißstube.

Ich bestellte Kaffee für uns beide und wartete darauf, daß Mrs. Kroner die ganze Sache erklärte. Wie gewöhnlich trug sie ihren schwarzen Mantel. Sie sah dünn und angespannt aus, ganz sicher nicht betrunken, aber eigentlich war ich mir nicht ganz klar, nach was für Anzeichen ich suchen sollte.

Die Kellnerin stellte die Kaffeebecher auf die rote Plastiktischplatte, und sobald sie gegangen war, beugte sich Mrs. Kroner vor und streckte die Hand aus. Beinahe hätte sie meinen Arm berührt.

«Ich brauche für Eric etwas zum Arbeiten, wie ich Ihnen schon sagte. Verstehen Sie, ich fahre heute nachmittag weg, und ich möchte, daß er weiter so lernt wie bisher, und Sie sind die einzige, mit der ich reden kann.» Ihre Worte hatten etwas sehr Drängendes, obwohl sie nur in einem rauhen Flüsterton sprach.

«Wohin wollen Sie fahren?»

«Darüber möchte ich nicht reden – ich fahre weg, das ist alles.»

«Was ist mit Eric?»

«Er kommt mit mir. Deshalb brauche ich Aufgaben für ihn.»

«Mrs. Kroner», sagte ich. «Ich glaube, Sie sollten sich das alles noch einmal genau überlegen. Eric entwickelt sich so gut, er macht solche Fortschritte, und ich halte es nicht für klug, ihn jetzt aus der Schule zu nehmen. Er hat schon eine Woche gefehlt. Ich habe mit Miss Selby gesprochen.»

Mrs. Kroner beugte sich noch etwas weiter vor, jetzt höchst besorgt. «Was hat sie gesagt?»

«Nichts. Sie wußte nicht mehr als ich.»

Mrs. Kroner entspannte sich, doch nur für eine Minute.

«Haben Sie die Aufgaben mitgebracht?» fragte sie eindringlich.

«Ja.» Ich legte den Umschlag auf den Tisch. «Ich glaube, ich sollte Ihnen sagen, daß ich mit Ihrem Mann gesprochen habe und –»

«Wann?» unterbrach sie mich. «Was hat er gesagt?»

«Das versuche ich gerade, Ihnen mitzuteilen», erwiderte ich so freundlich wie möglich. «Er meinte, Sie würden häufig verreisen, besonders vor Feiertagen.»

«Das stimmt nicht. Wo sollte ich denn hinfahren?»

«Er sagte auch», fuhr ich fort, «daß Sie Eric immer mitnehmen und daß Sie auf Reisen gehen, weil Sie Probleme mit dem Alkohol haben. Wenn das wahr ist, dann fahren Sie bitte nicht fort. Bleiben Sie, und lassen Sie sich helfen – denken Sie an Eric!»

Mrs. Kroners Mund war schmal vor Ärger. «Ich trinke nicht. Er erzählt das allen Leuten, immer in so nettem, freundlichem Ton. Er macht das, damit, wenn ich – ach, egal. Vielen Dank für die Bücher.»

Sie erhob sich und wollte den Umschlag ergreifen. Ich legte ihr die Hand auf den Arm.

«Warum? Warum müssen Sie weg? Eben haben Sie gesagt, daß Sie nicht wüßten, wohin Sie fahren sollten.»

«Ich meinte, wenn ich verreise. Jetzt gehe ich für immer weg.» Sie setzte sich mit einem Ruck, und der unberührte Kaffee schwappte in die Untertasse.

«Haben Sie eine Ahnung, wie schwierig es für Eric sein wird, mitten unter dem Jahr in einer neuen Schule anzufangen?» fragte ich. «Es sind doch nur noch ein wenig mehr als zwei Monate. Können Sie um Erics willen nicht so lange warten?»

«Eric ist ja der Grund, warum ich weggehe», erwiderte sie ruhig. Sie flüsterte jetzt nicht mehr.

Ich wartete, daß sie mehr sagte, doch sie saß nur schweigend da und machte keine Anstalten, aufzubrechen. Schließlich meinte ich: «Wieso ist Eric der Grund? Was heißt das?»

Sie legte die Papierserviette weg, mit der sie den verschütteten Kaffee aufgewischt hatte.

«Na schön», sagte sie. «Ich habe es nie genau gewußt, erst dieses Jahr wurde es mir klar. Ich hatte so meine Ahnungen, aber verstehen Sie, Jack hat immer Nachtschicht – das erzählte ich Ihnen schon –, und als Eric in die Ganztagesschule kam, fing ich bei der Kosmetikfirma in der Tagschicht an.

Es gefiel mir. Ich mag Menschen. Ich mag Geld. Doch dann kriegte eine von den Frauen eine Erkältung, es war irgendein Virus, und wir steckten uns alle an – Kopfweh, Fieber. Es dauerte nicht lange, doch diese Grippe trat gleich mit ziemlicher Heftigkeit auf. Als es mich erwischte, versuchte ich, weiterzuarbeiten. Ich wollte nicht nach Hause gehen. Um ehrlich zu sein, ich war nicht gern mit ihm zuammen, mit Jack, und er war auch nicht mehr gern mit mir zusammen. Wir gingen uns einfach aus dem Weg.

Dann fing ich an zu husten, und da entschloß ich mich doch, nach Hause zu gehen. Es sind nur etwa sechs Häuser, und ich schaffte es ganz gut. Ich schloß die Wohnungstür auf – ich blieb nicht einmal stehen, um den Mantel auszuziehen –, ich wollte nur eins: mich hinlegen. Die Schlafzimmertür war zu, was ich seltsam fand, denn Jack schläft gewöhnlich im Hinterzimmer auf der Liege. Er behauptet, es sei dort am Tag ruhiger. Aber mir war so elend, daß ich nicht weiter darüber nachdachte. Ich öffnete also die Tür – und da lagen Jack und Bella im Bett, beide splitternackt.

‹Raus mit euch, alle beide!› schrie ich.

Jack nahm ein Handtuch, das neben dem Bett lag, und wickelte es um sich. Er sagte Bella, sie sollte ihre Kleider nehmen und für eine Weile runter in den Drugstore gehen, und Bella gehorchte. Dann kam er zu mir rüber und legte mir die Hände um den Hals. Er ist stark. Ja, das ist er, obwohl man es ihm nicht ansieht. Und er sagte, wenn ich es jemals jemand erzähle, bringe er mich um. Nicht nur mich – sondern Eric dazu. Er sagte, es sei sowieso meine Schuld, weil ich eine so vertrocknete alte Schachtel sei.»

Ich wollte das nicht hören. Es gehörte in irgendein Boulevard-blatt oder vielleicht auch in ein Schmierentheaterstück. Aber nicht in Erics Leben. Ich wollte glauben, daß Mrs. Kroner log oder alles erfunden hatte. Aber es war nur zu wahr. Ich wartete darauf, daß sie zu weinen begann, doch sie sah mich ruhig und ohne Tränen an.

«Wir trafen also eine Vereinbarung», sagte sie. «Ich würde nichts verraten, und er würde mich und Eric nicht belästigen.»

«Was ist mit Bella?»

«Sie ist das geborene Flittchen. Sie würde es mit jedem Mann treiben oder treibt es sogar. Es ist ihr egal, daß er ihr Vater ist. Ihr gefallen die Geschenke, die er ihr macht, und all das süße Gerede. Manchmal kann ich sie oben in Bellas Dachzimmer hören. Dann versuche ich, Eric die Ohren zuzuhalten.»

Ich musterte Mrs. Kroner scharf. Bella war ihre Tochter, ein Kind, gleichgültig, was sie sonst noch war. Hätte sie sich nicht bemühen sollen, Bella zu schützen, statt sich zu arrangieren? Das wollte ich Mrs. Kroner gerade sagen, doch sie kam mir zuvor.

«Ich weiß, es war nicht recht. Deshalb wollte ich auch nicht, daß Eric getestet wurde. Ich hatte Angst, jemand würde etwas herausfinden. Aber das Leben ist nicht so einfach, wissen Sie. Man kommt gerade so über die Runden. Man schlägt sich durch. Vieles ist nicht besonders schön. Und ich hatte Errol – Jack hielt Wort und ließ uns in Ruhe.»

Ich dachte an Eric. Wie hatte er es überhaupt geschafft zu werden, wie er geworden war? Nicht nur eine schwere Lernbehinderung, sondern auch das noch! Mrs. Kroner sprach schon wieder weiter.

«Das heißt, er hielt sein Wort bis letzten Mittwoch. Ich kam am späten Nachmittag von der Arbeit nach Hause. Errol sah in der Küche fern, Jack schlief im Hinterzimmer, Bella war nicht da. Alles schien wie immer zu sein.

Ich wusch ab, was ich gewöhnlich tat, ehe ich mit Eric zu Ihnen fuhr. Dann rief ich Errol, daß er zum Waschen ins Badezimmer kommen solle, wie üblich. Aber er wollte nicht. Er wehrte sich und schrie und weigerte sich hartnäckig. Ich wußte nicht, was ich davon halten sollte. Schließlich zog ich ihm die Kleider aus, aber ehe ich ihn in die Wanne steckte, sah ich, daß sein Hintern hellrot und fleckig war. Irgendeine Art von Ausschlag, dachte ich.

Dann begann Errol zu weinen, und ich schloß fest die Tür, damit er Jack nicht weckte, und Errol zeigte mir, indem er es nachmachte, wie Jack ihn gezwungen hatte, seine Hose auszuziehen. Als Errol nicht zu ihm unter die Decke kriechen wollte, schlug ihm Jack mit einer alten Vorhangkordel den Hintern voll. Und als ich mir die Geschichte näher betrachtete, konnte ich die Striemen erkennen – das Rote war kein Ausschlag.

Ich zog Errol so schnell wie möglich wieder an und verließ die Wohnung. Ich rief Jack vorher nur noch zu, daß wir zu Ihnen fahren würden – falls Jack uns gehört hatte und hinter uns herkam. Dann wußte ich nicht, wohin wir gehen sollten, und wir fuhren einfach mit dem Bus bis hierher, nach Grover. Aber ich konnte nicht zu Ihnen fahren, weil er glaubte, daß wir genau das tun würden. Also gingen wir hierher in den Schnellimbiß und warteten, bis ich sicher sein konnte, daß Jack bei der Arbeit war.

Seit damals sind wir bei den Tortonis gewesen – Sie kennen sie, sie sagte, Sie hätten angerufen. Ich mußte dort bleiben, bis ich in die Wohnung konnte, wenn Jack und Bella nicht dasein würden, um das Geld zu holen, das ich versteckt hatte. Ich brauchte es, um die Busfahrt zu bezahlen.

Ich möchte nicht genau sagen, wohin wir fahren; es ist oben im Staat New York, wo ich aufgewachsen bin. Meine Mutter lebt dort noch, und sie nimmt uns auf. Ich muß Eric in der Schule anmelden, sobald wir angekommen sind. Das ist mir klar. Deshalb wollte ich mit Ihnen sprechen. Um herauszufinden, was das beste für ihn ist.

Gestern abend spät habe ich dann das Geld geholt. Danach rief ich Sie an. Und jetzt fahre ich zu den Tortonis und hole Errol. Wir reisen noch heute nachmittag ab.»

Eine halbe Stunde später verließ ich den Schnellimbiß. Wir hatten die mitgebrachten Bücher durchgesehen, und ich hatte Mrs. Kroner dringend geraten, Eric in den Kindergarten zu bringen, wenn sie ankam. Er war so klein, er würde bestimmt zu den anderen Kindern passen – und er hatte eine bessere Chance, nächstes Jahr in der ersten Klasse mitzukommen. Ich bat sie auch, eine psychiatrische Klinik aufzusuchen, damit sie Hilfe und Unterstützung erhielt, für sich und Eric. Doch alles, was sie wollte, waren die Bücher, als seien sie irgendein zauberkräftiger Talisman. Das war das letztemal, daß ich Mrs. Kroner sah, und ich habe nie wieder von Eric gehört oder ihn gesehen.

Wegen Bella rief ich die Familienfürsorge an. Als man schließlich in ihre Wohnung kam, waren Mr. Kroner und sie verschwunden.

Ich sah Eric nur während ein paar Stunden, ein Bruchteil der Zeit, die ich mit den meisten Kindern verbringe, trotzdem ist er es, der durch meine Träume spukt.

Wenn unsere gemeinsame Arbeit nicht unterbrochen worden wäre, hätte er sich weiterentwickelt? Wieder und wieder frage ich mich, wieso ich nicht merkte, was vor sich ging. Eric versuchte, es mir mit seinem Spiel zu zeigen – immer lag die Mädchenpuppe neben dem Vater, immer mußte er sich die Entscheidung abringen, ob er ein Junge war oder ein Baby. Warum hatte ich Mrs. Kroner nicht mehr Fragen gestellt? Hatte ich geglaubt, ich dürfe mich nicht einmischen? Wäre es sonst anders gekommen?

Ich werde es nie wissen. Doch ich werde immer hoffen und glauben, daß Eric die Hilfe bekam, die er brauchte und verdiente. Irgendwo auf meinem Dachboden liegen noch immer die sechs ausgeblasenen Eier in ihrem Karton. Die Farben sind verblaßt, doch man kann erkennen, daß jedes mit einem anderen Buchstaben bemalt ist. Ich halte das für ein gutes Omen.

Veränderungen

«Sie verschwenden Ihren kostbarsten Besitz», sagte der Anwalt mit einer leicht vorwurfsvollen Stimme.

«Was heißt das?» fragte ich. «Was meinen Sie damit?»

«Ihre Zeit, natürlich. Ihre Zeit. Sie vergeuden jeden Tag fast zwei Stunden Zeit mit Autofahren. Sie sollten Praxisräume finden, die näher bei Ihrer Wohnung liegen, oder in die Nähe ihrer Praxis ziehen.»

Ich hörte aufmerksam zu. Ich war zu diesem mir wärmstens empfohlenen, erfolgreichen Mann gekommen, um mir Rat zu holen. Meine Tage waren verplant, zu voll geworden. Nie war genug Zeit, und doch liebte ich meine Arbeit. Ich vertraute diesem Mann ganz instinktiv und wußte, daß es stimmte, was er sagte. Ohne die lange Fahrt jeden Tag würde mehr Zeit sein, sowohl für meine Familie wie für die Kinder.

Cal und ich sprachen darüber. Cal – Erfinder, Ingenieur, Unternehmer, Fabrikant und mein Freund und Ehemann – besaß seit über zwanzig Jahren eine Fabrik in derselben Stadt, in der ich geboren worden war. Wir hatten dann eine Wohnung gemietet, die etwa eine Stunde von seinem Büro wie von meiner Praxis entfernt lag, und nun schien es das vernünftigste zu sein, ein Haus zu kaufen, das für uns beide alle Fahrprobleme löste.

Wir fanden eines, das sich ein Architekt als Büro und Wohnhaus gebaut hatte – niedrig und ruhig, umgeben von Wald. Das Büro, zwei Räume und ein Bad über der Garage, sollte für mich sein. Cal würde nur fünf Minuten zur Firma zu fahren haben.

Mit Bedauern nahm ich von Rea Oldenburg Abschied. Ich würde unsere Gespräche und gemeinsamen Mittagessen vermissen.

«Nein, nein», sagte sie. «Der Anwalt hat recht. Es ist reine Verschwendung, so lange im Wagen zu sitzen. Wir werden uns weiter sehen. Jetzt sind es die Kinder, die zu Ihnen fahren müssen.»

Den Aktenschrank, den alten Schreibtisch und die Stühle nahm ich mit (sie hatten mir Glück gebracht, und ich hatte nicht den Wunsch, irgend etwas zu ändern). Die Treppe und den Boden der beiden Räume legte ich mit einem blauen Teppich aus, die Wände strich ich in einem gebrochenen Weiß. Ich kaufte ein paar neue Handtücher und einen Vorleger für das Badezimmer, eine große Wandtafel für die eine Wand und ein gebrauchtes Fotokopiergerät. Die Decke folgte der Dachschräge und zog sich weit herab, das hintere Fenster blickte auf den Wald. An zwei Wänden standen tiefe Schränke, in denen Architekturzeichnungen aufbewahrt worden waren, doch sie waren ebenso praktisch für Bücher, Spielsachen und Testmaterial. Ich ließ die Wände leer, abgesehen von der Wandtafel, weil ich später die Zeichnungen und Geschichten der Kinder aufhängen wollte.

Rea Oldenburg hatte recht. Die meisten Kinder, die ich unterrichtete, kamen weiter zu mir, andere standen kurz vor der Abschlußprüfung, und alte Freunde schickten mir neue Kinder, die ihren Platz einnahmen. Meine Praxis schien eine Art Garten zu sein, mit Kindern an Stelle von Blumen – immer wieder wuchsen neue nach, wenn die älteren aufgeblüht waren.

Ich gedieh mit den Kindern. Wenn ich schon vorher glücklich gewesen war, so war ich es jetzt noch viel mehr, weil ich zu Hause arbeiten konnte. Es gefiel mir, in bequemen Schuhen und Bluejeans herumzulaufen. Es gefiel mir, nicht mehr Stunden auf verkehrsreichen Straßen verbringen zu müssen. Und zu meinem Erstaunen gefiel es mir auch, die Zeit zu haben, mehr pädagogisch-diagnostische Untersuchungen zu machen als je zuvor.

Manche Untersuchungen führte ich nur durch, weil die Eltern soviel wie möglich über ihre Kinder erfahren wollten – ob sie in der richtigen Schule waren, was für Interessen und Fähigkeiten sie besaßen –, und diese Untersuchungen waren immer ein Vergnügen. Keine Probleme, die ans Licht geholt werden mußten, keine schmerzlichen Enthüllungen für die Eltern – nur die spontanen, wunderbaren Antworten der Kinder. «Was tut der Magen?» fragte ich (es ist eine Standardfrage des Wechsler-Intelligenztests). Die siebenjährige Eva, strahlend wie ein blankes Dollarstück, sah mich vertrauensvoll an. «Das ist leicht», sagte sie. «Er verdaut das Essen.» Dann, ehe ich noch das erste Wort notiert hatte, fügte sie mit Entschiedenheit hinzu: «Und von dort geht es direkt in die Vagina, wo es ausgekratzt wird.»

Doch die meisten Untersuchungen, die ich durchführte, wurden verlangt, weil ein Kind in der Schule schlecht war und die Eltern oder die Schule oder beide wissen wollten, warum.

Das Herz meiner Praxis blieb die Therapie, die Nachhilfe, genau wie ich es mir wünschte. Helfen und heilen gehören für mich zusammen, daran glaube ich. Ich halte es nicht für möglich, eine Scheibe des Kinderkopfes abzuschneiden und nur zu versuchen, die Lesefähigkeit wieder in Ordnung zu bringen. Ich bin der Überzeugung, daß die Lesefähigkeit entwickelt werden und dann in das Wesen des Kindes integriert werden muß. Meine Arbeit, wie ich sie sehe, besteht nicht nur darin, Lesen, Schreiben oder Rechnen aufzupolieren oder die Unfähigkeit, zu lesen, zu schreiben oder zu rechnen, zu beheben, sondern ich wollte mich bemühen, den Kindern zu helfen, an ihrem Arbeitsplatz – der Schule – Erfolg zu haben und ihre Lebensqualität zu verbessern.

Meine Überzeugung wuchs immer mehr, daß der erste Schritt einer erfolgreichen Therapie bei einem Kind mit einer Lernbehinderung eine gründliche diagnostische Untersuchung ist. Wieviel einfacher ist es, zu lehren und zu heilen, wenn die Stärken und Schwächen klar abgegrenzt sind. Wie der gerissenste Detektiv forschte ich Stärken aus, schnüffelte nach Schwächen, zeigte Möglichkeiten auf und erklärte den Eltern, was ich herausgefunden hatte. Ich entdeckte auch, daß die ein oder zwei Stunden, welche die Eltern und ich im Gespräch über die von mir gemachten Tests und ihre eigenen, tieferen Kenntnisse des Kindes verbrachten, meistens ein Band des Verständnisses zwischen uns entstehen ließen. Das machte es uns leichter, dem Kind zu helfen.

Und trotzdem konnte ich mich – welche Ironie – noch gut daran erinnern, wie ich einst Tester und ihre Tests verabscheut hatte. Als ich gefühlsgestörte Kinder unterrichtete, mußten sich diese einmal im Jahr einer Art Generaltest unterziehen – und nach diesem oberflächlichen Test wurden sie dann beurteilt.

Wer waren denn diese Leute, daß sie uns etwas über unsere

Kinder erzählen konnten? Wir Lehrer hatten jeder nur vier Kinder. Wir waren mit ihnen sechs Stunden am Tag zusammen, fünf Tage in der Woche – im Unterricht, beim Spielen, beim Essen –, den ganzen Tag in das Leben der Kinder völlig mit einbezogen. Die Tester waren Diplompsychologen, aber sie kamen nur für ein paar Stunden in der Woche in unsere Schule, beobachteten die Kinder von der Tür aus, diskutierten über sie bei Lehrerkonferenzen, ohne je wirklichen Kontakt mit ihnen zu haben. Und dann das «Testen» – die Kinder wurden in einen anderen Raum gebracht; sie protestierten und wollten nicht mitgehen. Ich hatte den starken Eindruck, daß die Ablehnung auf Gegenseitigkeit beruhte. Ich bezweifelte, daß die Tester ein größeres Verlangen hatten, mit den Kindern zusammenzusein, als die Kinder mit ihnen.

Aber sie testeten, und Wochen später berichteten sie, daß die Kinder «geistig unterentwickelt» seien. Was wußten diese Leute eigentlich von dem wahren Kind, wütete ich im stillen, wenn die Kinder die meiste Zeit wie erstarrt vor Angst waren und die Fragen auch nicht hätten beantworten können, wenn sie die Antworten gewußt hätten? Ich betrachtete die Ergebnisse dieser Tests mit Mißtrauen und Verachtung.

Dann, an der Universität, erfuhr ich, daß die Schuld nicht bei den Tests selbst zu suchen war, sondern bei der Art, wie sie angewandt wurden. In dem Seminar über individualpsychologische Tests, das Dr. Georg Kennedy abhielt, ein großer freundlicher Mann mit einem Kranz weißer Haare, lernte ich, wie wertvoll das Testen sein konnte.

«Jede Woche werde ich ein Kind testen», erklärte uns Dr. Kennedy. «Sie werden das Kind und mich durch dieses Einwegfenster hier beobachten. Das Kind und ich werden an diesem Tisch hinter dem Spiegel sitzen.» Er klopfte mit seinen Fingern an das Fenster. «Und Sie», er deutete auf die zwanzig Studenten, die in seinem Seminar saßen, «Sie werden hier in diesem Hörsaal das Kind beobachten und seine Antworten notieren. In der nächsten Stunde werden wir dann die Antworten und Ihre Bewertungen und Beobachtungen besprechen.»

Er lächelte uns wohlwollend zu. «Meine Aufgabe wird es sein, die Tests zu stellen. Die Ihre ist es, die Kinder zu beobachten.»

So brachten wir der Reihe nach einmal die Woche, manchmal auch zweimal, unser eigenes oder ein Nachbarkind zu Dr. Kennedy und beobachteten, wie er sprach und testete und uns eine erstaunliche Menge von Informationen enthüllte. Wenn Dr. Kennedy an der Schule für gefühlsgestörte Kinder gearbeitet hätte, würde ich seinen Tests getraut haben. Er machte nicht nur einen einzigen Test und verkündete dann lang und breit die Ergebnisse. Er unternahm eine Reihe von Tests, und bei jedem kam eine andere Seite des Kindes zum Vorschein. Für die endgültige Beurteilung verließ er sich nicht allein auf die Zahl der richtigen und falschen Antworten. Seine Tests waren mit Anmerkungen vollgeschrieben, die er als Unterlagen für seine Vorlesung verwendete. Seiner Meinung nach waren die bei den Tests gemachten Beobachtungen noch wichtiger als die erreichten Werte.

Das wichtigste von allem war jedoch, daß die Kinder ihn liebten und schnell zutraulich wurden. Es war keine qualvolle Prozedur für sie, sondern eher ein besonderes Ereignis, bei dem sie mit einem Menschen zusammen waren, der sie mochte. Die Kinder spürten sein echtes Interesse und reagierten darauf.

Ich liebte jede Minute jenes Seminars und die Magie, mit der Dr. Kennedy die Kinder aus der Reserve lockte, wie auch seine peinlich genaue, sorgfältige Auswertung jedes einzelnen Tests und die Umwandlung der gemessenen Werte in sinnvolle Erkenntnisse und Empfehlungen. Damals begann ich zu überlegen, ob ich nicht eines Tages vielleicht eine eigene Praxis haben und individuelle Tests durchführen könnte, die eine solide Grundlage für Nachhilfe und Therapie bilden würden.

Eine richtige Untersuchung ist mehr als nur ein Test. Sie sollte alle Fragen klären, die sinnvollste Art der Therapie aufzeigen, und sie sollte im Familienleben und in der Schule Veränderungen bewirken.

Sie ist der Wendepunkt. Bei Ben jedenfalls war sie es.

Ben

Benjamin Bradford Aylesworth stand auf der niedrigen Steinveranda, die an der Vorderseite unseres Hauses entlangläuft. Benjamin Bradford Aylesworth war sein richtiger Vor- und Nachname. In der Schule hieß er «Butterbirne». Die Kinder nannten ihn so. Sie hatten einfach seine ersten beiden Anfangsbuchstaben genommen und daraus einen Spitznamen für ihn gemacht. Der Psychologe, der Ben zu mir geschickt hatte, hatte dies von Bens Lehrer erfahren. Er war nicht sicher, ob sie es Ben ins Gesicht sagten; er war sich nicht einmal sicher, ob Ben es überhaupt wußte.

Ein Blick auf Ben, und ich wußte, daß er es wußte. Er wußte es nicht nur, er glaubte auch, daß es stimmte. Wenn je ein Kind Geschlagenheit ausstrahlte, dann Ben. Er war groß für seine zwölf Jahre, das hellblonde Haar fiel ihm tief in die Stirn und verbarg seine Augen. Seine Gesichtszüge waren ebenmäßig, fast hübsch, doch sein ganzer Körper war in mürrischer, melancholischer Niedergeschlagenheit in sich zusammengesunken.

«Hallo», sagte ich und streckte ihm die Hand entgegen.

Bens Augen blieben weiter auf seine Turnschuhe geheftet.

«Ben!» Die Stimme seiner Mutter wurde etwas lauter, während sie sprach. «Sag Mrs. MacCracken hallo.»

«'lo», murmelte Ben, ohne die Augen zu heben.

In den Worten der Mutter war die Forderung, ja der Befehl mitgeschwungen, daß Ben mir die Hand reichen und sagen solle, er freue sich, mich kennenzulernen. Ich wußte, daß Ben dies genauso deutlich gehört hatte wie ich. Ich wußte auch, daß nichts in der Welt ihn veranlassen konnte zu gehorchen. Aus irgendwelchen Gründen hatte er es geduldet, daß man ihn zu meiner Praxis schleppte, doch er würde mir auf keinen Fall die Hand geben. Ich steckte meine Hände rasch in die Taschen, um zu zeigen, daß mir am Händeschütteln nicht besonders viel lag.

Ich ließ meinen Blick von Ben zu seiner Mutter gleiten. Es war das erstemal, daß wir uns persönlich begegneten. Bis jetzt hatten wir nur mehrmals zusammen telefoniert. Sie war schlank, das Haar nur eine Schattierung dunkler als Bens. Sie rollte die dünne Goldkette um ihren Hals zwischen Daumen und Zeigefinger hin und her. Ihre Finger zitterten leicht. Offensichtlich war sie sehr nervös. Ich hätte ihr gern versichert, daß ich liebevoll und vorsichtig mit ihrem Sohn umgehen würde, doch dies war nicht der richtige Augenblick. Später würden wir einige Stunden zusammen verbringen, doch jetzt gehörte meine Aufmerksamkeit Ben. Ich brauchte meine volle Konzentration und mußte alle Antennen auf Ben richten, wenn ich ihn verstehen und richtig einschätzen wollte. Ich konnte nur hoffen, daß sie dies spürte und anerkannte.

«Ben und ich brauchen etwa eine Stunde», sagte ich. «Hier ist das Formular für die Personalangaben, das ich am Telefon erwähnte. Wenn Sie es ausfüllen und irgendwann in den nächsten zwei Wochen abgeben könnten, wäre ich Ihnen dankbar. Also – möchten Sie gern hier in der Praxis warten oder lieber nachher wiederkommen?»

Sie zögerte und sah Ben an. Dann räusperte sie sich. «Nun, also... hm, Ben, soll ich dableiben? Hm... was meinst du?»

Ben zuckte die Achseln, ohne den Kopf zu wenden oder die Augen zu heben.

Mrs. Aylesworth begann, rückwärts den Gartenweg zur Einfahrt entlangzugehen. Das Formular in ihrer Hand flatterte. «Nun... hm, dann komm ich nachher wieder. Muß bloß noch ein paar Sachen erledigen und bin um... hm.» Sie starrte auf ihre Uhr, und das gerade blonde Haar fiel ihr ins Gesicht. «Um welche Zeit soll ich wieder hier sein?» fragte sie hilflos.

«Kurz nach zwei», antwortete ich.

Ben und ich beobachteten gemeinsam, wie der weiße Mercedes rückwärts aus der Einfahrt fuhr.

«Gehen wir hier entlang», sagte ich zu Ben und ging ihm voran ins Haus zu meiner Praxis.

Als wir an der gläsernen Schiebetür vorbeikamen, die auf die Terrasse führte, blieb Ben abrupt stehen. Zwei Meisen und eine

Haubenmeise hockten an den durchsichtigen, zylindrischen Näpfchen für Vogelfutter, die draußen vor der Tür hingen. Ben stand völlig still da, seine Augen auf die Vögel geheftet, die nur ein paar Zentimeter entfernt waren. Sein Kopf war erhoben, sein Haar fiel jetzt nach hinten, und ich stellte fest, daß er viel besser aussah, als ich zuerst angenommen hatte. Seine Augen waren von einem grauen Violettblau, die Pupillen hatten einen schwarzen Rand. Die Nase war gerade, der Mund groß. Nur seine Haut schien nicht ins Bild zu passen – milchweiß, fast durchsichtig, ohne eine Spur von Farbe, bis auf die Schläfen, wo kleine purpurrote Venen zusammenliefen und wie ein kleines Herz an der Seite seines Kopfes klopften. Seine Haut ließ ihn verwundbar erscheinen, ohne genügend schützende Farbe.

«Sehen Sie den da!» sagte Ben und deutete auf die Haubenmeise. «Wie er da-da-davonfliegt!» Seine Stimme war laut und aufgeregt, er stotterte kaum merklich, und seine schmalen, mageren Schultern in dem handgestrickten Norwegerpullover zitterten. Die Aufregung in seiner Stimme stand in einem solchen Gegensatz zu seinem anfänglichen Benehmen, daß ich ein paar Augenblicke schwieg und nur beobachtete, wie die Vögel aus dem Wald hinter der Terrasse herbeiflogen, auf den Metallständern der vier Futternäpfchen zu einem kurzen Halt bremsten, einen Sonnenblumenkern aufpickten und sofort wieder davonflatterten.

«Ich mag die Meisen», sagte ich im Gesprächston, um Ben Zeit zu lassen, «aber nicht die Rotfinken. Sie fallen in Scharen ein, besetzen alle Näpfe und sitzen ewig da und stopfen sich voll. Wenn eine Meise kommt, schreien sie und picken nach ihr, bis ich schließlich die Tür aufmache und die Finken verscheuchen muß, damit die Meisen noch eine Chance bekommen. Aber jetzt gehen wir lieber hinauf, und ich zeige dir meine Praxis.»

Eigentlich war da nicht sehr viel zu zeigen. Vielleicht gefällt sie mir deshalb so sehr. Ganz eindeutig ist dem Raum nie ein Innenarchitekt zu nahe gekommen. Der Raum gehört den Kindern und mir, und ich versuche, ihn zu einem Ort zu machen, wo die Menschen nicht so tun müssen, als seien sie jemand, der sie gar nicht sind.

Ich zeigte ihm das Badezimmer, wie man den sonderbaren Lichtschalter bediente und das Fenster in dem kleinen Nebenraum, von dem aus die Einfahrt und der vordere Rasen zu sehen waren. Ich wußte, daß Ben aufgeregt und verängstigt war, und wollte, daß er die Möglichkeit hatte, mit der Atmosphäre vertraut zu werden. Dann führte ich ihn zu dem Stuhl hinter dem Schreibtisch und zog einen zweiten neben ihn.

«Als erstes möchte ich dir ein paar allgemeine Fragen stellen – Name, Alter, Adresse, solche Sachen. Wie lautet dein voller Name, und wie soll ich dich nennen?»

«Benjamin Bradford Aylesworth.»

«Und?»

«Und was?»

«Soll ich dich Ben nennen?»

«Ist e-e-egal. Sowieso ein blöder Name.» Bens Stimme war jetzt sehr hoch, fast weinerlich.

«Adresse?»

«Mountain View Road 125, South M-M-Millwood.»

«Telefon?»

«Welches? Wir haben drei. Zwei normale und ich h-h-hab eins in meinem Zimmer.»

«Das ist aber schön. Am besten gibst du mir alle drei Nummern.» Offensichtlich fehlte es Ben nicht an den materiellen Annehmlichkeiten des Lebens.

«Wie alt bist du, Ben?»

«Zwölf.»

«Geboren?»

«Am 23. November.»

«Hast du Brüder oder Schwestern?»

«Ja, eine Schwester. J-J-Jessie.»

«Wie alt ist sie?»

«Sieben.»

«Wie kommt ihr beiden miteinander aus?»

«Gut.»

«Wie steht's mit Haustieren?»

«Ich hab einen Hund.»

«Was für einen?»

«Einen schwarzen Neufundländer. MacArthur. Ich rufe ihn M-M-Mac, als Abkürzung.»

Bens Stimme wirkte etwas freundlicher, und sein gelegentliches Stottern schien nichts mit den gestellten Fragen zu tun zu haben. Ich beschloß, daß es ein günstiger Augenblick sei, festzustellen, ob er sich für die Chips interessierte.

«Nimm mal die Schachtel dort, Ben, und mach sie auf», bat ich.

Ben starrte auf die Chips, ohne ein Wort zu sagen.

«Wenn du willst, kannst du dir für alles, was du hier machst, etwas bezahlen. Wenn es dir aber zuviel Mühe macht, läßt du es bleiben.» Ich wollte ihm einen Ausweg offen lassen, falls ihm die Chips zu kindisch erschienen. Doch Ben befühlte die Chips und ließ sie durch die Finger gleiten.

«Was soll das heißen?»

«Jede Farbe hat einen anderen Wert. Gelb zum Beispiel zählt fünfzig und Grün fünfundzwanzig. Es steht hier innen auf dem Deckel.»

Ich erklärte ihm, wie das System mit den Chips und den Preisen funktionierte.

«Du kannst dir irgend etwas kaufen, wenn du fertig bist. Nichts Großes. Ein Aufkleber ist hundert wert, ein Matchbox-Auto siebentausend.»

«Siebentausend! Das ist Wucher.»

Ich zuckte die Achseln und wiederholte die wenigen Informationen, die mir Ben bis jetzt gegeben hatte. «Gut. Zahl dir fünfundsechzig aus. Einen gelben, einen blauen und einen orangefarbenen. Also, in welche Klasse gehst du?»

Ben suchte rasch die Chips heraus. «In die sechste.»

«Und dein Lehrer?»

«Mr. Holber.»

«Wen hattest du in der fünften?»

«Mrs. Andrews.»

Ich fragte, und Ben nannte mir die Namen aller seiner Lehrer, bis hin zur Vorschule.

«Welchen mochtest du am liebsten?»

Ohne zu zögern, nannte Ben die Lehrerin vom Kindergarten.

«Warum? Was hat dir an ihr so gefallen?»

«Sie hat nicht geschrien.»

Es war eine vertraute Antwort. So viele lernbehinderte Kinder erinnern sich an den Kindergarten als an ihr glücklichstes Jahr. Die Welt war in Ordnung, bis die Zeit kam, lesen zu lernen.

«Wie steht's mit den einzelnen Fächern. Was hast du in der Schule am liebsten?»

«Nichts.»

Ich beschloß, das Thema zu wechseln. «Wie heißt dein Vater?»

«Ralph.»

«Was macht er?»

«Zyloc Corporation. Er ist der D-D-Direktor.»

«Der Name deiner Mutter?»

«Carol.»

«Und was macht sie?»

«Nichts. Also, ich meine – sie f-f-fährt uns herum, und sie geht einkaufen und so was.»

«Noch zwei Fragen, Ben. Was tust du am liebsten, wenn du nicht in der Schule bist?»

«Segeln.» Die Antwort kam schnell und sicher.

«Wo segelst du?»

«Auf dem Fluß. Im Sommer.» Zum erstenmal sahen mich seine blauen Augen offen an, und ich dachte, in Ordnung, wir schaffen es.

Ich lächelte ihm zu. «Das klingt schön. Letzte Frage: Warum, glaubst du, bist du hier? Das frage ich alle.»

Ben musterte mich. Jede Spur von Freundlichkeit war verschwunden. «Weil sie sagten, ich müßte herkommen. D-D-Dad und M-M-Mom und der Doktor, alle sagten, ich müßte herkommen.»

«Gut, danke, Ben. Mal sehen.» Ich rechnete zusammen. «Zahl dir einhundertfünfunddreißig aus. Das ist ein silberner –»

«Ich weiß, ich weiß», unterbrach mich Ben und suchte die Chips heraus. «Sie brauchen es mir nicht zu sagen. Ich kann es selber.»

Ich stand von dem Stuhl neben Ben auf, ging auf die andere

Seite des Schreibtisches, setzte mich und nahm einen braunen Umschlag aus einer Mappe auf einem anderen Stuhl. Ich holte einen kleinen Stoß 10 × 15 cm großer weißer Karten aus dem Umschlag und legte ihn verdeckt in die Mitte der Schreibtischplatte. Dann reichte ich Ben einen Bleistift und ein Blatt Papier. (Der Bleistift war eine Nummer zwei, der Bogen hatte eine Größe von 21 × 30 cm.)

«Das ist der sogenannte Bender-Gestalt-Test, und als erstes möchte ich, daß du diese geometrischen Figuren abzeichnest. Alle Karten sind verschieden. Ich drehe eine nach der anderen um, und du malst die Zeichen ab.»

Ben nahm den Bleistift und hielt ihn ungeschickt und krumm mit der rechten Hand fest – drei Finger lagen auf dem Bleistift, nahe bei der Spitze. Er kopierte den Kreis mit der Raute daneben, aber irgendwie schaffte er es nicht, daß sich die beiden Figuren berührten, und die Raute sah eher wie ein Rechteck aus. In seinem Alter hätte dies eine leichte Aufgabe sein müssen, und seine Schwierigkeiten lösten bei mir sofort Alarmsignale wegen möglicher Probleme mit der Wahrnehmungsgenauigkeit aus.

Er radierte und begann von neuem. Dann starrte er mich wütend über den Schreibtisch hinweg an. «Was ist der Sinn dieses d-d-dummen Tests? Ich kann dieses Zeug sowieso nicht zeichnen.»

«Mach es, so gut du kannst.»

Unwillig zeichnete Ben die Figur zu Ende, und ich drehte die nächste Karte um.

Ben zählte die Punkte auf der Karte an den Fingern ab, von rechts nach links. Er malte drei winzige Kreise und zählte wieder, diesmal von links nach rechts. Es war offensichtlich, daß Ben eine starke Rechts-Links-Konfusion hatte. Insgeheim fragte ich mich, ob er auch Buchstaben und Wörter verdrehte oder verdreht hatte, eine häufige Begleiterscheinung bei ungeordnetem Richtungssinn.

Als Lehrer hätte ich niemals zugelassen, daß Ben sich so abmühte, doch in diesen vier Untersuchungssitzungen war es notwendig, daß ich testete und feststellte, was Ben tun konnte – um seine Stärken und auch seine Schwächen zu entdecken.

Der Bender-Gestalt-Test dient vor allem dazu, die sehmotorische Wahrnehmung zu prüfen, doch er gibt auch Hinweise auf den Arbeitsstil des Kindes, seine organisatorischen Fähigkeiten und wie es über sich selber denkt. Bens Rechts-Links-Konfusion und seine Schwierigkeiten, Winkel zu zeichnen, waren offensichtlich, doch unter Bens Trotzigkeit verbarg sich eine überraschende Entschlossenheit. Er mühte sich weiter ab, jetzt allerdings schweigend, mit einer Aufgabe, die für ihn eindeutig sehr schwierig war.

«Das reicht», sagte ich, als er das letzte Zeichen kopiert hatte. «Jetzt nimm dieses neue Blatt Papier und zeichne alle Figuren, an die du dich erinnern kannst.»

«O Gott», jammerte Ben, «das ist nicht fair.» Ich verstand ihn – ich wünschte mir immer, daß die Testanleitung es erlauben würde, dem Kind mitzuteilen, was es erwartet. Doch wenn ich auch die Vorschriften mit Chips ein wenig frisiere, so bin ich mit mir selbst sehr streng, was die buchstabengetreue Ausführung der Tests betrifft.

Ben fing sofort an zu zeichnen, trotz seines Protests, und brachte sechs der neun Zeichen zustande, eines war allerdings auf den Kopf gestellt, und alle sechs waren nur ein Zehntel so groß wie das Original. Sich an fünf Zeichen zu erinnern, wird als Durchschnitt angesehen.

«Zahl dir fünfundzwanzig für jede Figur, an die du dich erinnert hast, dazu je zehn für die neun abgezeichneten.»

Ben zählte und rechnete und zahlte sich die Chips aus. Er war noch nicht bereit, sich mit mir als Mensch auseinanderzusetzen, doch die Sache mit den Chips gefiel ihm.

Die meisten Kinder, gleichgültig, wie alt sie sind, werfen ihre Chips in eine der leeren Dosen auf dem Schreibtisch, doch Ben sortierte seine nach Farben und ordnete sie in sauberen Reihen.

«Was machen wir jetzt?» fragte er. Seine Habsucht war nun größer als seine Angst.

«Wir fangen mit dem Wechsler-Test an. Der erste Teil hat mit Informationen zu tun – mit allgemeinem Wissen über die Dinge des Lebens. Am Anfang sind die Fragen leicht, dann werden sie immer schwieriger, also erwarte ich nicht, daß du sie alle beantworten kannst. Hier ist die erste. Wie viele Pennies hat ein Nickel?»

«Gott. Was glauben Sie wohl? Hundert? Fünf, natürlich.»

Die Fragen wurden immer schwieriger, Bens Antworten immer unhörbarer; fast bei jedem Satz stotterte er jetzt. Trotzdem arbeitete er konzentriert, und wir beendeten noch vier Untertests des Revidierten Wechsler-Intelligenztests für Kinder – Bilderergänzen, allgemeines Verständnis, Bilderordnen und rechnerisches Denken.

Schließlich lehnte ich mich zurück und sagte: «Das wär's für heute, Ben. Zähl zusammen!»

Ich half ihm, seine Chips in Häufchen zu hundert zu ordnen und unterhielt mich dabei mit ihm. «Ich weiß nicht, ob deine Mutter es dir gesagt hat, aber du mußt noch dreimal zum Testen herkommen. Wenn du die mittlere Schublade öffnest und mir das schwarze Buch gibst, sage ich dir, wann die nächste Stunde ist.»

Ben öffnete die Schublade und kramte darin herum. Er ließ sich dabei Zeit, befingerte die Mickey-Mouse-Uhr und den Brieföffner. Seine Bewegungen verrieten keine Hyperaktivität. Er tat nur, worum ich ihn gebeten hatte, und ließ sich dabei Zeit. Das war in Ordnung. Wenn ich schon in seinem Kopf herumstöberte, konnte er wenigstens meine Schreibtischschublade auskundschaften.

Er reichte mir das Buch, und ich schlug es bei März auf. «Hier. Nächsten Freitag um ein Uhr – ist dir das recht?»

Er zuckte wieder die Achseln, wie am Anfang. «Wahrscheinlich. Spielt auch keine Rolle. Ich muß ja sowieso kommen. Einhundert, zweihundert... neunhundert. Und dann hier noch der Rest: fünfzig, sechzig, siebzig. Neunhundertsiebzig.»

Ich schrieb 970 hinten in seine Akte, ging dann zum Aktenschrank und holte den Weidenkorb und die «Belohnungskarte». Die «Belohnungskarte» ist eine Liste von zehn bis zwölf Artikeln mit der Preisangabe in Chips. Ich schreibe jeden Artikel mit einer anderen Farbe, um es noch reizvoller zu machen. Außerdem bemühe ich mich, die Karte jede Woche ein wenig zu ändern, damit die Sache interessant bleibt.

Angebot der Woche

Aufkleber	je 100
Kaugummi ohne Zucker	je 200
Rosinen	500
Snoopy-Bleistift	1000
Radiergummi	1200
Keks in Tierform	1400
Lineal	3800
Drehbleistift	4100
Schere	4200
Farbiges Schreibpapier	6000
Matchbox-Auto nach Wahl	7000

Ben studierte die Liste. «Was heißt ‹nach Wahl›?»

«Daß du dir ein Auto nach diesem Katalog aussuchen kannst», antwortete ich.

Ben nickte. «Hat jemand mal siebentausend geschafft?»

«Natürlich. Die Kinder, die nach der Schule zum Nachhilfeunterricht kommen, sparen alles auf. Es dauert allerdings eine Weile, weil das Lernen nicht so schwer ist wie das Testen.»

Ben nickte. «Ja. Hm. Darf ich mal den Katalog sehen?»

«Ja. Du hast jedesmal eine Minute, um dich zu entscheiden, ob du die Chips ausgeben oder sparen willst. Drückst du bitte auf die Stoppuhr?»

Ich wollte, daß er die Stoppuhr soviel wie möglich benützte, denn je vertrauter er mit ihr würde, um so weniger Angst würde sie ihm bei den Untertests mit Zeitlimit machen.

Nach dreißig Sekunden, in denen er im Katalog geblättert und sich den Korb angesehen hatte, stellte Ben die Stoppuhr ab und legte sie in ihr Etui zurück. «Ich spare sie auf.»

Nachdem Ben gegangen war, sammelte ich seine Arbeiten ein und machte mir Notizen über seine Leistungen im Wechsler-Test. Ich halte alle Intelligenztests für etwas suspekt, denn ich weiß aus Erfahrung, daß sich die Werte an verschiedenen Tagen oder bei verschiedenen Testern ändern können und tatsächlich ändern.

Trotzdem ist der Revidierte Wechsler-Intelligenztest für Kinder der beste in seiner Art. Mir gefällt, daß er aus zwei Teilen besteht: dem Verbalteil, bei dem alle sechs Untertests mündliche Antworten verlangen, und dem Handlungsteil (Mosaik-Test, Figurenlegen und so weiter), bei dem keine verbalen Antworten nötig sind. Wenn ich also einem Kind zusah, wie es den Test machte, konnte ich feststellen, wo es sich wohl fühlte und seiner sicher war und wo sein Selbstvertrauen nachließ. Der Wechsler-Test ist alles andere als perfekt. Ich wünschte, er enthielte mehr Tests für die rechte Gehirnhälfte, wie die Prüfung der Fähigkeiten in Musik und Rhythmus.

Mir wäre es auch lieb, wenn weniger Nachdruck auf das Ergebnis des Gesamt-Intelligenzquotienten und dafür mehr Wert auf die individuellen Untertests gelegt würde, die auf die Stärken und Schwächen hinweisen.

Da bei den Kindern, die ich untersuche, gewöhnlich irgendeine Art von Lernbehinderung angenommen wird, ist der Wechsler-Test fast immer ein erfreuliches Erlebnis. Fast jedes Kind erzielt zumindest in einem Untertest weit bessere Ergebnisse als bei seinen schulischen Leistungen, und das weiß es auch. Man kann diese Kinder nicht täuschen, wenn sie versagen, und das gilt ebenso, wenn sie erfolgreich sind. Sie genießen es, wenn sie herausfinden, daß sie in manchen Dingen gut sind und nicht totale Dummköpfe, wie es ihre Schulnoten vermuten lassen. Natürlich sind auch die niedrigen Ergebnisse bei einem Untertest wertvoll – sie geben Hinweise auf Schwächen, und das ist für die Planung der Therapie und der Nachhilfe notwendig.

Bei dem Untertest Allgemeines Wissen des Wechsler-Tests wußte Ben die Antwort auf verhältnismäßig einfache Fragen nicht, wie zum Beispiel: «Wo geht die Sonne unter?» Dagegen konnte er eine Frage über Hieroglyphen in allen Einzelheiten beantworten.

Er wußte nicht, welcher Monat auf März folgt, und hatte Schwierigkeiten, die Monate herzusagen. Er wußte, daß das Jahr zwölf Monate hatte, doch es fielen ihm nur zehn ein, und die nicht in der richtigen Reihenfolge. Im Untertest Gemeinsamkeitsempfinden, der die logische und abstrakte Denkfähigkeit mißt, erzielte er überdurchschnittliche Werte, auch wenn er sich nur holprig ausdrücken konnte.

Im Untertest Bilderergänzen entdeckte Ben das fehlende Detail eines Bildes sofort, aber dann suchte er nach dem Wort, um es zu beschreiben, und nannte den Griff an einem Schreibtisch das «Knopfding» oder deutete auf das fehlende Uhrenarmband und sagte: «Das Ding... hm... ich meine, der Gürtel von der Uhr fehlt.» Da Bilderergänzen kein Test über Sprachfähigkeiten ist, muß das Kind nur auf das fehlende Detail deuten, damit eine Frage als richtig bewertet wird. Daher beeinträchtigte dies Bens Werte nicht. Doch Schwierigkeiten, das richtige Wort zu finden, sind ein weiteres Zeichen für eine Lernbehinderung.

Bilderordnen war für Ben schwieriger. Bei diesem Test sollte er zerschnittene Bildserien so ordnen, daß sie eine sinnvolle Geschichte ergaben. Ben hatte zum Teil Schwierigkeiten, weil sein Richtungssinn durcheinander geriet und er nicht beurteilen konnte, ob Lastwagen näher kamen oder wegfuhren, und zum anderen Teil, weil er sich zu sehr beeilte. Er war auch völlig ahnungslos und unsicher, was das Erfassen einer Gesamtsituation betraf, und dieser Untertest verlangt ein soziales Bewußtsein, das Wissen, was man wann zu tun hat, wie auch die Fähigkeit zu folgerichtigem Denken.

Der Untertest Rechnerisches Denken war für Ben auch schwierig gewesen, nicht weil er nicht wußte, wie er die Aufgaben lösen sollte, sondern weil sie mündlich gestellt wurden und er sich nicht lange genug an das Gesagte erinnern konnte.

Ich legte die Papiere wieder in Bens Akte und wandte mich dann den Notizen zu, die ich mir während der Telefongespräche mit Phil Golden gemacht hatte, dem klinischen Psychologen. Er hatte mir Ben geschickt. Phil und ich kannten uns seit Jahren. Wir hatten beide in Rea Oldenburgs Büro unsere Praxis im ersten Stock gehabt und häufig über unsere Fälle diskutiert. Er war ein großer, freundlicher, intelligenter Mann, und ich respektierte seine Arbeit. Wir glaubten beide, daß Gefühls- und Lernprobleme meistens auf irgendeine Weise miteinander verbunden sind, und er schickte mir Kinder zur «Lerntherapie», wie er sich ausdrückte. Wir waren auch beide überzeugt, daß, wenn eine Person in einer Familie ängstlich oder verletzend ist, die anderen Mitglieder davon betroffen sind. Phil war Familientherapeut, und so schickte ich ihm ebenfalls Fälle.

Zu der Zeit, als ich Ben kennenlernte, hatte Phil ungefähr zwei Monate mit den Aylesworths gearbeitet. Sie hatten ihn aufgesucht, weil Bens Kinderarzt darauf bestand. Ben war in den Herbstmonaten immer einsiedlerischer geworden und blieb fast immer nur für sich. Seine Noten waren zusehends tiefer gesunken. Einen Tag vor Weihnachten, erzählte mir Phil, sei Bens Schwester Jessie hinaus in den Garten gegangen und habe entdeckt, daß Ben barfuß auf dem Dach stand. Sie rief ihn an, doch er antwortete nicht, und sie lief zu ihrer Mutter, um es ihr zu erzählen.

Bis jetzt wußte kein Mensch genau, was Ben auf dem Dach gemacht hatte. Er wollte nicht darüber reden, doch der Vorfall veranlaßte Bens Kinderarzt, die Aylesworths zu Phil Golden zu schicken.

Die Aylesworths hatten beabsichtigt, nur Ben zu schicken, doch Phil bestand darauf, daß die ganze Familie kam. Das Ehepaar blieb zurückhaltend, im Gegensatz zu Jessie, einem fröhlichen siebenjährigen Mädchen, und Phil sagte, daß die Sache nur sehr langsam vorangehe. Ben weigerte sich immer noch zu verraten, was er auf dem Dach gemacht hatte. Sein Vater beklagte sich ständig über Bens Noten und Benehmen und fand immer wieder einen Grund, von den Sitzungen fernzubleiben. Zu Phils Enttäuschung kamen jetzt nur noch Mrs. Aylesworth und die beiden Kinder.

Phil hatte den Verdacht, daß der Grund für Bens Probleme in der Schule irgendeine Lernbehinderung sein könnte, und schlug den Aylesworths vor, Ben zu einer diagnostischen Untersuchung zu mir zu bringen.

Mrs. Aylesworth hatte den Vorschlag sofort aufgegriffen und mich wegen eines Termins angerufen. Sie war begierig darauf, mit mir zu sprechen, und ich hörte ihr aufmerksam zu.

«Ben war in Ordnung», sagte sie, «bis es für ihn Zeit wurde, in die Schule zu gehen. Alle in der Familie mochten ihn. Er war der Liebling seiner Großmutter. Auch jetzt findet sie ihn großartig, aber das kommt daher, daß sie ihn nur im Sommer sieht.

Obwohl er die Schule nie mochte, ist er noch nie so gewesen wie jetzt. Er versagt überall und lügt noch dazu. Behauptet, er hat gelernt, wenn ich weiß, daß er kein Buch aufgeschlagen hat. Ben ist nicht wie Jessie. Sie ist jetzt in der zweiten Klasse, und manchmal glaube ich, sie kann besser lesen als Ben.»

Mir gefiel der Vergleich nicht, doch dies war nicht der Augenblick, darüber zu diskutieren. Statt dessen fragte ich sie, ob Ben schon früher untersucht worden sei. Es schien seltsam, daß dies bei seinen fortgesetzten Schulschwierigkeiten noch niemand vorgeschlagen hatte.

Es entstand ein kurzes Schweigen, und dann antwortete Mrs. Aylesworth: «Nun ja, seine Lehrerin in der dritten Klasse wollte, daß er von Mitgliedern des Erziehungsbeirats generaluntersucht würde, wie sie es nannte. Aber Ralph war strikt dagegen – und Ben war damals noch nicht so schlimm; erst jetzt, in der sechsten, hat er sich so entwickelt, wissen Sie. Nun sagt er – ich meine Ralph –, also er sagt, da Sie privat sind und nicht zur Schule gehören, könnten wir etwas unternehmen. Ralph möchte unbedingt, daß Ben in einer öffentlichen Schule bleibt und alle Arten von Menschen kennenlernt.»

Ich fragte mich, ob er wußte, daß diese Menschen seinen Sohn «Butterbirne» nannten.

Ich erklärte Mrs. Aylesworth ausführlich, was ich bei einer diagnostischen Untersuchung feststellen wollte: das Intelligenzpotential des Kindes, das Niveau seiner schulischen Leistungen, Stärken, Schwächen und wie das Kind sich selbst und seine Welt betrachtete. Ich war überrascht, als sie am nächsten Tag wieder anrief und sagte, Ralph wolle genau wissen, welche Tests ich mit Ben machen würde.

Ich hatte kürzlich eine Liste gemacht über die Tests, die ich gewöhnlich bei einer Untersuchung anwendete, wenn ein Verdacht auf Lernbehinderung bestand. Ich erwähnte dies Mrs.

Aylesworth gegenüber, und sie fragte sofort, ob sie später am Tag vorbeikommen und sie sich abholen könne.

Ich steckte das Blatt in einen Umschlag, schrieb ihren Namen darauf und legte ihn in unseren Briefkasten. Ehe der Tag vorbei war, rief sie erneut an. Ralph hatte sich die Kombination der Einzeltests angesehen und war mit der Untersuchung einverstanden. Und so wurden die vier Sitzungen mit Ben vereinbart.

Ben stand am Freitag genau um fünf Minuten vor ein Uhr am Nebeneingang. Als ich die Tür öffnete, war der Mercedes schon am Ende der Einfahrt.

«Ich bin früh dran», verkündete Ben. Er sah mich noch immer nicht an, aber wenigstens starrte er nicht mehr auf seine Füße.

«Nicht viel», antwortete ich. «Komm rein.»

Ich schloß die Tür und merkte sofort, daß Ben an mir vorbei zu den Vögeln blickte. In der vergangenen Nacht hatte es etwas geschneit, und die Futternäpfchen waren voll, jede Stange besetzt. Sogar am Kasten mit dem Talg saß ein energischer Specht und klopfte wie wild.

Ben ging an mir vorbei. «Da ich früh dran bin, möchte ich hier warten», sagte er und blieb vor der Glastür stehen.

«Ist gut. Du kannst deine Jacke über die Stuhllehne hängen.»

Er zog seine Marinejacke aus, und im selben Augenblick erhoben sich die Vögel, die die ungewohnte Bewegung spürten, in einer Wolke von Federn und verschwanden.

«Mein Gott!» rief Ben. «Wieso sagen Sie, ich soll sie ausziehen? Sehen Sie nur, was passiert ist!»

«Keine Sorge. Sie kommen gleich zurück. Bleib einfach still stehen!»

Ehe ich noch ausgesprochen hatte, landete eine Meise an einem Futternapf.

«An einem Tag wie heute müssen sie schnell sein, ehe die Finken ihnen den Platz streitig machen», sagte ich.

«Was s-sind das für welche?» flüsterte Ben und deutete auf drei gelb-grüne Vögel, die zusammen gekommen waren.

«Goldfinken, glaube ich. Ich bin kein Fachmann. Bis jetzt waren sie jedenfalls nicht so gemein wie die Rotfinken, aber das ist meine private Meinung. Es ist das erste Jahr, daß sie erscheinen.»

Plötzlich ging Ben auf dem weißen Wollteppich vor der Glastür in die Hocke. Dann streckte er sich in voller Länge aus, die Hände hinter dem Kopf gefaltet, und lag ruhig da und starrte zu den Vögeln hoch. Dann klatschte er in die Hände, und wieder erhoben sich die Vögel und flogen in den Wald davon.

Während er aufstand, sah ich ihn mit gerunzelter Stirn an. «Warum hast du das getan? Du hast sie absichtlich erschreckt.»

Ben zuckte die Achseln, die Augen niedergeschlagen. «Ich wollte bloß ihre Flügel von unten sehen. Das ist alles.»

«Nun, das nächstemal warte einfach, bis sie von allein wegfliegen. Sie müssen sich ohnehin schon an die viele Unruhe hier gewöhnen, da braucht man sie nicht noch absichtlich zu erschrecken. Gehen wir hinauf.»

Ben setzte sich hinter den Schreibtisch, ohne daß ich ihn dazu aufforderte.

«Wie viele Punkte habe ich?» fragte er und spielte dabei mit den Chips.

Ich sah hinten in seiner Akte nach. «Neunhundertsiebzig. Gut, fangen wir an. Ist irgend etwas Schönes passiert, seit wir uns gesehen haben? Ich frage das jedes Kind.»

«Nein», erwiderte Ben. Seine Stimme war kühl. «Es ist nichts Schönes passiert. Was könnte das schon sein?»

Jetzt war ich an der Reihe, mit den Schultern zu zucken. «Ich weiß es nicht. Vielleicht hast du mit MacArthur einen Spaziergang gemacht, oder eine gute Fernsehsendung gesehen, vielleicht ist irgend etwas Schönes bei dir zu Hause geschehen. Manchmal muß man erst lernen, nach den guten Dingen zu suchen.»

«Ja, klar.»

«Na gut. Was war schlimm?»

Ben zögerte. «Die Schule. Mom. Dad. Sie entdeckten, daß ich einen blöden Bericht über ein Buch hätte schreiben sollen. Ich hab es einfach vergessen. Wer hätte ahnen können, daß der b-b-blöde Lehrer Mom anruft?»

«Ich verstehe, daß das Schwierigkeiten bedeutet. Zahl dir fünfundzwanzig.»

Ben war verblüfft und nahm rasch einen grünen Chips weg. «Dann fing D-Dad an zu brüllen, daß ich b-b-bloß auf meinem Hintern sitzen und glauben würde, die Welt schulde mir was und so weiter und so weiter. Ich weiß gar nicht genau, was er alles r-r-redete. Dann fing Mom an zu weinen, und er brüllte weiter. Es war w-w-widerlich. Und jetzt muß ich am Wochenende zu Hause bleiben.» Ben faltete die Arme vor der Brust und lümmelte sich über die Schreibtischplatte. «Nicht, daß es mir was m-m-macht. Ich wollte sowieso nirgends hin.»

«Ich habe darauf nicht sofort eine Antwort, Ben, aber es klingt wirklich nach einem großen Durcheinander.»

«Wie groß?»

«Was? Ach so. Ein Durcheinander von sechzig Chips, würde ich sagen.»

Ben lächelte nicht, und ich auch nicht. Aber es ging jetzt schon besser mit uns beiden, und er benützte die Chips, um sich mir mitzuteilen.

«Also», sagte ich. «Wir kommen jetzt zum Mosaik-Test, der auch zum Wechsler-Test gehört, und da wir noch eine ziemliche Strecke vor uns haben, sollten wir anfangen. Hier.» Ich schüttete die Holzwürfel auf die Schreibtischplatte. «Sie sind alle gleich – rot auf der einen Seite, weiß auf der anderen und halb rot, halb weiß auf den übrigen. Hier ist die erste Karte. Die Idee ist, das Muster auf der Karte mit den Klötzchen nachzubauen. Warte, sieh erst zu, wie ich es mache.»

Ben war großartig. Während sich seine Finger beim Nachzeichnen der Bender-Figuren unsicher um den Bleistift gekrampft hatten, bewegte er sie jetzt rasch und anmutig und legte erst vier und dann neun Klötzchen zu dem gewünschten Muster zusammen.

Mit jedem richtig zusammengesetzten Muster wurde Ben ein wenig gelöster und ein wenig glücklicher. Das Klopfen an seiner Schläfe war kaum zu sehen. Offensichtlich tat es ihm gut, daß er etwas richtig machte.

«Zahl dir zweihundertzwanzig, Ben», sagte ich. «Der nächste Untertest ist Wortschatz. Ich sage ein Wort. Und du erzählst mir einfach, was es bedeutet.»

«Ich kann solches Zeug nicht leiden. Oft kenne ich das Wort, aber ich weiß nicht, wie ich es ausdrücken soll. Ich meine, ich weiß es im Kopf, a-a-aber wenn ich sagen soll, was es bedeutet . . . ach, ich weiß nicht.»

«Na, versuch es einfach. Denk daran, daß es mit leichten Wörtern anfängt, dann werden sie immer schwieriger, und ich erwarte nicht von dir, daß du alle kennst. Was ist ein Hut?»

«Ein Ding, das man trägt.»

Ich wartete, doch Ben ließ sich nicht weiter darüber aus.

«Was ist . . .»

«Hier», sagte Ben und tätschelte seinen Kopf. «Man trägt ihn hier.»

Bens Antworten waren alle kurz, und Sprachrhythmus und Sprachinhalt waren die eines viel jüngeren Kindes. Und er hatte recht. Er brachte alles durcheinander.

«Was bedeutet ‹tapfer›?»

«Es ist, als wenn man Angst hätte. Nein, nicht so was. Eher das Gegenteil. Sie wissen schon.»

Ich nickte und lehnte mich zurück, weil ich spürte, daß er noch mehr sagen wollte. Ich sah ihn an.

«Glauben Sie, daß die Vögel unten tapfer sind?» fragte er. «Ich meine, haben sie Angst, da oben rumzufliegen, oder mögen sie es?»

«Ich glaube, sie mögen es», sagte ich. «Mir scheint das Landen der schwierigere Teil zu sein.» Was wollte Ben mit den Vögeln? Warum beobachtete er sie mit solcher Begeisterung? Warum wollte er ihre Flügel von unten sehen?

Ich schüttelte den Kopf, um meine Gedanken zu klären und mich wieder auf die Arbeit zu konzentrieren. Sich von einem Kind nicht ablenken zu lassen, das so häufig vom Thema abkam wie Ben, erforderte große Wachsamkeit. Ben mühte sich weiter damit ab, die richtigen Ausdrücke zu finden. Er wußte eine Menge mehr, als er in Worte fassen konnte. Als ich ihn bat, das Wort «spielen» zu definieren, antwortete er: «Wetten um Geld.» Dann zuckte er die Achseln. «Ach . . . ich weiß nicht. Ich meine, ich weiß es, aber ich kann es nicht sagen. Vergessen Sie's einfach.»

Figurenlegen, ein anderer Untertest des Wechsler-Tests, besteht aus vier Puzzles, und für Ben war er so leicht wie der Mosaik-Test oder sogar noch leichter. Er wußte sofort, was das Puzzle darstellen sollte. Er sah die Figur als Ganzes und legte die einzelnen Stücke geschickt an den richtigen Platz. Ben konnte nach einer Vorlage etwas zusammenbauen. Er konnte auch einzelne Teile in ein sinnvolles Ganzes bringen, ohne eine Vorlage zu haben. Beide Aufgaben erfordern visuelle Bewußtheit. Der Mosaik-Test wird auch als ausgezeichneter Indikator für die allgemeine Intelligenz angesehen. Bens Verständnis für räumliche Zusammenhänge überstieg bei weitem seine Fähigkeit, sich in Worten auszudrücken.

Im Untertest Allgemeines Verständnis, der praktisches Urteilsvermögen und gesunden Menschenverstand mißt, schnitt Ben nur durchschnittlich ab. Sein Urteilsvermögen war angemessen, doch es kostete ihn oft Extrapunkte, weil seine Antworten einen Mangel an Unabhängigkeit verrieten. Als ich ihn fragte, was er tun würde, wenn ein viel kleinerer Junge mit ihm kämpfen wollte, war seine Antwort: «Es jemand sagen – es der Mutter sagen», statt sich eine Möglichkeit zu überlegen, wie er selbst mit dem Problem fertig werden könnte.

Die beiden Untertests Zahlen-Symbol-Test und Zahlennachsprechen waren für Ben fast eine Katastrophe. Beim Zahlen-Symbol-Test soll das Kind Symbole zuordnen und abzeichnen. Dabei wird seine Fähigkeit getestet, Kombinationen von Symbolen und Formen zu erkennen und sie mit Papier und Bleistift wiederzugeben. Beim Zahlennachsprechen sollen Zahlenreihen verschiedener Länge sowohl vorwärts wie rückwärts wiederholt werden. Ben zeichnete nur ein paar Symbole in der vorgegebenen Zeit von zwei Minuten ab – sein Bleistift bewegte sich langsam und ungeschickt – und konnte nur vier Zahlenreihen nachsprechen. Danach sagte er zwar noch die richtigen Zahlen, aber in der falschen Reihenfolge – oder er vergaß sie alle. Bens Stimmung sank so schnell, wie sie vorher gestiegen war. Nur die Chips hielten ihn bei der Stange.

Ich legte den Wechsler-Test weg und gab Ben den WRAT (Wide Range Achievement Test). «Das ist ein kurzer Test für Rechtschreiben, Lesen und Rechnen», sagte ich. «Die Fragen fangen leicht an und werden schwieriger. Versuch, nicht auf dich wütend zu werden, wenn du etwas nicht beantworten kannst. Denk dran, ich erwarte nicht, daß du alles weißt! Wir fangen mit dem Rechtschreiben an.»

Ben hielt den Bleistift mit der rechten Hand in der mir nun schon vertrauten verkrampften, krummen Art, die man eher bei Linkshändern findet. Er schrieb die Wörter in schwachen, holprigen Buchstaben, verdrehte das g in «Junge» und das d in «Kleid» und radierte Buchstaben immer wieder aus, was die Rechtschreibung der Wörter gewöhnlich nur noch verschlimmerte.

Beim Lesen (Worterkennen) ließ er Zeilen aus, verlor den Zusammenhang, las «sauer» als «sauber» und «Plot» als «Pilot».

Wir beendeten die Sitzung mit Rechnen. Diesmal war es ein schriftlicher Rechentest, im Gegensatz zum mündlichen des Wechsler-Tests. Er fiel Ben sehr viel leichter, weil er die Aufgaben tatsächlich sehen konnte, statt sie nur zu hören. Er arbeitete schnell und konzentriert, addierte, subtrahierte, multiplizierte, dividierte. Er begriff Maße und Bruchteile, und obwohl er viel mit den Fingern rechnete und beim Zählen in sich hineinmurmelte, schnitt er doch gut ab. Er beherrschte den Stoff, und wir lächelten beide, als ich sagte: «Gut, Ben, für heute sind wir fertig. Zahl dir dreihundertachtzig und zähl zusammen.»

Ich bemühe mich immer, jede Sitzung mit einem Test zu beenden, von dem ich annehme, daß das Kind ihn gut besteht. Es macht es ihm leichter, das nächstemal wiederzukommen. Ich liege mit meiner Vermutung nicht immer richtig, und ich freue mich, wenn sie zutrifft.

Ben hatte große Haufen von Chips vor sich liegen und zählte sorgfältig: «Einhundert, zweihundert...», dann wurde seine Stimme immer leiser, und seine Finger ruhten auf den Chips, ohne sich zu bewegen.

«Darf ich Sie etwas fragen?»

«Natürlich.»

«Was sind Sie eigentlich für eine Ärztin?»

«Ich bin keine Ärztin, Ben. Eher eine Art Lehrerin.»

«Aber warum haben sie mich dann hergeschickt? Was sollen Sie tun?»

«Ich versuche herauszufinden, wie du am besten lernst, damit ich dir zeigen kann, wie du deine Stärken ausnützen kannst, um sie auf Gebieten, wo du Schwierigkeiten hast, einzusetzen.»

Draußen ertönte eine Hupe, und Ben stand auf.

«Das ist nicht wahr, wissen Sie», sagte Ben. «Sie lügen mich an, genau wie die andern. Sie wollen bloß herausfinden, ob ich zurückgeblieben bin oder verrückt oder beides. Stimmt's?»

«Nein, ich lüge nicht, Ben. Und ich erwarte auch nicht, daß du mich anlügst. Ich halte dich weder für zurückgeblieben noch verrückt. Aber ich glaube, daß du es mit der Schule schwer hast und noch schwerer haben wirst, und ich versuche herauszufinden, warum. Ich hoffe, daß du mir hilfst. Ich verspreche dir, daß ich dir nach Beendigung des Tests zeige, wie du abgeschnitten hast, und wir werden uns überlegen, was das zu bedeuten hat und was wir unternehmen können.»

Hoh, hoh, hoh. Die Hupe ertönte noch hartnäckiger.

«Ich glaube, du gehst jetzt besser», sagte ich. «Es klingt, als wäre deine Mutter in Eile. Ich zähle fertig und trage die Summe ein.»

Zögernd kam Ben hinter dem Schreibtisch hervor. «Das ist nicht meine Mutter. Das ist Dads Hupe.»

Von unten klang eine Kinderstimme herauf. Mein nächster Schüler war da. Wir hatten keine Zeit mehr.

«Für heute auf Wiedersehen, Ben. Macht es dir was aus, allein hinauszugehen? Ich seh dich am Dienstag.»

Ich ging zum großen Fenster im vorderen Zimmer, während das nächste Kind die Treppe heraufkam. Ich hatte Bens Vater nie getroffen und konnte meine Neugier nicht bezähmen. Ein Jaguar wartete im vorderen Teil der Einfahrt. Ein schwarzhaariger Mann mit dunkler Brille saß allein im Wagen auf dem Fahrersitz und beugte sich energisch über das Steuerrad. Während ich hinausblickte, öffnete Ben die rechte hintere Wagentür, kletterte hinein und drückte sich in die Fensterecke. Soweit ich erkennen konnte, hatten weder der Mann noch der Junge ein Wort gesagt.

«Heute wird es eine lange, anstrengende Sitzung, Ben. Ich habe deine Mutter gebeten, uns zwei Stunden Zeit zu lassen. Ein Haufen von schulischen Fragen – mehr lesen, mehr schreiben. Aber wenigstens ist jeder Test eine Menge Punkte wert. Mal sehen.» Ich drehte den Aktenordner um. «Du hattest letztesmal tausendvierhundertfünfunddreißig, dazu die neunhundertsiebzig vom erstenmal. Zusammen schon zweitausendvierhundertfünf.»

Ben nickte, sagte aber nichts. Ich reichte ihm ein kleines Buch. «Würdest du diese Wörter einfach vorlesen – hier, wo es heißt ‹Wörterliste zwei›?»

Ich schlug die gleiche Seite im Prüferexemplar des Spache Oral Diagnostic Reading Test auf, so daß ich Bens Antworten notieren konnte. Es nützt wenig zu wissen, daß ein Kind sechs oder sechzehn Fehler gemacht hat. Aber es ist äußerst wertvoll zu wissen, welche Art von Fehlern es macht. «Sage» statt «Säge» zu lesen ist etwas anderes als «war» statt «wäre» und «Haus» statt «Heim». Jeder Fehlertyp hat einen anderen Grund, und wenn man einmal weiß, was ein Problem verursacht, hat man eine viel bessere Chance, es zu beheben. Deshalb erforsche ich alle Fehler sehr genau.

«Haben Sie nicht gesagt, Sie würden immer fragen», bemerkte Ben, meine Gedanken unterbrechend.

«Wie bitte?»

«Letztes Mal sagten Sie, Sie würden immer fragen, was es Schönes gegeben habe.»

Ich legte die Prüferkopie auf den Schreibtisch und lehnte mich zurück. Ein kleiner freudiger Schauer durchlief mich, den ich immer spüre, wenn ein Kind die Initiative übernimmt. Doch ich ließ mir nichts anmerken, sondern antwortete gelassen. «Du hast recht, Ben. Zahl dir fünfundzwanzig. Es ist eine viel bessere Art anzufangen.»

«Also, wenn es schon etwas länger hersein darf, würde ich Ihnen, glaube ich, gern vom Fluß erzählen.»

Ich nickte.

«Wir fahren schon hin, seit ich ganz klein bin, schon bevor ich ein Jahr alt war, glaube ich. Und Mom und Dad fuhren schon vorher hin. Mom sogar, seit sie geboren wurde. Es ist eigentlich Grannys Haus. Wir sind den ganzen Sommer dort, und es ist großartig.»

«Und dort segelst du?»

«Ja. Wir haben einen Lightning. Das ist eine Art Segelboot, aber man braucht zwei Mann, um es zu segeln. Und dann . . .» Ben schwieg. «Nun, wir haben einen Haufen Boote», fuhr er fort, «den Sunfish, einen großen alten Garwood, und das Fiberglas-Rennboot und ein kleines Alinum . . . Alminium . . . oder so ähnlich Boot und ein paar Kanus.»

«Klingt, als gäb's mehr Boote als Leute», antwortete ich und überlegte mir, daß er zwar über das Wort «Aluminium» gestolpert war, doch bis jetzt noch nicht einmal gestottert hatte.

Ben lächelte fast. Der klägliche Unterton war aus seiner Stimme fast verschwunden. «Nein. Verstehen Sie, da ist Grannys großes Haus, und Onkel Joe benützt das Haus neben dem Bootsschuppen, und wir haben ein kleines Haus auf der anderen Seite.»

«Hat Onkel Joe Kinder?»

«Danny und Melissa. Danny ist fast so alt wie ich. Er hat auch einen Neufundländer – MacArthurs Bruder. Sie kommen prima zusammen aus.»

Ben hatte jetzt mit dem Sprechen keine Schwierigkeiten. Wir hätten allein eine Stunde am Fluß verbringen können, doch ich sollte eine pädagogisch-diagnostische Untersuchung machen. Es wurde Zeit, daß wir damit anfingen.

«Es klingt wundervoll, Ben. Hast du Fotos vom Fluß? Oder vielleicht könntest du ein Bild malen und es das nächstemal mitbringen? Jedenfalls zahl dir hundert. Und jetzt lies, bitte, die Wörter auf dieser Seite.»

Zögernd nahm Ben das Buch auf und las die vierzig Wörter vor. Er las schnell und stotterte zum Schluß, doch dreißig der vierzig

Wörter waren richtig. Die Fehler waren meistens Substitutionen –
«fern» für «fair», «Klinge» für «Klinke», «Wette» für «Weste». Als
er zum Wort «Wache» kam, sagte er: «Ich weiß, was es heißt –
jemand, der Gefangene beaufsichtigt –, aber ich kann es nicht
aussprechen.» Ben hatte die letzten fünf Wörter nicht geschafft,
was bedeutete, daß er nicht zur Wörterliste drei weitergehen
konnte.

Das richtige Lesen der dreißig Wörter berechtigte ihn aber, sich
an einem Prüfungstext für die vierte Klasse zu versuchen. Er
wechselte, ließ aus, verlor immer wieder den Faden und stotterte bei
jedem zweiten Wort. Trotzdem konnte er acht von neun Fragen
nach dem Inhalt korrekt beantworten.

Nur aus Interesse ließ ich ihn noch die Texte für die fünfte und
sechste Klasse lesen. Bei beiden lag er beträchtlich über der
Fehlergrenze für Substitutionen und Auslassungen, aber immer
noch konnte er sechs oder sieben von acht Fragen über den Inhalt
genau beantworten. Ich vermutete, daß, wenn ich ihm laut vorlas,
seine Texterfassung weit über dem Durchschnitt seiner Klasse
liegen würde.

Im Phonetikteil des Lesetests war Ben bei den Lauten der Vokale
nicht sicher und konnte eine Silbe allein nicht entschlüsseln. Um
die sinnlose Silbe «uck» zu lesen, sagte er «ruck» und trennte dann
das «uck» davon ab.

Er kämpfte sich durch den Fünfminutenteil für Schnelligkeit und
Genauigkeit des Gates MacGinitie Silent Reading Test und schaffte
nur dreizehn kurze Abschnitte – ungefähr die Menge, die von
Schülern am Anfang der vierten Klasse erwartet wird. Jedoch
beantwortete er zwölf von dreizehn Fragen nach dem Inhalt richtig.
Bei den längeren, schwierigeren Teilen über Wortschatz und
Allgemeinverständnis dagegen beeilte er sich sehr und las offensichtlich nicht, sondern erriet die Antworten einfach. Es war, als
erkenne er, daß er es nicht schaffen würde, ganz gleich, wie sehr er
sich auch bemühte – warum sich also überhaupt noch anstrengen?

Sich schriftlich auszudrücken war entsetzlich schwierig für ihn.
Im ersten Teil – Diktat eines Textes der vierten Klasse (ich erwartete
nicht, daß er besser schreiben als lesen konnte) – waren seine

Schwierigkeiten mit der Rechtschreibung und der Umwandlung der gehörten Wörter in geschriebene Symbole noch offensichtlicher als im Wide Range Achievement Test. Er schrieb «Zirkus» als «Zirs». Er ließ viele Wörter und Sätze aus, obwohl ich ihm erklärte, daß ich jeden Satz wiederholen könne, so oft er es wolle. Doch wenigstens jammerte er nicht, und er gab auch nicht auf. Ben kämpfte, er kämpfte tapfer, und ich zahlte ihm großzügig Chips aus. Ich überlegte, ob wohl irgend jemand eine Ahnung hatte, was es Ben kosten mußte, jeden Tag zur Schule zu gehen – wachsam, intelligent, aber in keinem Schulfach auf dem Leistungsstand seiner Klasse, während «Butterbirne», «Butterbirne» in den Gängen widerhallte. Ich wunderte mich, daß er überhaupt in die Schule ging.

Nach der ersten Hälfte der Sitzung hatte sich Ben über tausend Chips verdient. Ich ging zu einem Säckchen im Aktenschrank und kehrte mit zehn weiteren Fünfzigcentstücken zurück. Ben freute sich. «Hat schon mal jemand alle zehn silberne bekommen?»

«Ein paar Kinder. Sie haben so hart gearbeitet wie du. Ich besitze diese Fünfzigcentstücke schon lange. Mein Vater sammelte Münzen und ließ mich mit ihnen spielen, wenn ich krank war und im Bett bleiben mußte. Mir gefiel ihr Aussehen und wie sie sich anfühlten, und ich dachte, daß die Kinder, die zu mir kommen, sie vielleicht auch mögen. Deshalb mischte ich sie unter die Chips. Jetzt schreib, bitte, einen kurzen Bericht über irgend etwas, das dir gefällt – nur ein paar Sätze.»

Ben zögerte. «Mir fällt nichts ein.»

«Ach, versuch es doch! Wenn dir keine Idee kommt, gebe ich dir ein Thema.»

Zwei weitere Minuten herrschte Stille, und dann begann Ben zu schreiben. Er schrieb mehrere Minuten und schob mir schließlich das Blatt hin.

Ich gab es ihm wieder. «Lies es mir erst vor, bitte.»

«Einmal ging ich mit Danny segeln, und ein schwerer Sturm brach los ...»

Ben las weiter. Die zehn oder zwölf Sätze klangen zusammenhängend, aber nachdem er die Wörter gezählt und sich für jedes zehn Chips gezahlt hatte, sah ich mir das Blatt an und stellte fest, daß fast ein Drittel der Wörter, die er mir vorgelesen hatte, fehlten. Interpunktion gab es nicht, die Wortzwischenräume waren unregelmäßig. Manche Wörter stießen mit anderen zusammen, manche hörten am Blattrand in der Mitte auf, andere wanderten von der Zeile aufwärts und wären nicht zu entziffern gewesen, hätte Ben sie mir nicht zuerst vorgelesen.

Während er die genaue Menge der Chips ausrechnete, holte ich den Detroit Test of Learning Aptitude. Mit ihm wird weder das Intelligenzpotential noch das schulische Wissen gemessen, sondern die verschiedenen Lernkategorien werden bewertet, wie etwa visuelle Merkfähigkeit, auditive Merkfähigkeit, motorische Fähigkeiten und so weiter – mit anderen Worten, es soll festgestellt werden, auf welche Art und Weise ein Kind am besten lernt.

Ich begann mit dem Test über das auditive Gedächtnis für zusammenhanglose Wörter. Dabei wird das Kind gebeten, die Wörter, die der Prüfer vorsagt, zu wiederholen. Zuerst «Katze, Eis», dann wird jede Sequenz länger, bis acht nicht miteinander in Beziehung stehende Wörter auf einmal vorgesagt werden. Ben kam gut und schnell voran, bis wir die Serie mit den vier Wörtern erreichten. Jetzt geriet er durcheinander und wiederholte statt «Kalb» «kalt». Bei einer Folge von fünf Wörtern konnte er nur drei Wörter korrekt wiederholen, und als wir schließlich zu den acht Wörtern kamen, konnte er nur zwei richtig nachsagen. Das Kinn war ihm tief auf die Brust gesunken, und er murmelte: «Sehen Sie. Ich g-g-glaube, ich bin wirklich d-d-dumm.»

Ich zählte die Wörter, die er richtig gesagt hatte. «Du hast einundvierzig richtige, Ben. Zahl dir je fünf Chips. Außerdem mißt dieser Test nicht, wie intelligent du bist – er mißt nur dein auditives Gedächtnis.»

«Audi . . . was? Was meinen Sie damit?» fragte Ben. «Was heißt das überhaupt?»

«Auditives Gedächtnis. Das ist nur eine ausgefallene Umschreibung für: erinnern, was man hört», antwortete ich.

Obwohl sich Bens Stimmung hob, als er noch zwei silberne Münzen zu seinen Chips legte, wußte ich doch aus Erfahrung, daß er ziemlich schlecht abgeschnitten hatte. «Jetzt versuch mal dies», sagte ich, «überleg dir, ob es dir leichter oder schwerer fällt als der Test, den wir eben gemacht haben.»

Ich nahm den Testteil für visuelle Merkfähigkeit von Gegenständen zur Hand. «Jetzt werde ich dir ein paar Bilder zeigen. Zuerst sind es zwei Bilder, dann drei – jedesmal mehr, und ich lasse sie jedesmal auch ein wenig länger liegen. Und denk auch hier wieder daran, daß noch niemand alle richtig hatte.»

Das erste Bild zeigte ein Haus und ein Mädchen. Ben erinnerte sich genau an sie. Er erinnerte sich auch an eine Serie von drei Bildern, von vier und von fünf. Er wurde immer zufriedener mit sich. Sogar bei einer Folge von acht Bildern konnte er sich noch an sechs genau erinnern.

Er stapelte die Silbermünzen auf, die er sich verdient hatte, und bemerkte: «Das war viel leichter, als die Wörter nachzusagen.» Womit er natürlich meinte, daß es für ihn leichter war, sich an etwas zu erinnern, das er sah, als an etwas, das er hörte.

Ich war nicht überrascht. Es hatte eine Menge Hinweise auf Schwierigkeiten bei der auditiven Verarbeitung gegeben – das Zahlennachsprechen des Wechsler-Tests, Diktat und auditives Behalten von nicht miteinander in Beziehung stehenden Silben des Detroit-Tests. Es war, als würde Bens Kopf überlastet, wenn zuviel Material auf einmal durch seine Gehörgänge weitergeleitet wurde. Wenn das Material geordnet und sinnvoll war, schnitt er besser ab, und seine Werte lagen etwas höher beim auditiven Merken zusammenhängender Silben, wo er Sätze wiederholen sollte. Interessant war, daß der Faktor der Überbelastung bei visuellen Reizen nicht auftrat.

Wir machten noch fünf Tests des Detroit-Tests – motorische Geschwindigkeit, freie Assoziation, Behalten von Zeichen, mündliche Anweisungen und visuelles Erinnerungsvermögen für Buchstaben. Auch diese Tests wiesen darauf hin, daß das optische Gedächtnis eine Stärke von Ben und die auditive Verarbeitung schwächer war. Wenn er jedoch einen Bleistift gebrauchen sollte, um Zeichen zu kopieren oder nach dem Gedächtnis zu malen, hatte er wieder Schwierigkeiten.

Wie es häufig geschieht, kam allmählich ein ineinander verwobenes Muster von Schwierigkeiten zum Vorschein. Sosehr sich Eltern, Lehrer und ich selbst eine einfache Antwort wünschen, sie ist doch immer komplizierter. Und dies ist, wie ich mir stets wieder ins Gedächtnis rufe, angesichts der Komplexität unseres Gehirns nicht erstaunlich.

Der letzte Test an diesem Tag war meine eigene Variante des Harris Test of Lateral Dominance. Ich beziehe ihn immer mit ein, obwohl es über die Bedeutung seiner Ergebnisse Widersprüchlichkeiten gibt. Er zeigt einfach, welche Hand, welches Auge und welchen Fuß das Kind für verschiedene Aufgaben lieber benützt. Die Mehrheit ist rechtshändig, rechtsfüßig und rechtsäugig. Aus welchen Gründen auch immer, hat ein hoher Prozentsatz der Kinder, denen ich begegne, eine sogenannte gemischte oder gekreuzte laterale Dominanz, das heißt, sie sind rechtshändig und linksäugig oder linkshändig und rechtsäugig. Die Verwendung der Füße – mit welchem Fuß gestoßen oder aufgestampft wird und so weiter – wird ebenfalls festgestellt. Wissenschaftliche Untersuchungen haben nicht ergeben, daß dies eine Ursache der Lernbehinderung sein könnte, trotzdem prüfe ich es immer nach. Noch ein Stück für das Puzzle.

Um herauszubekommen, welches Auge, welche Hand oder welchen Fuß ein Kind benützt, gibt es einen einfachen Trick: Man muß es veranlassen, sich ganz auf das zu konzentrieren, was man von ihm zu tun verlangt.

«Gut, Ben. Nimm dieses Blatt Papier! Roll es zusammen, sieh hindurch und sag mir, wie viele Finger ich hochhalte. Ich werde versuchen, dich reinzulegen.»

Ich verflocht sechs Finger ineinander und hielt sie vor mir hoch.

Ben legte das Papierrohr an sein linkes Auge. «Sechs.»

«Genau. Fein. Nimm es herunter. Nun noch einmal: Wie viele?»

Wieder klemmte er sich die Rolle ins linke Auge. «Acht», erklärte Ben entschieden.

«Jetzt knüll das Blatt zusammen und trag es dort hinüber.» Ich deutete auf eine Stelle zwischen den beiden grünen Stühlen auf der anderen Seite des Schreibtischs. An der entfernteren Wand standen auf einem Regal tänzelnde Pferde aus verschiedenfarbigem Stoff, das Geschenk eines ehemaligen Schülers. «Siehst du das orangefarbene Pferd am Ende? Versuch, es mit dem Papierball zu treffen.»

Ben warf ihn kraftvoll mit der rechten Hand, verfehlte es, warf noch einmal mit der rechten Hand und traf den Schwanz.

«Okay. Jetzt leg das Knäuel hierhin und kick es zur Tür hinaus.»

Der rechte Fuß. «Heb es auf, hüpf zum Papierkorb und wirf es hinein.» Linker Fuß. «Jetzt spring zur Badezimmertür und öffne sie.» Ben drehte mit der linken Hand am Knauf. Ich gab ihm das Kaleidoskop. «Schnell – wie viele Muster kannst du erkennen, ehe ich bis drei gezählt habe?» Linkes Auge. «Schreib die Anfangsbuchstaben deines Namens mit der Zehe auf den Teppich.» Linker Fuß. «Was siehst du in diesem Mikroskop?» Linkes Auge. «Mal mit diesem Stift ein Kreuz auf diesen Bogen.» Rechte Hand. «Zieh die Stoppuhr vier Umdrehungen auf.» Linke Hand.

Ben und ich standen uns mitten im Zimmer gegenüber und sahen uns an. Ben grinste mich jetzt sogar richtig an. «Berühr dein rechtes Auge.» Er zögerte, dann hob er die rechte Hand, tat, als wolle er schreiben – so konnte er erkennen, welches seine rechte Seite war –, und berührte das rechte Auge. «Berühr dein linkes Ohr.» Zögern, doch er schaffte es.

«Gut.» Ich streckte meine Hände aus. «Berühr meine linke Hand.»

Ben verhielt sich genauso, wie ich mich verhalten hätte. Er wandte sich um, so daß er in dieselbe Richtung sah wie ich, stellte fest, welches seine linke Seite war, kehrte in seine alte Stellung zurück und berührte meine linke Hand.

«Okay. Das war sehr gut. Zahl dir zweihundertfünfundsiebzig.»

Was gemischte Lateralität auch bedeuten oder nicht bedeuten mag, Kindern macht es Spaß, sich zu bewegen, und es ist eine gute Art, eine Sitzung zu beschließen. Ben wirkte glücklicher und entspannter, als ich ihn bis jetzt erlebt hatte.

Er zählte seine Chips sorgfältig und addierte sie zu den anderen. Er hatte sechstausendsiebzig zusammengespart.

Er fragte, ob er sich den Matchbox-Katalog ansehen dürfte, und betrachtete dann die Seiten sehr sorgfältig. Vorher hatte er die Stoppuhr gestellt.

Ich beobachtete Ben, wie er konzentriert die Seiten umblätterte, und fragte mich wieder einmal, warum ein solcher Zauber von Chips ausging. Sicherlich hatte sich Ben genug Geld zusammengespart, um den ganzen Katalog kaufen zu können, doch irgendwie war es etwas Besonderes, mit diesen selbstverdienten Chips ein Auto, einen Laster oder ein Flugzeug zu erwerben. Der Wert der Chips lag wohl darin, daß jeder im Grunde sagte: «Du bist gut», «Du bist großartig», und meine Schüler hören derartige Worte nicht sehr häufig.

«He, Mary», sagte Ben, mich aus meinen Gedanken reißend, «glauben Sie, daß sich die Flügel an diesem Ding da bewegen?» Er deutete auf ein kleines grün-weißes Flugzeug.

«Ich weiß, daß sie's tun.» Es war das erstemal, daß er meinen Namen benützte. Ich wollte den Augenblick genießen, doch jetzt war nicht die Zeit dazu. «Ich habe letzte Woche eines für jemand anders besorgt.» Dann, plötzlich, holte ich tief Atem und fragte rasch und ruhig: «Warum, Ben? Warum ist es wichtig, daß die Flügel sich bewegen? Ist es wie bei den Vögeln?»

Ben schwieg. War ich zu voreilig gewesen? Ben drehte den Katalog in seinen Händen hin und her. «Ja, so ungefähr», erwiderte er schließlich. Wieder entstand eine lange Pause, und dann fügte er hinzu. «Das hab ich auch damals auf dem Dach gemacht. Die Veranda kam sowieso nicht mehr in Frage – aber davon erzähl ich Ihnen später –, jedenfalls, verstehen Sie, ich klaute mir die alte Pyjamajacke von Dad und zog die Schuhe aus, um leichter zu sein, und ich dachte mir, wenn ich richtig flattern würde, ähnlich wie die Vögel, vielleicht könnte ich dann fliegen. Obwohl ich nie dazu kam, es auszuprobieren. Jessie tauchte im Hof auf und sah mich und fing an zu schreien, und dann rief Mom Dad an, und er kam vom Büro nach Hause.» Ben zuckte mit den Schultern. «Alle machten soviel Wind um die Sache. Deshalb

mußte ich zu Dr. Golden gehen und bin jetzt hier. Alle beide –
Mom und Dad – halten mich für verrückt, aber ich wette, es hätte
geklappt.»

«Und wenn nicht, Ben?»

Wieder zuckte er mit den Achseln. «Na, wenigstens hätte ich
dann für eine Weile nicht in die Schule gehen müssen.»

Die Hupe ertönte.

Ich überlegte, daß ich die Sitzung jetzt eigentlich noch nicht
beenden sollte. Wie konnte ich dieses Kind jetzt wegschicken,
nach Hause? Und doch wartete unten schon das nächste, und
danach kamen noch vier.

«Hör zu, Ben – vielleicht könntest du mir ein Bild malen, wie
das ist, ich meine, wenn man fliegt. Warum nimmst du die hier
nicht einfach mit?» Ich wies auf eine Schachtel mit Magic
Markers. «Es sind sechzehn verschiedene Farben», fügte ich
hinzu, als könne die Menge ihn überzeugen.

Am nächsten Morgen erwachte ich früh. Ich dachte immer
wieder an Ben und ging hinauf in meine Praxis und wertete so
viele Tests aus, wie ich konnte. Danach überprüfte ich die
Ergebnisse und meine Notizen, und obwohl noch nicht alle
Messungen gemacht waren, konnte man leicht erkennen, daß
zwischen Bens intellektuellen Fähigkeiten und seinem schulischen Wissen eine große Lücke klaffte. Er zeigte überdurchschnittliche Intelligenz, aber sein schulisches Wissen lag weit
unter dem Durchschnitt. Dies stand in Verbindung mit seinen
Schwierigkeiten bei der auditiven Verarbeitung, mit dem auditiven Gedächtnis und den schwachen schreibmotorischen Fähigkeiten, ebenso mit seinen Problemen, sich mündlich auszudrük-
ken, und der Tatsache, daß er sehr wenig Vertrauen in sein
eigenes Können besaß. Doch er fing an, sich ein wenig zu öffnen,
und ich war überzeugt, daß Bens Verstand bei weitem größer
war, als er es in Worten ausdrücken konnte.

Ich beschloß, in unserer letzten Sitzung auch noch den Peabody Picture Vocabulary Test zu machen, einen Test über die
Erfassung des passiven Wortschatzes, obwohl es bedeutete, daß

wir unsere Zeit überschreiten würden und ich meine folgenden Termine umändern mußte. Doch das war jetzt alles nicht wichtig. Ich war auf einer heißen Spur, fand einen Hinweis nach dem anderen und würde versuchen, das Geheimnis um Ben zu lüften.

Ich hatte daran gedacht, Phil Golden anzurufen und ihn um noch mehr Informationen und um Unterstützung zu bitten, doch gewöhnlich sprach ich erst mit ihm, nachdem ich alle vier Sitzungen beendet, meine Untersuchung abgeschlossen, die Tests ausgewertet und meine Schlüsse gezogen hatte. Diese Vereinbarung kam zum Teil daher, daß Phil mich nicht mit seiner Meinung beeinflussen wollte, ehe ich mir selbst ein Urteil gebildet hatte, aber auch daher, daß er einen Fall lieber in seiner Gesamtheit sah als stückweise.

Außerdem bezog ich gern so viele Informationen wie möglich vom Kind selbst. Zwar konnten mir andere Menschen von dem Eindruck erzählen, den Ben auf sie gemacht hatte, doch nur Ben allein konnte mir die Wahrheit verraten.

Trotzdem, der Gedanke an den barfüßigen Ben in der Schlafanzugjacke seines Vaters verfolgte mich. Hatte er sich umbringen wollen?

Sicherlich war er deprimiert und mutlos, aber wer wäre das an Bens Stelle nicht gewesen? Doch, so sagte ich mir, Ben hatte bei seinem letzten Besuch offener und entspannter gewirkt als je vorher.

Ich beschloß, mich in Geduld zu fassen.

Als Ben zu seiner vierten und letzten Sitzung kam, wartete ich schon auf ihn und ging hinaus, um ihn zu begrüßen.

Mrs. Aylesworth kurbelte das Seitenfenster des Mercedes herunter. «Stimmt was nicht? Sind wir zur falschen Zeit gekommen?»

«Nein.» Ich lächelte sie beruhigend an. «Ich bin nur herausgekommen, um Sie daran zu erinnern, daß wir heute etwa eineinhalb Stunden brauchen.»

«Ja, in Ordnung. Wie macht sich Ben? Haben Sie schon etwas herausgefunden? Und ja, entschuldigen Sie, ich habe den Fragebo-

gen noch nicht ausgefüllt. Ich bring ihn morgen vorbei. Es ist . . .
hm . . . es ist ein wenig schwierig.»

«Füllen Sie ihn so gut aus, wie Sie können. Wir ergänzen den
Rest, wenn Sie und Ihr Mann zur Besprechung kommen. Ben
arbeitet sehr konzentriert, aber ich möchte lieber keine Einzelheiten besprechen. Außerdem sollten wir uns jetzt besser an die
Arbeit machen. Wir bereden alles, wenn Sie kommen.»

Ben war bereits durch die Nebentür hineingegangen, die ich
offengelassen hatte, und lag auf dem Boden und beobachtete die
Vögel, den Kopf in die Hand gestützt. In der anderen hielt er die
Farbstifte. An den Futternäpfen hockten nur eine Meise und ein
Specht. Doch zahlreiche Spatzen und ein leuchtendroter Kardinal
saßen auf den Steinstufen.

«Wieso fliegt der rote da nicht hoch zum Futternapf?» fragte
Ben.

«Ich weiß es nicht. Im Vogelbuch heißt es, daß Kardinale nur
am Boden fressen. Warum, wird nicht erklärt.»

«Vielleicht hat er Angst.»

«Ja, vielleicht.»

Ben stand langsam und vorsichtig auf. Kein Vogel bewegte sich.
Ich lächelte ihm dankend zu. Er lächelte zurück und ging mir
voran die Treppe hinauf.

Er setzte sich hinter den Schreibtisch, und ich zog mir den anderen Stuhl heran und setzte mich neben ihn. Er stellte die Schachtel
mit den Stiften auf den Schreibtisch, dann hob er den Deckel ab und
nahm ein Päckchen Schnappschüsse heraus, die mit einem Gummiband zusammengehalten wurden. Er erwähnte die Stifte nicht und
sagte auch nicht, ob er irgend etwas gezeichnet hatte.

«Sehen Sie hier», sagte Ben mit hoher, aufgeregter Stimme.
«Ich habe ein paar Bilder vom Fluß mitgebracht, aber erzählen Sie
es Mom nicht. Ich mußte sie aus dem Fotoal-albin -albinum,
hm . . . wie sagt man noch . . . aus dem Fotobuch nehmen, und sie
kriegt einen Anfall, wenn sie's erfährt. Sie klebt sie schön
ordentlich ein und schreibt alles genau drunter – die Namen der
L-L-Leute und die Daten, all so was. Aber ich kann sie wieder r-r-
reinkleben. Ich weiß, wohin sie gehören.

Sehen Sie, das ist Grannys Haus und ein Teil vom Bootshaus und vom Steg. Sie können auch die Fahnenstange draußen bei den Steinen sehen – das Ufer besteht fast nur aus Steinen. Ich hisse jeden Morgen die Fahne, wenn ich dort bin, und hole sie vor Sonnenuntergang wieder ein. Granny sagt, das ist meine Aufgabe. Ich bin dafür verantwortlich.»

«Das ist wirklich hübsch, Ben.» Und das war es auch – sowohl was sie gesagt hatte wie der Ort selbst. Das Haus war groß und geräumig, mit verwitterten grauen Schindeln und einer breiten Veranda, die um drei Seiten lief. Auf der Veranda standen Korbstühle und ein Schaukelstuhl, und Stufen und Geländer waren mit Blumenkästen voll roter Geranien geschmückt.

«Das sind Jessie und ich und Danny. Ich habe Ihnen von ihm erzählt, erinnern Sie sich noch?»

Das Bild zeigte drei hübsche blonde Kinder im Badeanzug, die vom Bootshaus aus fischten.

«Und dies bin ich mit MacArthur.»

Es war ein großartiges Bild. Der Hund saß neben Ben auf dem Vordersitz eines Bootes und blickte geradeaus, während Ben entspannt und selbstbewußt das Steuer hielt.

«Was für ein Boot, sagtest du, ist das, Ben?»

«Ein Garwood. Granny hat es schon lange, aber ich durfte erst letztes Jahr damit fahren. Sehen Sie? Die Seiten sind Mahagoni, und die Angeln und so weiter sind echtes Messing. Es bedeutet ihr wirklich sehr viel, und man muß schon ganz genau wissen, wo die seichten Stellen sind und wie man mit dem ganzen Zeug umgeht und es wieder richtig ins Bootshaus zurückbringt, bevor sie es einem anvertraut.»

«Ich verstehe jetzt, warum es dir dort so gefällt», sagte ich.

«Dies ist das letzte Bild. Sehen Sie, das ist das neue Rennboot. Dad hat es vergangenen Sommer gekauft, und er sitzt auch am Steuer.»

Derselbe dunkle, energische Mann, den ich in seinem Wagen gesehen hatte, beugte sich auch hier wieder über ein Steuerrad.

«Von Mom habe ich kein Foto mitgebracht, weil Sie sie ja gesehen haben.»

Ich hielt immer noch das Bild von Bens Vater in der Hand. «Liebt dein Vater den Fluß auch so?»

Ben zuckte die Achseln. «Schon. Er kommt nicht so oft. Er sagt, er kann es nicht allzulange auf einmal aushalten. Außerdem hat er wirklich viel zu tun – er sagt, wir könnten uns den Fluß und alles nicht leisten, wenn er den Sommer vertrödelte wie wir.»

Ich gab ihm das Bild zurück und wartete.

Ben legte die Schnappschüsse aufeinander und überprüfte, ob sie in einer bestimmten Reihenfolge lagen, wahrscheinlich damit er sie wieder richtig ins Album einkleben konnte. Er machte ein Gummiband darum und verstaute sie in der Gesäßtasche seiner Jeans.

«Möchtest du einen Umschlag haben?» fragte ich.

Ben schüttelte den Kopf. «Mom wird nervös, wenn jemand in ihren Sachen rumkramt. Ich behalt sie einfach in meiner Hosentasche, bis ich sie zurücktun kann.»

Es war für Ben nicht einfach gewesen, die Bilder mitzubringen, und ich wußte auch, daß es für ihn wichtig gewesen war, mir diesen Teil seines Lebens zu zeigen. Ich bedankte mich nachdrücklich bei ihm.

«Zahl dir fünfzig für jedes Bild», sagte ich. «Und nun machen wir uns wieder an die Tests. Ich weiß, manches ist schwierig und langweilig. Aber später nützt es uns eine Menge . . . Sieh dir dies mal an.»

Ich legte das Buch mit dem Peabody Picture Vocabulary Test vor ihn hin. Dieser Test befaßt sich mit dem passiven Wortschatz, nicht mit dem aktiven. Er mißt das Wortverständnis und nicht so sehr die Bildung von Wörtern. Er besteht aus einem Buch mit schwarzweißen Bildern, auf jeder Seite vier. Der Versuchsleiter sagt einfach ein Wort, und das Kind deutet auf das Bild, welches dieses Wort verdeutlicht. Ich hatte nicht die Absicht, ihn als allgemeinen Intelligenztest einzusetzen, doch ich wollte feststellen, ob ein Unterschied bestand zwischen Bens Leistung bei diesem Test und seinen ziemlich niedrigen Werten beim Wortschatzuntertest des Wechsler-Tests, der in einem größeren Ausmaß Ausdruck und Wortfindung mit einbezieht. Für den Peabody braucht man nur etwa zehn Minuten, und ich hatte das Gefühl, er würde Ben Spaß machen.

Wie sich herausstellte, war das noch eine Untertreibung. Bens Antworten kamen Schlag auf Schlag, und auch Wörter wie «Nagetier», «salutieren», «Patriarch», «ingeniös», identifizierte er spielend. Ich war sicher, daß das Meßergebnis für diesen Test bei Ben Werte zeigen würde, die weit über dem für sein Alter üblichen Durchschnitt lagen.

«Zahl dir dreihundertfünfundsiebzig. Mal sehen, was jetzt noch übrig ist. Ein paar Zeichnungen, der Matrizentest von Raven und Satzergänzen.»

Ich reichte Ben ein Blatt Papier und einen Bleistift. «Ich möchte jetzt, daß du ein paar Zeichnungen machst. Als erstes zeichnest du ein Haus, so gut wie möglich.»

«Ich habe Ihnen gesagt, daß ich nicht gut im Zeichnen bin, erinnern Sie sich?»

«Ja, ich erinnere mich. Ich kann es selbst auch nicht besonders. Zeichne eins, so gut du kannst.»

Über die Handhabung des Wechsler-Tests und die Interpretation von Zeichnungen habe ich verschiedene Seminare besucht, viele Bücher gelesen und bin von einem Psychologen darin ausgebildet worden. Trotzdem bin ich bei der Auslegung äußerst vorsichtig, besonders was die Zeichnungen betrifft. Selbstverständlich halte ich sie für notwendige Teile des Puzzles, und bei unseren Besprechungen prüft Phil Golden die Bilder sorgfältig, und mir ist sehr wichtig, was er darüber sagt. Doch Bilder sollten im Zusammenhang mit allem anderen, was man über das Kind weiß, betrachtet werden. Manche Kinder malen begeistert und können durch Bilder Vorstellungen und Gefühle mitteilen, die sie anders niemals ausdrücken würden. Wieder andere Kinder fühlen sich mit Papier und Bleistift unbehaglich, und auch das muß man berücksichtigen.

Bens Zeichnungen spiegelten seine unterdrückten Gefühle wider. Sein Haus war ungefähr zweieinhalb Quadratzentimeter groß und saß am unteren Rand des Blattes, umgeben von weißer Leere. Es gab nur ein paar Fenster, und die waren verriegelt, die

Tür war fest verschlossen. In einer angebauten Garage standen drei Autos und ein Motorrad.

«Jetzt zeichne bitte einen Baum – so gut wie möglich», sagte ich.

Ben zeichnete schnell und produzierte einen kleinen, etwas schrägen Baum mit mageren Zweigen, die aussahen wie Stöcke. Er schattierte den Baumstamm, und seine Unsicherheit und Angst wurden dabei immer größer. Die Ader an seiner Schläfe klopfte heftig.

«Jetzt mal einen Menschen, der irgend etwas tut.»

«Ich kann keine M-M-Menschen zeichnen, b-b-besonders nicht, wenn sie was . . . Sie wissen, was ich meine – wenn sie was tun.»

«Ich weiß. Das macht nichts. Wenn ich Menschen malen soll, werden sie auch nie so, wie ich sie haben möchte.»

Rasch, beinahe als wollte er es möglichst schnell hinter sich bringen, strichelte er eine winzige Gestalt, die mit den Händen über dem Kopf auf einer Linie stand. «Er will tauchen», erklärte Ben ungefragt.

«Gut. Jetzt zeichne eine Frau, die irgend etwas macht.»

Ben hatte es aufgegeben, sich zu beklagen. Er zeichnete eine sitzende Gestalt mit einem Kopf, der eher wie ein Ballon aussah. «Sie läßt sich die Haare trocknen», erklärte er.

«Letztes Bild, Ben. Zeichne ein Bild deiner Familie. Jeder tut irgend etwas.»

«O Gott!» Bens Qual war echt. «Ich weiß absolut nicht, was sie tun könnten.» Finster und schweigend starrte er auf das Blatt, nahm es schließlich in die Hand, faltete es halb und dann noch einmal. Dann öffnete er es, legte es auf den Schreibtisch und strich es glatt, bis es ordentlich flach dalag. Es war jetzt in vier Teile geteilt, und Ben zog die durch das Falten entstandenen Linien mit einem Bleistift nach. Er numerierte die Vierecke – 1, 2, 3, 4. «Also, D-D-Dad kommt hier oben hin», sagte er und zeichnete eine für Bens Verhältnisse große Gestalt. Doch ehe sie halb fertig war, radierte Ben sie wieder aus. «Nein, jetzt weiß ich. Ich lasse ihn mit seinem Auto fahren.» Und Ben zeichnete einen langen, niedrigen Wagen mit einer über das Steuer gebeugten Gestalt und schraffierte dann den Wagen und Mann sehr dunkel.

«Mom könnte lesen», sagte er und zeichnete eine kleine Figur mit langem geraden Haar, die ein Buch hielt und auf einer Stuhlkante saß.

«Jess ist hier unten. Ich lasse sie Seil springen.» Ben malte ein Mädchen mit einem großen, lachenden Mund und Schleifen im Haar, das ein Springseil hielt.

«Jetzt bleibe nur noch ich übrig. Ich bin am Fluß.» Er zog zwei parallele Linien über Feld 4. «Der Fluß ist viel, viel g-g-größer als das hier, wissen Sie.» Ich nickte, während Ben ein winziges Segelboot an den Rand der Seite malte.

Er fügte einen Kreis an die obere Kante des Bootes und schraffierte sie dunkel. «Den Rest von mir kann man nicht sehen», sagte er. «Er ist drinnen im B-B-Boot. Nur mein Kopf ist draußen, mein d-d-dummer Kopf.» Dann zeichnete er über dem Boot noch sorgfältig einen Vogel. «Es ist immer mindestens eine Möwe draußen», bemerkte er.

«Sehr gut. Vielen Dank, Ben. Zahl dir sechshundert, und dann stelle ich dir ein paar Fragen zu den Bildern.»

Bens Antworten waren kurz, er stotterte auch noch, ganz offensichtlich bemühte er sich, mir soviel wie möglich zu erzählen.

Als wir zum letzten Bild kamen, zögerte er und berührte das gemalte Boot mit seinen Fingern. «Ich wünschte, ich könnte es b-besser zeichnen, damit Sie eine genaue Vorstellung davon haben, wie es aussieht. Ich weiß nicht warum, aber man fühlt sich gut dort draußen auf dem Wasser. Man ist die ganze Zeit richtig glücklich.» Ben lächelte mich an – und ich wünschte, ich hätte ein Foto von ihm mit diesem Gesicht gehabt.

Ich stand auf und holte meine Polaroidkamera. «Erzähl noch ein bißchen mehr», sagte ich, und während er redete, machte ich eine Aufnahme. Ich fotografiere jedes Kind, das zu mir kommt, weil das Bild mir hilft, mich an es zu erinnern. Viele Kinder tauchen Jahre später wieder auf und haben Fragen wegen der richtigen Schule. Ohne Foto fällt es mir oft schwer, ein Kind unterzubringen. Doch wenn ich das kindliche Gesicht wieder sehen kann, erinnere ich mich an jedes ganz genau.

Ben zu fotografieren hatte ich immer wieder aufgeschoben; bis jetzt war es mir als eine zu intime Geste erschienen. Das Bild zeigte einen lächelnden, hübschen, offensichtlich völlig unbeschwerten Jungen – wie ich ihm bis jetzt in Person selten begegnet war.

Wir hatten es beinahe geschafft. Nur der Progressive Matrizen-Test von Raven und der Satzergänzungstest von Freeman waren noch übrig.

Ben machte der Raven spaß, wie ich es mir gedacht hatte. Es handelt sich um einen zeitlich nicht begrenzten Test mit Mustern und geometrischen Figuren, bei denen ein Teil fehlt. Er dient dazu, Raumerfassung und logisches Denken zu messen. Die Bilder könnte man als optische Analogien bezeichnen. Sie reichen von eindeutigen Wahrnehmungsproblemen bis zu solchen abstrakter Natur. Bens Werte lagen bei einem Prozentrang von fünfundneunzig. Dies bestätigte erneut seine Intelligenz und seine gute Wahrnehmungsfähigkeit, wobei andere Fragen unbeantwortet blieben.

Dann hatte ich den Satzergänzungstest von Freeman vor mir auf dem Klemmbrett liegen und war bereit, Bens Ergänzungen zu den Sätzen, die ich vorlas, zu notieren. Doch ehe ich beginnen konnte, schob Ben plötzlich die Schachtel mit den Farbstiften fast grob über den Tisch.

«Ich konnte es nicht m-m-malen – das Bild, das ich malen sollte. Ich habe es versucht, aber ich wußte nicht, wie ich es m-machen sollte. Verstehen Sie, die V-Vögel und ihre A-A-Angst, das alles brachte ich in meinem Kopf durcheinander. Ich weiß nicht. Dieses Jahr wurde es in der Schule noch schlimmer – die K-Kinder verspotteten mich, und ich konnte mit niemandem darüber reden, und alle waren so wütend. Ich fing an, vom Fluß zu träumen. Erst mußte ich mich bewußt dazu zwingen, doch dann ging es von g-g-ganz allein. Ich brauchte nur für einen Augenblick die Augen zu schließen, und schon war ich am Fluß. Ich will damit sagen, ich konnte die Augen wieder öffnen und war trotzdem noch dort.

Wenn sie anfingen, mich anzuschreien, oder wenn ich einen T-T-T... eine Arbeit schreiben sollte, dann schloß ich für eine Sekunde die Augen und war nicht mehr in der Schule. Statt dessen war ich beim Segeln, oder ich schwamm mit Danny oder führte Mac aus. Ich tat die ganze Zeit immer irgend etwas anderes, nur die Vögel, die waren ständig da. Wie sie ja auch im Sommer wirklich da sind. Hoch oben in der Luft waren sie, glitten dahin – ein paar Flügelschläge nur –, und dann segelten sie weiter. Es sah so leicht aus.

So fing es an. Und dann begann ich zu überlegen, ob Fliegen und keine Angst haben vielleicht zusammengehörten. Ob man, wenn man fliegen könnte, keine Angst mehr hätte. Und ich dachte, es wäre alles nicht so schlimm, wenn ich nicht gut lesen könnte und keine guten Noten bekäme, wenn ich keine Angst mehr hätte. Selbst wenn alle anderen sich darüber aufregten – ich w-w-würde ganz ruhig bleiben. Ich meine, es wäre für mich nicht mehr so wichtig.»

Ich saß da, ohne mich zu bewegen, und hoffte, daß Ben nicht hören konnte, wie heftig mein Herz schlug. Ich betete, daß wir nicht unterbrochen würden. Ben verstand sich besser als jeder andere. Wenn ich nur lange genug aufmerksam genug zuhören konnte, würde er mir alles erklären.

«Ich habe es nicht genau g-g-geplant», sagte er. «Es passierte einfach. Verstehen Sie, zuerst fing ich einfach an, auf dem Geländer der hinteren Veranda herumzulaufen. Ich setzte einfach einen Fuß vor den anderen und b-balancierte mit den Armen. Die Veranda liegt ein wenig höher, und zuerst war ich ein bißchen ängstlich – aber ich wurde immer besser und sicherer und hatte kaum noch Angst. Doch dann fand Jessie es heraus, und sie will immer alles machen, was ich mache, und da kriegte ich Angst, sie würde herunterf-f...» Ben schüttelte hilflos den Kopf.

«Herunterfallen», sagte ich, obwohl ich wußte, daß ich keine Wörter ergänzen sollte. Doch ich konnte mich nicht zurückhalten.

Ben nickte. «Deshalb mußte ich damit aufhören. Nur – es

fehlte mir, dort oben zu stehen, so was tun zu können und keine Angst dabei zu haben – und irgendwie vermischte sich das alles mit meinen Überlegungen über die Vögel.

Nicht daß ich es wirklich plante, das Fliegen, meine ich, zumindest glaube ich das nicht, oder jedenfalls nicht ganz genau. Es machte mir Spaß, darüber nachzudenken und wie man sich dann wohl fühlte – so hoch oben zu sein, ganz allein, ungestört –, und da fing ich an, aus dem Dachfenster auf das Schieferdach zu klettern und auf dem First herumzulaufen und herumzubalancieren. Kein Mensch hat mich je gesehen. Unser Haus liegt etwas weg von der Straße, und ein Haufen Bäume steht da, und Mom ist nie draußen. An Wochenenden habe ich es nie gemacht. Wohl weil ich Angst hatte, Dad könnte nach Hause kommen, und ich wußte, er würde schrecklich wütend sein. Je öfter ich da draußen herumspazierte, desto mehr begann ich über die Vögel nachzudenken und mich zu fragen, wie sie es machten.

Blöd war nur, daß ich die alte Schlafanzugjacke von Dad klaute. Sie hat so große w-w-weite Ärmel, und ich wollte gern f-f-flattern, und mit den bloßen Füßen konnte ich mich sehr g-g-gut in der Balance halten. Bloß die b-b-blöde Jacke hätte ich nicht anziehen sollen. Ich wollte nicht wirklich vom Dach springen – ehrlich. Es machte mir einfach Spaß, daran zu denken.»

«Hast du das Dr. Golden erzählt?» fragte ich.

«Nein. Mom sitzt immer dabei. Ich habe es keinem Menschen erzählt – außer Jessie. Und Ihnen.»

Ich hörte, wie der Mercedes in die Einfahrt fuhr. Es ertönte keine Hupe, doch das Motorengeräusch war mir nun schon vertraut. «Ich weiß nicht, wieviel ich dir dafür zahlen soll, Ben. Es ist einfach zuviel für Chips.»

Ben nickte. «Ja Außerdem macht es nichts. Ich habe schon genug Chips.»

Ben wußte so gut wie ich, daß die Stunde vorbei war, trotzdem zählte er gelassen seine Chipshäufchen.

«Zweitausendfünfunddreißig. Kann ich alles zusammenrechnen?»

Ich schob ihm den Schnellhefter zu, dessen letzte Seite aufgeschlagen war. Ben schrieb die Zahl sorgfältig unter die anderen und addierte sie, wobei er leise vor sich hin zählte.

«Achttausendeinhundertfünf.»

«Gute Arbeit.» Ich reichte ihm den Matchbox-Katalog.

«Ich weiß schon, welches ich haben möchte», sagte er und blätterte hastig, bis er zu der Seite mit den kleinen Flugzeugen kam. «Dies da, hier.»

Ich malte mit Rotstift einen Kreis um das Flugzeug und schrieb «B.B.A.» darunter. Ich notiere immer die Anfangsbuchstaben des Namens, damit ich weiß, für welches Kind ich was bestellt habe.

Der Motor brummte immer noch in der Einfahrt, und ich blickte auf, um Ben auf Wiedersehen zu sagen. «Sobald ich es habe, rufe ich dich an, und du kannst herkommen und es abholen. Dann gehen wir auch die Testergebnisse durch.»

Aber Ben hatte nicht zugehört. Er betrachtete noch immer das Bild des Flugzeugs – oder zumindest glaubte ich das. In Wirklichkeit starrte er auf die Anfangsbuchstaben, die ich notiert hatte. Jetzt deutete er darauf und fragte: «Wußten Sie immer Bescheid? Daß sie mich so nennen? B.B.?»

Ich nickte.

«Wieso haben Sie nie etwas gesagt?»

«Weil es mir nicht gefiel.»

«Sie wissen, wofür sie stehen?»

Wieder nickte ich.

«Mom meint, ich sollte stolz auf meinen Namen sein. Benjamin Bradford – ein großer Erbe, sagt sie. Das ist alles, was sie weiß. Ein schönes Erbe . . . Butterbirne!»

Phil Golden war Mitte Fünfzig, groß, mit graumeliertem Haar und Bart. Seit über zwanzig Jahren arbeitete er in seiner Privatpraxis mit gestörten Kindern und Erwachsenen; er war auch Schulpsychologe gewesen und leitete im Augenblick die Abteilung Lernbehinderung an einem nahe gelegenen College. Aus allen diesen Gründen schätzte ich seine Meinung und betrachtete das Geld und die Zeit, die ich in seine Hilfe investierte, als eine gute Anlage.

Ich stand auf, als Phil in das Wartezimmer trat. Er umarmte mich und rief: «Wie geht es Ihnen, Mary? Ich freue mich, Sie zu sehen. Kommen Sie herein, kommen Sie herein!»

Seine Praxis war voll von Ledercouches, Velourslederstühlen und Fellteppichen. Es gab keinen Platz, wo ich die Papiere aus Bens Akte hätte ausbreiten können, deshalb reichte ich sie ihm einfach und behielt nur ein leeres Blatt, um mir Notizen zu machen.

«Könnten Sie mir zuerst noch etwas über Bens Familie erzählen – ehe Sie sich Bens Akte ansehen?» fragte ich.

«Interessante Leute. Haben Sie die Mutter kennengelernt?»

Ich nickte.

«Also, wissen Sie, daß sie blaues Blut hat – die Bradfords gehen zurück bis zur ‹Mayflower›. Haufenweise Geld. Ihre Mutter ist noch immer äußerst lebendig und hat, soviel ich höre, in der Familie noch ganz schön etwas zu sagen. Carol, das ist der Name von Bens Mutter, ist sehr lieb und sehr ängstlich und möchte ihrem Mann und ihren Kindern immer gefallen. Ich vermute, daß sie, wie es so häufig vorkommt, die Neigung hat, sich mit Ben zu sehr zu identifizieren, und ihre Fürsorglichkeit ihn in seiner Abhängigkeit bestärkt . . . Den Vater – Ralph –, kennen Sie ihn?» fragte Phil.

Ich schüttelte den Kopf.

«Nun, der ist etwas schwieriger zu beschreiben. Sehr energisch, sehr intelligent. Hat seine Fabrik aus dem Nichts aufgebaut. Heute gehört sie zu den größten im Land und hat kürzlich einige ausländische Firmen aufgekauft. Am Anfang war er pünktlich und äußerst kooperativ, doch selbst da blieb er irgendwie wachsam. Ich kann nicht genau sagen, was es ist.

Ich kann Ihnen aber etwas Interessantes berichten, das ich gerade erfahren habe. Aylesworth ist nicht sein richtiger Name. Er hieß D'Amalio und änderte diesen Namen vor seiner Heirat mit Carol Bradford in Aylesworth, wobei er noch, damit es besser aussah, ‹der Zweite› hinzufügte. Ich bin mir nicht sicher, ob er das legal gemacht hat. Wie ich vermute, ist er sehr gerissen und wollte dem Bradford-Clan nicht mit einem Namen aufwarten, den er als Handikap ansah. Seit kurzem findet er immer wieder einen

Vorwand, warum er die Sitzungen nicht einhalten kann. Er schickt dann nur seine Frau und die Kinder.»

«Was ist mit Jessie?» fragte ich.

Phil lächelte. «Ein reizendes Ding, eine richtige Puppe, hübsch und intelligent dazu. Eines jener Kinder, die schon glücklich und großzügig geboren werden und überall durchkommen, gleichgültig, wo sie sind, die immer Glück haben und an andere soviel abgeben, wie sie können.»

«Ben mag sie», sagte ich.

«Und sie mag ihn», ergänzte Phil. «Wenn sie hier sind, redet keiner von den beiden sehr viel. Sie sitzen dann nebeneinander, dort auf der Couch . . . nun, wollen mal sehen, was Sie über Ben herausgefunden haben.»

Phil öffnete Bens Akte und blickte auf. «Wo ist der Elternfragebogen?» Wir hatten bereits so viele Fälle zusammen besprochen, daß Phil genau wußte, welche zehn oder zwölf Tests er zu erwarten hatte, und jede Abweichung von der üblichen Prozedur sofort bemerkte.

«Mrs. Aylesworth hat ihn noch nicht zurückgebracht. Sie versprach es mehrmals, doch als ich sie vor einigen Tagen anrief, war er immer noch nicht ‹ganz fertig›. Sie sagte, sie würde ihn mir mit der Post schicken. Es spielt eigentlich keine Rolle. Er kann bei der Sitzung mit den Eltern ergänzt werden, obwohl ich nicht gern Zeit für so etwas hergebe, wenn soviel anderes durchzusehen und zu besprechen ist.»

Phil nickte. «Vermutlich findet sie ihn bedrohlich.» Er vertiefte sich in die Akte. «Nun, ganz gute Ergebnisse beim Wechsler-Test», bemerkte Phil, wie zu sich selbst. «Gewisse Anzeichen für eine Lernbehinderung – interessant, wie oft die gleichen schwachen Untertestwerte auftauchen. Also, beim Verbalteil liegt der Intelligenzquotient niedriger als beim Handlungsteil, falls das überhaupt etwas zu bedeuten hat. Wie verhielt er sich beim Lösen der Aufgaben?»

Ich berichtete von den Höhen und Tiefen in Bens Verhalten während der verschiedenen Untertests und auch von seinem Interesse an den Chips.

Der Peabody-Test erstaunte Phil. «Gewöhnlich bewerten Sie nicht so hoch.» Er stieß einen leisen Pfiff aus. «Intelligenzalter dreizehn Jahre, neun Monate; Prozentrang fünfundneunzig. Dieses Kind ist kein Dummkopf, das steht fest, und trotzdem, als man mir gestern seine Noten brachte – eine Drei, der Rest Vieren und Fünfen.»

Phil blätterte weiter in der Akte und studierte die Tests über schulisches Wissen, den Bender- und den Detroit-Test. «Der Bender ist schlimm, Verdrehungen und Verzerrungen – außer beim Erinnerungsvermögen, sechs von neun ist nicht schlecht. Das visuelle Gedächtnis scheint in Ordnung zu sein, aber sehen Sie sich die geringen Werte beim Detroit an. Er wird viel Hilfe brauchen, Mary.»

Und dann verbrachte Phil wie gewöhnlich viel Zeit damit, die Zeichnungen zu betrachten. Vor allem Bens Bild der ganzen Familie interessierte ihn.

«Na, nicht gerade das, was man als eine liebevolle Familie bezeichnen würde. Sehen Sie, wie sich der Vater von Ben wegwendet. Hm... ich weiß, Ihnen ist auch aufgefallen, daß bei der Ichfigur Hände und Füße fehlen... der dunkle Kopf... und die Unsicherheit, die sich in diesen dünnen Linien verrät.»

Phil sprach weiter, kehrte zu bereits durchgesehenen Tests zurück, studierte sie noch einmal und stellte Fragen, wenn er meine Schrift nicht richtig lesen konnte.

«Also», sagte Phil schließlich, «aus all dem läßt sich meiner Meinung nach schließen, daß Bens schwache schulische Leistungen nicht auf einem Mangel an Intelligenz beruhen.»

Ich nickte bestätigend, während ich mir Notizen machte.

«Es gibt deutliche Anzeichen für eine Lernbehinderung», fuhr Phil fort, «und emotionalen Druck. Zeigen Sie den Eltern die Tests, die Zeichnungen und so weiter. Sie können das besser als ich. Und sagen Sie ihnen auch», erklärte er weiter, «daß wir eine unterstützende erzieherische Therapie befürworten und auch die Therapie bei mir fortgeführt werden sollte. Werden Sie Zeit haben, mit ihm zu arbeiten?»

Ich nickte wieder. Es gab keine Möglichkeit, nein zu sagen.

Ich erzählte Phil kurz, daß Ben begonnen hatte, über ein paar seiner Ängste und Gefühle zu reden, über den Fluß und die Vögel und das Fliegen, und ich eine Sitzung von Phil mit Ben allein für notwendig hielte. Ben wollte im Augenblick nicht vor seiner Mutter oder vor seinem Vater reden, und obwohl ich ihn zweimal in der Woche sehen würde, würden wir die meiste Zeit daran arbeiten, wie Ben aufholen und lernen könnte, seine schwachen schulischen Leistungen auszugleichen. Außerdem war Phil ausgebildeter Psychologe, und manches an diesem Fall war doch sehr schwierig.

«Er ist so verängstigt», sagte ich. «Er versucht, es zu verbergen, und das kostet ihn ungeheuer viel Energie. Ich glaube nicht, daß er vor seinen Eltern dieses Schutzverhalten aufgibt, zumindest jetzt noch nicht. Und wenn er anfängt, für die Schule zu lernen, braucht er dafür seine ganze Energie.»

Phil war einverstanden, Ben allein zu sehen und festzustellen, was dabei herauskam. Er ordnete Bens Papiere und reichte mir dann den Schnellhefter.

«Vielen Dank, Phil», sagte ich. «Ich rufe Sie nach der Besprechung mit den Aylesworths an. Wenn Sie mir also nichts anderes raten, werde ich sehr offen mit ihnen sein. Ich werde ihnen alle Tests zeigen und ihnen erklären, warum Ben Schwierigkeiten mit dem Lesen und Schreiben hat und wie allein und verängstigt er sich meiner Meinung nach fühlt. Und ich werde seinem Vater erzählen, daß Ben ihn mehr als je in seinem Leben braucht und er eine Möglichkeit finden muß, mehr Freizeit mit seinem Sohn zu verbringen, oder er wird ihn verlieren.»

Auf Phils Gesicht breitete sich ein Grinsen aus. «Was für eine Frau! Ich wüßte nicht, wie man es besser machen könnte! Ich wünschte, ich wäre bei dieser Besprechung eine Fliege an der Wand. Ich habe das Gefühl, daß sie für Sie und Ralph Aylesworth sehr interessant werden wird.»

Während wir die Treppe zu meiner Praxis hinaufgingen, hielt sich Ralph Aylesworth dicht hinter mir. Ein unbestimmter Geruch nach einem herben Gesichtswasser umgab ihn, und die Nähe seines maßgeschneiderten Anzugs machte mir meine ausgewaschenen Jeans plötzlich peinlich bewußt. Ich wünschte, ich hätte die Besprechung ein paar Minuten später angesetzt, so daß ich die Jeans, die ich bei der Arbeit mit den Kindern immer trage, wechseln und etwas anderes hätte anziehen können. Aber was eigentlich? Ich besaß nichts, was mich glaubwürdiger erscheinen ließ. Jeans waren meine Arbeitskleidung.

Wortlos setzte sich Mr. Aylesworth in den Stuhl zur Linken. Ich blieb noch eine Minute stehen, bis sich Bens Mutter gesetzt hatte, und nahm dann meinen Platz hinter dem Schreibtisch ein. Ich weiß, daß dies nicht die übliche Sitzordnung ist, daß manche Menschen den Schreibtisch als eine Barriere empfinden, trotzdem ist es mir so lieber, weil ich dann einen Platz habe, wo ich alle Tests und Arbeiten des Kindes wie auch die Tabellen, die erklären, was sie bedeuten, und Muster einiger Tests selber ausbreiten kann. Die meisten Nachhilfelehrer und -lehrerinnen und Psychologen zeigen den Eltern die Rohdaten nicht (das sind die vom Kind gemachten Zeichnungen und die Antworten auf die Fragen). Doch ich glaube, daß ein Kind sich am besten durch seine eigenen schriftlichen Äußerungen und Zeichnungen erklärt, und wer hätte ein größeres Recht, es zu kennen, als die Eltern?

«Was für ein schöner Raum!» sagte Mrs. Aylesworth. «Kein Wunder, daß Ben nichts dagegen hatte, zu Ihnen zu kommen. Sieh doch die handgenähte Patchworkdecke, Ralph! Entzückend!»

Ralph warf nicht einmal einen Blick in die angegebene Richtung.

«Vielen Dank», sagte ich zu Mrs. Aylesworth. «Und Ihnen beiden danke ich, daß Sie gekommen sind. Können Sie eine Stunde bleiben? Wie ich schon am Telefon erklärte, glaube ich, daß wir mindestens soviel Zeit brauchen, um alles gründlich durchzugehen.»

Zum Zeichen ihres Einverständnisses nickten beide.

«Zwei Dinge möchte ich noch sagen, ehe wir anfangen. Erstens: Wenn Sie meinen schriftlichen Bericht erhalten, liegen alle Meßergebnisse, alle aufgeschlüsselten Werte der Untertests und Prozentränge bei. Dies geschieht vor allem, weil ich es im umgekehrten Fall auch gern so haben würde. Wenn ich mit meinem Kind zum Kinderarzt gehe, möchte ich nicht nur erfahren, daß es eine durchschnittliche Größe und ein durchschnittliches Gewicht hat. Ich möchte wissen, wie viele Kilo und Zentimeter es sind, und außerdem die allgemeinen Daten hören.

Sie bekommen das Original des getippten Berichts, ich behalte meine Kopie. Wenn irgend jemand noch eine Kopie haben möchte – und ich rate Ihnen sehr, Ihre Informationen mit anderen zu teilen, die mit Ben arbeiten –, werde ich denjenigen bitten, sich an Sie zu wenden. Sie werden ihm dann gegebenenfalls eine Kopie Ihres Originals aushändigen. Ich tue dies, weil es die Möglichkeit verringert, daß Fachleute Informationen über ein Kind austauschen, ohne die Eltern mit einzubeziehen.

Und das bringt mich zum zweiten Punkt: Sie als Bens Eltern kennen Ihren Sohn seit zwölf Jahren und vier Monaten. Ich sah ihn für höchstens sieben oder acht Stunden. Ich kann und werde Ihnen berichten, wie er bei Standardtests im Vergleich zu anderen Kindern seines Alters abgeschnitten hat, und ich kann Ihnen auf Grund der Tests und meiner Beobachtungen meine Ansicht darlegen und Ihnen Empfehlungen geben.

Aber . . .», hier sah ich Mr. Aylesworth direkt an, dann Mrs. Aylesworth, «aber Sie haben die wahrhaftigste, intimste Kenntnis von Ben, und es ist Ihre Pflicht, mich oder jeden anderen Fachmann zu unterbrechen, wenn irgend etwas Ihnen nicht richtig erscheint, und zu sagen: ‹Vielleicht hat sich Ben an jenem Tag in Ihrer Praxis so verhalten, doch das ist nicht der Ben, wie wir ihn kennen.›»

Mrs. Aylesworth bewegte sich etwas auf ihrem Stuhl. Mr. Aylesworth hielt weiter seinen Blick fest auf mich gerichtet.

«Also, dies sind die Tests, die ich mit Ben gemacht habe.» Ich schob Ralph Aylesworth eine Kopie des Beurteilungsbogens über den Schreibtisch zu, doch er sah kaum hin. Ich las die Namen der Tests vor.

«Ich weiß, daß Ihnen diese Namen kaum vertraut sein dürften, aber ich habe die Absicht, jeden Test mit Ihnen durchzugehen und zu erklären. Und ich werde Ihnen zeigen, wie Ben jeweils abgeschnitten hat.»

Mr. Aylesworth wandte sich seiner Frau etwas zu, ohne den Blick von mir zu lassen. «Also, wie ich die Sache verstehe», sagte er, «ist der Grund unseres Hierseins und der Grund, warum Ben herkam, herauszufinden, ob er irgendeine Art von Lernbehinderung hat, die ihn dazu veranlaßte, mitten im Winter barfuß aufs Dach hinauszuklettern. Ist das richtig?»

«Teilweise», antwortete ich. «Ich habe mit Ihrer Frau bereits darüber gesprochen und bin froh, daß Sie mich erinnern, auch Ihnen Sinn und Zweck einer pädagogisch-diagnostischen Untersuchung zu erklären.

Wonach ich forsche, wenn ich eine Untersuchung mache, ist das Intelligenzpotential des Kindes. Wieviel können wir berechtigterweise von ihm erwarten? Was ist der Stand seiner schulischen Leistungen, und besteht zwischen Intelligenz und Schulleistungen ein Mißverhältnis oder nicht? Gibt es irgendwelche Zeichen einer Lernbehinderung, wie etwa verzerrte Wahrnehmung oder Probleme mit dem aktiven oder passiven Wortschatz? Was sind seine Stärken, was seine Schwächen?

Kann es diese Stärken zum Ausgleich der schwächeren Gebiete einsetzen? Liegt das Problem in der Unfähigkeit, aufzufassen, eine Sache mit einer anderen zu verbinden oder sich auszudrücken? Und wie schätzt dieses Kind sich selbst und seine Welt ein?»

Mr. Aylesworth nickte kurz. «In Ordnung. Klingt vernünftig.»

Ich wandte mich nun Mrs. Aylesworth zu, um sie spüren zu lassen, daß ihr Verständnis und ihre Meinung ebenso wichtig waren.

«Vielen Dank, daß Sie den Fragebogen ausgefüllt haben», sagte ich zu ihr. «Zu ein paar Punkten brauche ich noch nähere Angaben, doch darauf können wir zurückkommen, wenn wir die Tests durchgesprochen haben.»

Ich breitete den Wechsler-Test vor ihnen aus und setzte ihnen die verschiedenen Ergebnisse auseinander. Ich zeigte ihnen auch eine Tabelle, die die erzielten Meßwerte, die Intelligenzquotienten und einige andere Dinge erklärte. Ich wies darauf hin, daß meiner Überzeugung nach die Werte der Untertests sehr viel wichtiger und aufschlußreicher waren als der Gesamtintelligenzquotient.

Ich zog einen senkrechten Strich und sagte, wenn sie das untere Ende mit Null und das obere mit hundert annähmen, könnten sie sich vorstellen, wie Ben bei jedem Test abgeschnitten habe. Beim Mosaik-Test zum Beispiel, einer nichtverbalen Aufgabe, die als der beste Test für die allgemeine Intelligenz gilt, hatte Ben einen Prozentrang von neunundneunzig erreicht (was bedeutete, daß er ihn besser gemacht hatte als neunundneunzig Prozent der Kinder seines Alters); beim Wortschatz, der ebenfalls als ausgezeichneter Intelligenztest betrachtet wird, schaffte er nur einen Prozentrang von siebenunddreißig. Ich zeigte ihnen auch den Untertest Bilderergänzen, bei dem Ben eine Türangel als «den sich drehenden Teil» bezeichnet hatte. In einfachen Worten ausgedrückt – Ben konnte die Antwort erkennen, aber nicht immer in die richtigen Worte fassen. Nachdem wir alle Untertests durchgegangen waren, zeigte ich ihnen, daß sein Gesamtintelligenzquotient einem Prozentrang von fünfundachtzig entsprach. Ich erklärte, daß Ben meiner Überzeugung nach noch intelligenter sei und ich deshalb zusätzlich den Peabody-Test mit ihm gemacht hätte, wobei Ben den Prozentrang von fünfundneunzig geschafft habe.

«Wollen Sie damit sagen, daß Ben klüger ist als fünfundneunzig Prozent der Kinder seines Alters?» Bens Vater musterte mich eindringlich.

«Jedenfalls bei diesem bestimmten Test. Er hat einen außergewöhnlich großen passiven Wortschatz, das heißt, er kennt die Bedeutung außerordentlich vieler Wörter. Seine große Schwierigkeit liegt darin, sich auszudrücken, das heißt, seine Gedanken in Wort und Schrift auszudrücken.»

Als nächstes nahmen wir uns den Wide Range Achievement Test vor, und ich sagte: «Das ist ein kurzer Test über Wörtererkennen, Rechtschreibung und Rechnen. Wie Sie feststellen können, liegt Ben im Lesen auf Prozentrang vierunddreißig, in Rechtschreibung auf sechzehn und in Rechnen auf sechsundachtzig. Sowohl im Lesen wie im Rechtschreiben bleibt er weit unter dem Potential, das er beim Wechsler-Test gezeigt hat.»

«Ben war immer gut im Rechnen», sagte Carol Aylesworth.

«Scht! Laß sie weitermachen.»

«Nun», fuhr ich fort, «offensichtlich liegt Ben das Rechnen – eine vor allem visuelle, nichtverbale Aufgabe – mehr als das Lesen und die Rechtschreibung. Es ist ungewöhnlich bei einem Kind, daß seine Lese- und Rechtschreibfähigkeiten so viel niedriger sind als seine allgemeine Intelligenz. Wir müssen uns die von ihm gemachten Schreib- und Lesefehler genau ansehen, sowohl bei diesem Test als auch bei den anderen Lesetests.»

Eine halbe Stunde später war ich mit der Besprechung der restlichen Tests fertig. Ich wies auf die geringen Werte beim Lesen hin, auf sein gutes, kreatives Denken, seine Schwierigkeit, sich an Gehörtes zu erinnern, während es ihm vergleichsweise leichtfiel, sich an das zu erinnern, was er sah, obwohl es auch da Wahrnehmungsverdrehungen gab. Mit «Wahrnehmung» meinte ich die Art, wie Ben die durch seine Sinne aufgenommenen Rohdaten organisierte und auslegte. Ich hatte ihnen den Bender, die Zeichnungen, den Raven, den Detroit und den Harris gezeigt. Ich wies darauf hin, daß Ben linksäugig und rechtshändig war und sich die Wissenschaft über die Bedeutung dieser ungleichen lateralen Dominanz nicht einig war, sie jedoch bei vielen Kindern, mit denen ich arbeitete, vorhanden war.

«Alles in allem», fuhr ich fort, «haben wir das Bild eines intelligenten Jungen vor uns, intelligenter, als er – und wahrscheinlich seine Lehrer – vermuten. In der Schule spürt er, daß ihn die Kameraden für dumm halten, und zu Hause hat er das Gefühl – ob zu Recht oder zu Unrecht –, daß er Ihnen keine Freude macht.

Sowohl Phil Golden als auch ich sind der Meinung, daß Ben eine bestimmte Lernbehinderung hat – manche haben den Ausdruck ‹Dyslexie› lieber –, und sie ist zu einem großen Teil für seine schulischen Probleme verantwortlich. Und Ben fühlt sich verängstigt und unsicher.»

«Verängstigt? Wovon reden Sie? Der Junge ist erst zwölf. Ein bißchen früh, um verängstigt zu sein.» In Mr. Aylesworths Stimme schwang ein ärgerlicher Unterton mit.

«Verängstigt ist nur ein anderes Wort für sich fürchten», erwiderte ich. «Kein Mensch ist zu jung, um sich zu fürchten.»

«Schon gut. Schon gut. Aber mir scheint, daß dies alles nur bestätigt, was ich schon immer gesagt habe. Er ist faul. Sie haben mir gerade bewiesen, daß er intelligent ist. Wenn er intelligent ist, kann er lernen. Richtig? Wenn – und ich betone das Wenn –, wenn er arbeitet und nicht draußen auf dem Dach herumhüpft.» Ralph Aylesworth nahm ein Päckchen Zigaretten aus der Tasche und legte sie, als er keinen Aschenbecher entdecken konnte, auf den Schreibtisch.

«Möchten Sie einen Aschenbecher?»

«Haben Sie etwas dagegen, daß ich rauche?»

«Nein. Entschuldigen Sie mich einen Augenblick. Ich hole einen Aschenbecher von unten.»

Während ich die Treppe hinunterging, konnte ich hören, wie Ralph Aylesworth sagte: «Ich habe dir immer gesagt, du sollst aufhören, ihn zu bemuttern. Ich wußte, er ist intelligent.»

Wenig später stellte ich den Aschenbecher vor Mr. Aylesworth und beobachtete, wie er eine Zigarette halb aus dem Päckchen klopfte und mit dem Mund herauszog. Er hatte das silberne Feuerzeug in der Linken, während er die Flamme an das Zigarettenende hielt. Er inhalierte tief und blies den Rauch in kurzen Stößen wieder aus. Der scharfe Geruch erfüllte sofort den ganzen Raum, doch es war die Sache wert. Ralph Aylesworth war Linkshänder. Nicht daß dies besondere Rückschlüsse zuließ, doch es war noch ein Teilchen, das ich zu dem Puzzle hinzufügen konnte.

Ich nahm den Elternfragebogen zur Hand, den Mrs. Aylesworth schließlich doch noch abgeliefert hatte. Er war nicht ganz vollständig. «Sie haben Bens Geburtsgewicht eingetragen und daß er ein Neunmonatskind war. Sie haben nicht angegeben, wann er zu laufen begann.»

«Ja . . . ich weiß.» Carol Aylesworth lächelte mich entschuldigend an. «Es ist einfach so, daß ich mich nicht erinnern konnte. Man denkt, man wird es nie vergessen, aber irgendwie gerät es dann doch in Vergessenheit . . .» Ihre Stimme verlor sich.

«Wie genau müssen die Angaben denn sein?» fragte Ralph Aylesworth. «Ich erinnere mich, daß er noch kein Jahr alt war. Er konnte stehen und spazierte in dem Hasenkostüm herum, das du ihm für Halloween machtest, und sein Geburtstag ist erst im November. Deine Mutter hat an Weihnachten allen Leuten davon erzählt.»

«Also elf Monate?» schlug ich vor. «Fein. Jetzt zum Sprechen. Wann sagte er die ersten Wörter?»

«Das war später», erklärte Mrs. Aylesworth, offensichtlich ermutigt, weil von ihr keine genauen Daten erwartet wurden. «Er machte eine Menge Geräusche, aber wir konnten nichts davon verstehen. Erinnerst du dich, Ralph, wie wir immer sagten, er würde sich seine eigene Sprache erfinden?»

Ralph Aylesworth drückte mit der linken Hand seine Zigarette aus und sah auf seine Uhr.

«Es ist nach sieben. Wir sind seit über einer Stunde hier, und mir ist immer noch nicht ganz klar, was mit Ben los ist oder was wir seinetwegen unternehmen sollen.»

«Ich sagte Ihnen schon, was ich glaube: Ben hat bestimmte Probleme, die ihm das Lernen mit den üblichen Schulmethoden erschweren», erwiderte ich. «Doch ich muß auch wissen, wie er war, ehe ich ihn kannte. Und deshalb möchte ich Sie bitten, mir das zu erzählen. Hatte er irgendwelche fiebrigen Erkrankungen, Knochenbrüche?»

«Nein, er war ein sehr gesundes Baby», antwortete Mr. Aylesworth. «Die ganze Familie ist sehr gesund, eine Tatsache, für die ich wirklich sehr dankbar bin. Wir haben nie einen Arzt holen müssen – wir brauchen ihn nur manchmal für eine Kontrolluntersuchung.»

Mrs. Aylesworth nickte. «Das stimmt. Bis auf ein einziges Mal, als wir jung verheiratet waren – und ich so krank wurde, daß du unseren Hausarzt holen mußtest. Und er ließ mich ins Krankenhaus bringen, weil das Fieber so hoch war und ich soviel gebrochen habe. Er hatte Angst, ich könnte austrocknen. Aber dann stellte sich heraus», sie hielt inne und lächelte, «daß es gar nichts war. Ich war nur mit Ben schwanger.»

Ich seufzte. «Hören Sie, ich weiß, daß es spät ist. Und Lernbehinderung ist ein so vager Begriff – das ist mir sehr wohl klar. Vage deshalb, weil das Gehirn eines Menschen nicht so einfach auszukundschaften ist. Bis vor kurzem war eine Gehirnuntersuchung sehr schmerzhaft und gefährlich. Natürlich können Sie Ben von einem Neurologen untersuchen lassen, und ich kann Ihnen die Namen zweier ausgezeichneter Kinderneurologen geben. Ich möchte Ihnen sogar eine Untersuchung vorschlagen, ebenso eine Untersuchung durch einen Ohrenarzt, nur für alle Fälle. Ich würde auch empfehlen, daß Ben zweimal die Woche von jemand behandelt wird, der Kinder mit Lernbehinderungen versteht und ihn Methoden lehrt, wie er seine Lese- und Schreibfähigkeit verbessern kann. Ben muß unbedingt aufholen und braucht dringend Erfolge in der Schule.»

Ralph Aylesworth stand auf. Ich dachte schon, er wolle gehen, doch er zündete sich nur eine neue Zigarette an und begann, im Zimmer hin und her zu laufen.

«Lernbehinderungen? Was zum Teufel heißt das?» Er ergriff einen Notizblock von einer Ecke des Schreibtischs und warf ihn vor mich hin. «Hier – zeichnen Sie mir mal schwarz auf weiß, was mit Bens Gehirn nicht stimmt.»

Ich zog den Block zu mir her und starrte Ralph Aylesworth an. Wofür hielt sich dieser Mann, daß er mich in meiner eigenen Praxis herumkommandierte? Ich wollte gerade eine entsprechende Bemerkung machen, als Bens blasses, hübsches Gesicht vor meinem inneren Auge auftauchte, und ich bezwang mich und sagte nichts. Ben brauchte seinen Vater. Ich mußte Ralph Aylesworth helfen zu verstehen, daß es nicht nur darum ging, Ben zur Arbeit anzutreiben. Ich konnte zwar kein Bild von Bens Gehirn zeichnen, aber vielleicht konnte ich eine Liste aufstellen. Und so schrieb ich:

Allgemeine Gründe:

1. genetisch
2. organisch
3. umgebungsbedingt

Anzeichen für eine Lernbehinderung bei Ben:

1. Mißverhältnis zwischen Intelligenz und Schulleistungen
2. Schwierigkeiten oder Verzögerung beim Spracherwerb – leichtes Stottern
3. Bringt Wörter durcheinander oder kann sich nicht an sie erinnern
4. Wortverdrehungen – schreibt d statt b – liest «sei» statt «Eis»
5. Schwache auditive Merkfähigkeit
6. Schwache Laut-Symbol-Verknüpfung
7. Ungleiche laterale Dominanz
8. Schwache Wahrnehmungs- und Organisationsfähigkeit
9. Schwache schreibmotorische Fähigkeit
10. Große Kluft zwischen ausgezeichneter Raumerfassung und schwachem mündlichen und schriftlichen Ausdruck

Zusätzliche Informationen:

1. Mehr Jungen als Mädchen haben diese Art von Lernproblemen
2. Fünfundvierzig Prozent haben nahe Verwandte mit Lernbehinderungen

Notwendige Maßnahmen:

1. Untersuchung durch einen Neurologen
2. Untersuchung durch einen Ohrenarzt
3. Pädagogische Therapie
4. Seelischer Beistand

Ich brauchte etwa fünf Minuten dazu. Mrs. Aylesworth öffnete und schloß nervös die Hände. Mr. Aylesworth lief im Zimmer auf und ab und blieb nur am Schreibtisch stehen, um seine Zigarette auszudrücken und eine neue anzuzünden.

Als ich fertig war, schob ich den Block über den Schreibtisch. «Vielleicht hilft dies.»

Mr. Aylesworth warf einen kurzen Blick auf den Block, ohne

seine Wanderung zu unterbrechen. Mrs. Aylesworth beugte sich vor und betrachtete die Aufstellung.

«Lies vor!» bellte Ralph Aylesworth und marschierte zum anderen Ende des Raumes.

Mrs. Aylesworth räusperte sich und las: «Gründe – 1. genetisch, 2. organisch, 3. umgebungsbedingt...»

Mr. Aylesworth machte seine Zigarette aus und setzte sich. Mit der Hand die Augen beschattend, blickte er auf den Block.

Als Carol Aylesworth die Liste fertig vorgelesen hatte, hustete er und sagte: «Gründe? Genetisch? Was meinen Sie damit?»

«Nun», erwiderte ich. «Es gibt eine Anzahl von Untersuchungen, die zeigen, daß eine Neigung zur Dyslexie – oder Lernbehinderung – oft in der Familie liegt.» Ich zögerte und fügte dann hinzu: «Und daß sie häufiger bei den männlichen Mitgliedern dieser Familie auftritt.»

Im Zimmer wurde es totenstill. Dann sagte Mr. Aylesworth mit ruhiger, sehr leiser Stimme: «Wollen Sie mir erzählen, daß ich diese verdammte Sache meinem Sohn vererbt habe? Ist es das, was Sie mir zu erklären versuchen?»

«Nein», erwiderte ich. «Ich meinte, es sei eine mögliche –»

Ich brach ab. Tränen liefen Mr. Aylesworth über das Gesicht. Er saß da, ohne sich zu rühren, ohne einen Ton von sich zu geben, ohne jeden Ausdruck, während ihm die Tränen in die Augen traten und über die Wangen liefen. Ich konnte es nicht glauben. Dieser selbstsichere, erfolgreiche, dominierende, anspruchsvolle Mann saß in meiner Praxis und weinte.

Mrs. Aylesworth kramte in ihrer Tasche und hielt ihm ein Papiertaschentuch hin. Er schob ihre Hand weg, stand auf, nahm ein sauber gefaltetes Taschentuch aus seiner Gesäßtasche und wischte sich über die Wangen und Augen. Er entfaltete es, wandte sich ab und schneuzte sich die Nase. Dann setzte er sich wieder, beugte sich zu mir vor, das Taschentuch noch in den Händen, und fragte mit jetzt unsicherer Stimme: «Wußten Sie, daß ich nicht lesen kann? Schreiben Sie deshalb die Liste, statt eine Zeichnung zu machen? Um es zu beweisen?»

«Nein.» Ich schüttelte den Kopf. «Ich wußte einfach nicht, wie ich das, was Sie wollten, in einer Zeichnung darstellen sollte. Ich habe nur versucht, mich so klar wie möglich auszudrücken.»

«Nun, jetzt wissen Sie es. Ich kann nicht mehr als fünf bis zehn Wörter von dieser ganzen Seite lesen. Ich konnte nie richtig lesen. Aber ich kann reden. Im Gegensatz zu Ben, vermute ich. Fast alles andere, was Sie über ihn gesagt haben, könnten Sie auch von mir sagen.»

Ich schüttelte den Kopf. «Das verstehe ich nicht. Wie können Sie der Direktor einer –»

Mr. Aylesworth unterbrach mich. «Ich habe es Ihnen eben erklärt. Weil ich reden kann. Mit Reden habe ich es geschafft, ein High-School-Zeugnis zu bekommen, allerdings habe ich keinen Abschluß gemacht. Mit Reden machte ich das Examen am College und außerdem den Magister in Volkswirtschaft. Kein Mensch hat genauer nachgeforscht. Und mein Leben war die reinste Hölle, ständig fragte ich mich, wann und ob es jemand herausfindet und mich darauf festnagelt.

Außer gut reden kann ich noch verkaufen und Geld verdienen. Im ersten Jahr meiner Berufstätigkeit tätigte ich für meine damalige Firma mehr Verkaufsabschlüsse als alle anderen je vorher, und danach war es einfach. Ich kletterte einfach die Leiter hinauf, ging von einer Firma zur anderen und war schließlich Direktor von Zyloc. Ich hatte meine Zeugnisse, meine Verkaufs-erfolge, Empfehlungen und immer mehr Geld und Macht, und ich hatte Helen.

Helen ist meine Sekretärin. Sie hat Englisch studiert. Am Tag ihres Examens stellte ich sie ein, und seitdem ist sie bei mir. Wenn ich meine Stelle wechselte, wechselte Helen sie auch. Sie hat nie geheiratet. Die Firma Zyloc ist ihr Leben. Wo immer ich hingehe, geht auch Helen hin. Bis vor ein paar Monaten war sie sogar die einzige, die wußte, daß ich kaum lesen und nicht einmal einen einfachen Brief schreiben konnte. Helen liest vor, und ich diktiere ihr.

Aber als sich diese verdammte Geschichte mit Ben immer mehr zuspitzte, fing Carol an zu drängen, ich sollte mehr zu Hause bleiben und mehr Zeit mit Ben verbringen. Natürlich hatte das keinen Zweck, denn ich wußte nicht, was ich mit ihm anstellen sollte. Er benahm sich wie ein Verrückter. Wußten Sie, daß er sogar meine Schlafanzugjacke trug, als er oben auf dem Dach herummarschierte? Mit mir wollte er nicht reden, und ich fand, daß Carol die ganze Sache noch erschwerte, weil sie ihn bemutterte und die Aufgaben für ihn machte. Er war schon verweichlicht genug.»

Carol Aylesworth und ich beobachteten schweigend, wie Ralph seine Wanderung durch den Raum wiederaufnahm.

«Und dann», fuhr er fort, «setzte Carol es sich in den Kopf, daß ich mit Helen etwas hatte.» Er schüttelte den Kopf. «Helen hat soviel Sex-Appeal wie ein Spazierstock.»

«Nun, du hast sie überallhin mitgenommen. Nach Chicago, Los Angeles, London, Brüssel. Was sollte ich denn sonst glauben?» sagte Carol Aylesworth, sich verteidigend. Ihre Stimme klang so weinerlich, wie Bens am Anfang geklungen hatte.

«Ich nahm sie mit, weil sie mir den Rücken decken mußte, verdammt noch mal», erklärte Ralph Aylesworth. «Bei Carol habe ich Hunderte von Tricks angewandt. Ich behauptete, ich sähe schlecht, so daß sie die Straßenschilder vorlesen mußte, wenn wir in irgendeinen neuen Ort kamen. In Sachen Geld kümmerte sie sich um alle Rechnungen. Und in den feinen Restaurants kümmerte sich der Ober persönlich um uns, ich brauchte nie eine Speisekarte. Und jeden Tag saß ich hinter der Zeitung und blätterte mindestens eine halbe Stunde in ihr.

Nun, jetzt weiß sie Bescheid. Eigentlich sind es jetzt drei, die es wissen: Sie, Helen und Carol.

In gewisser Weise ist es eine Erleichterung. Und vermutlich wußte ich die ganze Zeit, daß Ben ähnliche Schwierigkeiten hatte. Ich wollte es nur nicht zugeben.

Sie sprachen von Angst», sagte Ralph Aylesworth weiter. «Ich kann mich erinnern, wie ich Ben anschrie, als er zum erstenmal ‹Spaghetti› sagte und es falsch aussprach. Wie sollte er jemals ordentlich lesen lernen, wenn er die Wörter nicht einmal richtig aussprechen konnte?»

Ich nickte. Ich konnte mir vorstellen, wie entsetzlich für diesen

Mann, der sich seine äußerlichen Erfolge so schwer erkauft hatte, die Vorstellung war, daß seinen Sohn das gleiche qualvolle Leben erwartete.

«Jedenfalls gibt es keine Möglichkeit, mit Sicherheit festzustellen, daß Bens Schwierigkeiten nur genetische Ursachen haben», sagte ich. Dann wandte ich mich an Mrs. Aylesworth. «Ihr hohes Fieber und die Übelkeit während Ihrer Schwangerschaft haben vielleicht auch etwas damit zu tun. Das ist eines der Dinge, die einen frustrieren können – man kann sich über die Gründe nicht sicher sein.»

«Ist es wie eine Krankheit?» fragte Mrs. Aylesworth. «Kann man sie heilen?»

Ich schüttelte den Kopf. «Nein, eine Lernbehinderung ist keine Krankheit. Es ist eine Art von Nervenstörung. Viele hervorragende, berühmte Leute hatten ähnliche Probleme – Winston Churchill, Charles Darwin, General George Patton und John Kennedy waren darunter. Man kann diese Störung nicht heilen, doch man kann lernen, sie auszugleichen. Und Ben kann lesen und schreiben lernen. Das garantiere ich. Ich glaube auch, daß Ben sich über viele seiner Gefühle klarwerden muß und deshalb für eine Zeitlang allein zu Dr. Golden gehen sollte. Sie beide sollten meiner Meinung nach auch weiter bei Dr. Golden in Behandlung bleiben. Es ist nicht einfach, ein Kind mit einer Lernbehinderung zu erziehen, vor allem, wenn so viele Gefühle dabei mitspielen.

Es tut Ben nicht gut, wenn er bemuttert wird, das ist wahr. Aber es ist auch wahr, daß es kein guter Einfall ist, ihn zu sehr unter Druck setzen zu wollen.»

Ich wandte mich wieder Mr. Aylesworth zu. «Dr. Golden wird bei all dem eine große Hilfe sein.

Als letztes möchte ich noch erwähnen, daß Ben im Augenblick sehr verletzlich ist und eine schwere Zeit durchmacht. Er braucht dringend ein gutes männliches Vorbild. Er muß anfangen, sich von seiner Mutter zu lösen, unabhängiger zu werden. Und Sie können eine so große Hilfe sein.» Ich nickte Mr. Aylesworth zu. «Sie können ihn mehr als jeder andere verstehen. Ihre Probleme klingen viel ernster als die von Ben, und doch sind Sie ungeheuer erfolgreich.»

«Wissen Sie, wieviel mich dieser Erfolg gekostet hat?» erwiderte Ralph Aylesworth. «Tag und Nacht schwitze ich vor Angst und zähle die Tage, bis ich aufhören kann zu arbeiten. Bis ich wegziehen, was anderes machen kann. Nun, wenigstens weiß Carol es jetzt. Vor ihr brauche ich nicht mehr Theater zu spielen.» Er ergriff die Hand seiner Frau, und sie standen zusammen auf. «In gewisser Weise sollte ich Ben für das alles dankbar sein.»

Ich lächelte ihm zu. Ich mochte diesen Mann, der so viele Schwierigkeiten, die meine Kinder durchmachten, am eigenen Leib erfahren hatte. «Versuchen Sie einfach, viel Zeit mit Ben zu verbringen», sagte ich. «Sie brauchen nicht das Gefühl zu haben, ihm irgend etwas beibringen zu müssen – hören Sie ihm einfach zu. Lassen Sie ihn spüren, daß Sie ihn achten, für das, was er ist und was er denkt. Tun Sie einfach das zusammen, was Ihnen Spaß macht.»

Es war nach acht Uhr, und wir waren alle müde und von der Anspannung und dem langen Sitzen verkrampft.

«Sie werden doch mit Ben arbeiten, nicht wahr? Sie glauben doch, daß Sie ihm helfen können?» fragte Mr. Aylesworth.

«Ich glaube, wir können ihm helfen», antwortete ich und betonte das «wir». «Ja, ich würde es gern versuchen. Ich würde mich auch gern mit seiner Lehrerin unterhalten. Wenn sie einverstanden ist, möchte ich mich jede Woche mit ihr besprechen, damit wir das, was zu tun ist, koordinieren können.»

«Warten Sie noch. Machen Sie nicht zu schnell», sagte Ralph Aylesworth. «Ich bin mir nicht sicher, wieviel die Schule erfahren soll.»

Wir standen jetzt bei der Eingangstür. Ich streckte die Hand aus. «Nun, wir können noch darüber sprechen und dann entscheiden. Bitte, rufen Sie mich an, wenn Sie Fragen haben, vor allem, wenn Sie etwas in meinem Bericht nicht verstehen, den ich Ihnen schicken werde. Und ich rufe Sie morgen an, Mrs. Aylesworth, um Bens Stunden mit Ihnen festzulegen. Ich möchte auch mit ihm die Testergebnisse durchgehen, ehe wir zu arbeiten beginnen.»

Zwei Jahre lang sah ich Ben zweimal in der Woche, und Phil Golden arbeitete mit Ben und seiner Familie. Bens Lesefähigkeit nahm bald zu. Seine visuelle Merkfähigkeit war so groß, daß er neue Wörter, die er zum erstenmal sah, verhältnismäßig rasch aufnahm, und er lernte Methoden, mit denen er schneller lesen konnte, ohne die Konzentration zu verlieren. Dadurch besserten sich seine Testwerte. Außerdem war er nicht mehr wie erstarrt vor Angst, weil er von seiner Dummheit überzeugt war. Wir arbeiteten an seiner Aussprache und setzten dabei besondere Techniken ein, die für Kinder mit Bens Art von Lernbehinderung entwickelt wurden. Und wenn man ihm die Dinge schrittweise darlegte, lernte er allmählich, unbekannte Wörter zu entschlüsseln. Seine Rechtschreibung besserte sich.

Das wichtigste von allem – er war nicht länger allein. Wir alle arbeiteten mit ihm, wobei wir ihm klarmachten, daß wir zwar die Arbeit nicht für ihn erledigten, er sie aber auch nicht allein bewältigen mußte.

Es war ein Unterschied. Der Unterschied war so groß, daß sein Spitzname «Butterbirne» in seinem Schulleben verblaßte und der wahre Ben auftauchte.

Am Anfang der achten Klasse kam Ben auf eine Privatschule, die in der individuellen Ausbildung intelligenter Halbwüchsiger mit Lernbehinderungen Erfahrungen hatte, und ich bin sicher, daß er auch aufs College gehen wird.

Und jetzt kommt Ralph Aylesworth jede Woche zu mir in die Praxis, fest entschlossen, daß auch er so gut lesen und schreiben lernen wird wie sein Sohn. Er erscheint frühmorgens, ehe er ins Büro fährt und wenn es am wenigsten auffällt. Er trägt seinen Maßanzug mit den feinen Streifen, ich trage meine Jeans.

Er sagt häufig ab – wenn er verreisen muß (natürlich in Begleitung von Helen) oder eine Besprechung hat. Seine Schwierigkeiten sind sehr viel größer als die Bens und sitzen entschieden tiefer, doch er ist dabei, lesen zu lernen. Sein letzter Test zeigt, daß er im Leiselesen den Stand der fünften Klasse erreicht hat. Er arbeitet hart, der Schweiß läuft ihm dann über das Gesicht, und er flucht und schwitzt weiter. Er ist streitsüchtig und gerissen, aber er ist auch intelligent und mutig, und ich bin auf Ralph Aylesworth ebenso stolz wie auf seinen Sohn.

Alice

«Ich hasse sie!» schluchzte Alice. «Ich hasse sie! Hasse sie! Hasse sie!»

Sie saß in meiner Praxis über unserer Garage auf der Couch, die Knie hochgezogen bis zum Kinn. Jetzt legte sie den Kopf auf die Knie, und ihr langes, gerades hellbraunes Haar fiel ihr über das Gesicht, so daß die Tränen aus einer unsichtbaren Quelle tropften. Auf ihrem langen grauen Flanellrock entstanden nasse dunkle Flecken.

«Oh, Alice», sagte ich, mich neben sie setzend. Ich reichte ihr eine Schachtel Papiertaschentücher. «Was ist los? Wen haßt du?»

Alice schluchzte weiter. «Alle beide. Meine blöde Mutter *und* meine blöde Lehrerin. Ich weiß nicht einmal genau, welche ich mehr hasse!»

Ich war über die Stärke von Alices Gefühl erstaunt. Bei ihrem ersten Besuch hatte sie die meiste Zeit wie versteinert dagesessen. Trotzdem freute ich mich, daß Alice da war. Meine Jungen mochte ich zwar sehr gern, doch es war etwas Besonderes, einmal ein Mädchen in der Praxis zu haben.

Ich hob Alices Füße an, legte sie in meinen Schoß (sie hatte schon an der Tür die Schuhe abgestreift) und wartete. Fragen zu stellen war überflüssig. Nach ihrem ersten Besuch waren die Worte aus Alice nur so hervorgestürzt – ein Sprachproblem hatte sie sicherlich nicht. Für eine Schülerin der fünften Klasse war sie mehr als redegewandt. Sie war ein richtiger Springbrunnen.

«Kein Mensch fragt mich jemals, was ich eigentlich möchte», sagte sie und wischte sich über das Gesicht. «Sie bestimmen mein Leben, als wäre ich gar nicht vorhanden. Nur weil dieser Arzt geraten hat, ich sollte anregende Tabletten nehmen, glaubt Mom, das Recht zu haben, es in mein Sandwich zu stecken, das ich in meiner Brotdose mitnehme. Ja, ich hasse das – ich weiß nie, bei welchem Bissen ich draufbeißen werde, und die andern Kinder starren mich an und warten drauf, daß ich mich an der Tablette verschlucke. Sie behauptet, ich würde vergessen, sie zu nehmen, wenn sie nicht im Sandwich wäre. Vielleicht. Aber es ist mein Leben, nicht ihres! Ist ja egal, ich werf mein Sandwich sowieso weg, ich bin nicht so hungrig, und das hat auch funktioniert, bis die blöde Mrs. Robinson fand, es ist ihre ‹Pflicht, es deiner Mutter zu erzählen›. Sie ließ Mom in die Schule kommen, und es gab riesige Aufregung, und nun soll ich der blöden Robinson meine leere Brotdose zeigen und schwören, daß ich das Sandwich zusammen mit der Tablette gegessen habe.

Nein, ich tue es nicht. Ich bin kein Baby mehr, ich bin nicht mehr im Kindergarten. Ist mir egal, was sie machen werden. Ich will sowieso nicht mehr in die blöde Schule gehen.»

«Ich weiß», sagte ich. Und ich wußte es wirklich. Dr. Volpe hatte mir eine Kopie von Alices umfangreicher Akte zugestellt, ehe er mir Alice selbst schickte, und ich hatte die ausführliche Familiengeschichte und die Berichte verschiedener Ärzte und Lehrer gelesen.

Die Martins waren im vergangenen Sommer aus Kansas zugezogen. Mr. Martin war befördert und ins New Yorker Stammhaus seiner Versicherungsgesellschaft versetzt worden.

Laut meinen Unterlagen waren sie begeistert, daß sie «eine weitere Sprosse auf der Leiter zum Erfolg» geschafft hatten, und freuten sich über ihr schönes Bilderbuchhaus in einer nahe gelegenen, wohlhabenden Gemeinde.

Allerdings wurde für alle sofort deutlich, daß Alices frühere Schule sie in keiner Weise auf die großen Wissensanforderungen dieser leistungsorientierten Stadt vorbereitet hatte. Sogar dort hatte Alice Schwierigkeiten gehabt, und der Schulpsychologe hatte sie schon getestet, als sie noch im Kindergarten gewesen war.

Die höchsten Werte erreichte sie in realitätsbezogenem Denken und in Abstraktionsfähigkeit, die niedrigsten Werte in Rechnen und visuell-motorischer Koordination. Der Gesamtintelligenzquotient beim Wechsler-Intelligenztest für das Vorschulalter betrug hundertdreizehn; der Intelligenzquotient des Verbalteils war hundertsechsundzwanzig, der des Verhaltensteils hundertdrei – eine Lücke von dreiundzwanzig Punkten. Der Bender-Gestalt-Test war für Alice laut Bericht «schwierig» gewesen, und ihre Zeichnungen verrieten «Anzeichen von Streß». Ihre Lehrer berichteten, daß Alices Gefühle «leicht verletzt» werden konnten und sie häufig «kurz vor einem Tränenausbruch» stand und «mehr als das übliche Maß an Ermunterung» für ihre Arbeit in der Schule brauchte. Aufgrund der Lehrerberichte und der Tests kam der Schulpsychologe zu dem Schluß, daß Alices Schwierigkeiten «mehr auf emotionalen als auf physischen Problemen» beruhten, und riet zu «einem entspannteren Verhalten der Eltern und weniger Druck».

Der Psychologe erklärte nirgends den Unterschied von dreiundzwanzig Punkten zwischen Alices Werten im Verbal- und Verhaltensteil des Wechsler-Tests.

Alice hatte auch in der ersten Klasse weiter Schwierigkeiten, und ihre Lehrerin notierte: «Sie hat eine unbeholfene linkshändige Schreibweise, kann schlecht mit einer Schere schneiden und verdreht Buchstaben.» Die Lehrerin schrieb jedoch auch, daß sie nicht sehr besorgt sei, da ihrer Meinung nach diese Schwierigkeiten nur daher kamen, daß Alice noch nicht «reif» sei. Folglich warteten ihre Eltern geduldig noch ein Jahr. Als auch dann keine Besserung festzustellen war, ließ man Alice von einem Neurologen untersuchen.

In seinem Bericht stellte der Neurologe fest, daß Alice, obwohl sie etwas älter war als die meisten Erstkläßler, mehr wie ein Kind aus dem Kindergarten aussah, mit «unbeholfener Haltung der Hände und Finger bei allen Arten der Fortbewegung und Zucken der Hände und Finger, wenn sie versucht, mit geschlossenen Augen eine bewegungslose Position einzunehmen». Der Neurologe bemerkte auch eine «deutliche gemischte laterale Dominanz, wobei jeweils fünfzig Prozent der gestellten Aufgaben entweder mit der rechten oder linken Hand ausgeführt, die traditionellen Schreibaufgaben aber mit der linken Hand erledigt wurden. Es besteht auch eine gemischte laterale Augen- und Fußdominanz.»

Der neurologische Befund schloß mit der Feststellung, daß Alice Anzeichen einer «uneinheitlichen, schwachen hirnorganischen Funktionsstörung» verrate, «charakterisiert durch Unausgeglichenheit der Entwicklung» und daß sie, «obwohl nicht hyperaktiv, Elemente eines mangelhaften Kontrollsystems verrate, in Form von fehlender Organisation, fehlender Selbstbeherrschung und niedriger Frustrationsschwelle». Weiter hieß es, daß die «Gefühlsprobleme Folge der Hirnschädigung» seien. Es wurde «intensive therapeutische Hilfe über den ganzen Sommer» empfohlen.

Verständlicherweise waren die Martins verwirrt. Der Befund des Neurologen schien im genauen Gegensatz zu dem des Psychologen zu stehen. Sie waren erleichtert, daß Alices Probleme einen physischen Grund hatten und nicht nur auf den Druck zurückzuführen waren, den sie auf sie ausgeübt hatten. Ihre Schwierigkeit war, daß sie nicht genau wußten, was für eine Art von «intensiver therapeutischer Hilfe» notwendig war, und statt sich mit dem Neurologen in Verbindung zu setzen und ihn um eine Erklärung zu bitten, folgten sie dem Rat eines Nachbarn und schrieben Alice in einem Trainingsprogramm für Wahrnehmung ein, das ein Fachmann für Sehweitenmessung zusammen mit Studenten im letzten Semester an der nahen Universität durchführte. Dieser Fachmann versicherte den Martins, daß Alices Hauptproblem eine «zu hohe Divergenz» sei und diese behoben werden könne «durch Training der Augen-Hand-Koordination, der Augenbewegungen, des visuellen Gedächtnisses und des Gleichgewichts».

Alice mochte diese wöchentlichen Sitzungen und die bunt zusammengewürfelte Schar von Studenten nicht und weigerte sich, zu Hause zusätzlich zu üben. Sie bekam Verdauungsbeschwerden, die an den Tagen zunahmen, an denen Wahrnehmungstraining auf dem Stundenplan stand. Nach mehr als einem Jahr ohne merkliche Besserung wurden diese Trainingsstunden schließlich aufgegeben, und Alice (und die Martins) kämpften sich allein durch die dritte und vierte Klasse. Obwohl Alice häufig und für immer längere Zeit fehlte, blieben ihre schulischen Leistungen erstaunlich gut, mit Ausnahme von Rechnen.

Jetzt, in der fünften Klasse in New Jersey, hatte Alice nicht nur Verdauungsstörungen, sondern ihr neuer Schulpsychologe glaubte, daß ein «krankhafter Widerstand gegen den Schulbesuch» vorhanden sei, und schickte sie zu Dr. Volpe, einem Psychiater. Dr. Volpe bestätigte diese «Schulangst» und stellte fest, daß die Symptome «am Montag vormittag oder nach den Schulferien besonders schlimm waren, begleitet von hysterischem Weinen und heftigen Protesten, wenn sie zum Schulbesuch gezwungen wurde». Alice hatte auch wachsende Schwierigkeiten, sich zu konzentrieren und nicht zu vergessen, was sie am Tag zuvor gelernt hatte.

Interessanterweise erzählten die Eltern Dr. Volpe eine Tatsache, die sie bis jetzt für sich behalten hatten. Alice war mit fünf Wochen adoptiert worden. Ein Jahr nach der Adoption wurde Billy, ein eigenes Kind, geboren, was für beide Elternteile «eine ziemliche Überraschung» war.

Alices Gesamtintelligenzwerte, die der Schulpsychologe gemessen hatte, waren zwischen Kindergarten und fünfter Klasse leicht gesunken, doch das Grundmuster blieb gleich – ihre Gesamtintelligenz lag im durchschnittlichen Bereich, mit hohen Werten in abstrahierendem Denken und Wortschatz und niedrigen bei Aufgaben der Raumerfassung und der Wahrnehmung und beim Kurzzeitgedächtnis. Dr. Volpe sprach auch von Alices «Unnachgiebigkeit, Vorsicht und Selbstvergessenheit» und davon, daß sie «jünger als ihr tatsächliches Alter» erscheine. Der Rorschach, ein von Psychiatern verwendeter projektiver Test mit Klecksfiguren, zeigte «gute Detailbeachtung, beträchtliche Zwanghaftigkeit, Verschlossenheit und Vorsichtigkeit». Dr. Volpe empfahl «Familientherapiesitzungen mit allen Mitgliedern der Familie», ein leicht anregendes Medikament und regelmäßige Kontrollen durch ihren Kinderarzt, der ihr helfen sollte, das Gleichgewicht zu bewahren. Außerdem sollte «fachmännische therapeutische Hilfe» in den Hauptfächern geleistet werden, in denen sie schwach war, besonders im Rechnen. Dr. Volpe nannte den Martins meinen Namen.

Ich war weit davon entfernt, ein Fachmann zu sein; ich hatte selbst meine Schwierigkeiten im Rechnen gehabt, doch ich war von Alice wie verzaubert. Sie erinnerte mich an ein Aquarell in einem alten, in schwarzes Leder gebundenen Buch mit Goldschnitt, das meine Großmutter besessen hatte. Ihr braunes Haar reichte fast bis zur Taille und wurde mit einem Kopfreif aus Schildpatt zurückgehalten. Sie war schlank, mit zarten Knochen und feinen Gesichtszügen. Bei ihrem ersten Besuch in meiner Praxis trug sie eine weiße Bluse und ein knöchellanges blaues Schürzenkleid, das auch wie aus einer anderen Zeit wirkte. Etwas Unbestimmbares umgab sie, fast eine physische Aura, als sei sie tatsächlich aus einer anderen Zeit und von einem anderen Stern gekommen. Es fiel einem schwer, sich die hysterischen Ausbrüche vorzustellen, die in ihrer Akte beschrieben wurden.

So anziehend Alice auch sein mochte, ich wußte, daß man in der Schule über sie spotten würde. Während der Schulstunden waren Jeans nicht erlaubt, aber alle anderen Arten von Hosen durften getragen werden – und in diesem Jahr je enger, desto besser. Es war nicht nur eine leistungsorientierte Welt, auch die Mode spielte eine Rolle, bereits ab der zweiten Klasse.

Die Fingernägel mußten lang und poliert, die Haare gesträhnt sein. In der fünften Klasse war die Kindheit eine Sache der Vergangenheit.

Alice war ein lebender Anachronismus und ein verängstigter außerdem. Ich war mir nicht sicher, wie ich ihr am besten helfen konnte, doch eines wußte ich – ich würde nicht mit einer Untersuchung beginnen. So wertvoll diagnostische Sitzungen auch sind, so war doch klar, daß man Alice genug getestet hatte. Der Bericht des Neurologen erschien mir vernünftig. Ich glaubte, daß Alice eine Art von Nervenstörung hatte, die sich in einer Dyskalkulie, einer Rechenschwäche, auswirkte, in einer Unfähigkeit, mit den üblichen Schulmethoden zu rechnen, begleitet von Kontrollverlust. In meiner Praxis sind Sprachprobleme weitaus häufiger als solche der Wahrnehmung, und aus welchen Gründen auch immer haben mehr Mädchen Schwierigkeiten mit Aufgaben der Raumerfassung und des Rechnens als Jungen. Der Hauptfehler der Martins schien mir zu sein, daß sie Alice in ein Wahrnehmungstraining gesteckt hatten, statt einen erfahrenen Fachmann für Lernbehinderungen aufzusuchen, der ihr gezielt helfen konnte.

Bei ihrem zweiten Besuch trug Alice ein dunkelrotes Schürzenkleid, eine genaue Kopie des blauen, das sie beim letztenmal angehabt hatte. Ich stellte die üblichen Fragen – Adresse, Telefonnummer, Name der Eltern und Geschwister, Haustiere.

«Ja», sagte Alice, «ich habe ein Tier.»

«Wie schön. Was für eins?»

«Es ist ein Hase, ein braun-weißer, intelligenter Hase. Sein Name ist Sigmund.»

«Sigmund», wiederholte ich. «Ein ungewöhnlicher Name.»

«Eigentlich nicht. Ich dachte, es wäre lustig, einen Hasenpsychiater im Haus wohnen zu haben.»

Ich hatte schon Hunderten von elfjährigen Kindern zugehört, doch Alice klang eher, als würde sie in die Abschlußklasse kommen und nicht in die fünfte gehen. Und doch hatte sie «Schulangst» und war schwach in Rechnen – und ohne jede Lebenserfahrung.

«Besitzt er den gleichen Scharfblick wie sein berühmter Vorgänger?» Ganz sicherlich würde ich nicht von oben herab mit Alice reden.

Sie blickte erstaunt auf und antwortete ruhig: «Sigmund teilt seine Erkenntnisse nicht oft mit mir, Mrs. MacCracken.»

«Er ist verschwiegen», sagte ich.

Alice nickte, und dann lächelte sie mich an. «Und außerdem ist er nur ein Hase.»

Und blip – wir hatten den Kontakt hergestellt. Ich brauchte nicht mehr länger vorsichtig zu sein.

«Dr. Volpe erzählte mir, daß du Probleme mit dem Rechnen hast, Alice. Deshalb schlug er vor, daß du zu mir kommst. Aber ich weiß nicht, um welche Art von Schwierigkeiten es sich handelt, und ich möchte im Augenblick auch keine Tests mit dir machen. Könntest du es mir genauer erklären?»

Alice zuckte die Achseln und musterte wieder ihre Hände. «Ich weiß es nicht», sagte sie, «alles kommt einfach falsch raus. Außerdem ist es mir egal. Ich hasse die Schule sowieso.»

Meine geistreiche Gesprächspartnerin von eben war in völlige Kindlichkeit zurückgefallen. Jetzt war leicht zu verstehen, warum der Psychologe und der Neurologe Alice als ein viel jüngeres Kind angesehen hatten.

«Ja, das habe ich gehört», sagte ich. «Haßt du alles an ihr, oder gibt es auch etwas, das du magst?»

«Ich hasse die ganze Schule. Na ja ... vielleicht nicht alles.» Alice blinzelte zu mir hoch. «Die Bibliothek ist wirklich sehr hübsch. Sie ist viel größer als in meiner alten Schule, und man darf drei Bücher auf einmal ausleihen.»

«Weißt du, wie meine Vorstellung vom Himmel aussieht?» sagte ich. «Ein riesiges Bett mit einem Haufen weicher Kissen und ein Becher Kaffee, und alle Arten von Büchern, die man sich überhaupt vorstellen kann, stapeln sich in Reichweite auf Boden, Nachttisch und Bett.»

«Und Sigmund könnte auf einem der Kissen schlafen», sagte Alice, während ich Papier und Bleistift bereitlegte. Dann begann ich, ihr die Grundbegriffe des Rechnens zu erklären.

Alice war sofort in Tränen aufgelöst und ließ eine Tirade gegen ihre Mutter und ihre Lehrerin los. Natürlich mußte für das Schlucken der Tabletten eine andere Lösung gefunden werden. Ich war mit Alice einer Meinung, daß sie sich nicht in aller Öffentlichkeit damit herumschlagen sollte. Als neue und dazu altmodisch angezogene Schülerin fiel sie schon genug auf.

Ich nahm Alices Füße von meinem Schoß, stand auf und lief in echter Frustration im Raum hin und her. Dr. Volpe hatte mir sehr deutlich zu verstehen gegeben, daß er mir Alice «zur Nachhilfe in Rechnen, nicht zur Therapie» schickte und er sich um jede notwendige Beratung selbst kümmern würde.

«Ich möchte nicht unhöflich erscheinen», hatte Dr. Volpe bei unserem ersten Gespräch gesagt, mit leicht rollendem r, «doch ich muß Sie erinnern, daß Sie als Fachkraft für Lernbehinderungen genau das sind – eine Spezialistin des Lernens, nicht der Therapie. Manchmal besteht die Neigung, dies zu vergessen.»

Ich hatte es nicht vergessen. Wie könnte ich? Aber was spielte es für eine Rolle, ob Alice rechnen konnte, wenn sie innerhalb und außerhalb der Schule todunglücklich war?

Ich setzte mich wieder. «Alice, es ist doch sinnlos, daß du so unglücklich bist und ständig gegen deine Mutter und deine Lehrerin ankämpfst. Was meint denn Dr. Volpe zu der ganzen Sache?»

Alice zuckte wieder mit den Achseln. «Ich habe ihn schon eine Zeitlang nicht mehr gesehen. Mom geht zu ihm, tagsüber, wenn Billy und ich in der Schule sind.»

Großartig! Die Familientherapie war offenbar schon zusammengeschrumpft. Nachdem Alice gegangen war, rief ich Dr. Volpe an, und er bestätigte, was sie gesagt hatte. Die Familientherapie war zu einer Individualtherapie für Mrs. Martin geworden.

«Der Vater ist buchstäblich unerreichbar, sowohl für die Familie wie auch für eine Therapie», erklärte Dr. Volpe. «Er ist die meiste Zeit physisch wie auch emotional weit weg. Alice bekommt sehr viel Unterstützung von Ihnen. Billy schafft es allein. Mrs. Martin ist diejenige, die sich verlassen und hilflos fühlt. Allein in einer neuen Stadt, ohne viel Rückhalt bei ihrem Mann, ständig kritisiert wegen ihren Erziehungsmethoden, besonders wenn es um Alice geht. Billy kann sich meistens anziehen, wie er will. Und natürlich muß er keine Mittel nehmen und hat nicht Alices Lernschwierigkeiten.

Aber Mrs. Martin ist gefühlsmäßig viel mehr mit Alice verbunden, was, wie Sie wissen, bei einer Mutter und einem so sensiblen Kind nicht selten ist. Von ihr aus ist es sogar fast so etwas wie eine Symbiose, und die Tatsache, daß Alice adoptiert ist und Mrs. Martin diejenige war, die die Adoption wollte, scheint ihre Schuldgefühle und ihre Schwierigkeiten zu verstärken. Sie ist selbst eine sehr spannungsvolle, ängstliche Person, und natürlich nährt ihre Angst die von Alice und umgekehrt. Jedenfalls behandle ich Mrs. Martin weiter, weil sie erreichbar ist, und ich glaube, ich kann der ganzen Familie am besten helfen, indem ich ihr helfe, mit ihren eigenen Bedürfnissen umgehen zu lernen.»

«Und was ist mit Alice?» Ich konnte nicht anders, ich mußte die

Frage stellen. «Jemand muß wegen Alice etwas unternehmen. Nun ist es an mir, mich zu entschuldigen, wenn ich unhöflich klinge, Dr. Volpe, aber der Schulpsychologe hat Alice zu Ihnen geschickt, damit Sie ihr helfen.»

Am anderen Ende der Leitung entstand ein kurzes Schweigen. Dann antwortete Dr. Volpe mit einer Stimme, die noch kühler klang als gewöhnlich: «In der Tat. In der Tat. Ein höchst wichtiger Punkt. Ich glaube, Sie sollten enger mit der Schule zusammenarbeiten. Ganz sicher ist dort der Ort, wo das Lernen stattfindet. Oder stattfinden sollte. Und wie ich schon früher ausgeführt habe, sind Sie die Spezialistin, was das Lernen betrifft, Mrs. MacCracken. Ich persönlich werde natürlich Alices Gefühlszustand von Zeit zu Zeit überprüfen und bin ja durch ihre Mutter immer mit ihr in Verbindung. Vielen Dank für Ihren Anruf.»

Ich legte den Hörer etwas lauter als nötig auf die Gabel zurück. Ich hatte mit Dutzenden von klinischen Psychologen und Psychiatern zusammengearbeitet und war immer wieder von ihrem Wissen und ihrem Einfühlungsvermögen beeindruckt, doch von Dr. Volpe war ich im Augenblick ganz gewiß nicht beeindruckt. «Durch ihre Mutter immer mit ihr in Verbindung...» Wirklich eine großartige Verbindung!

Am Morgen darauf war mein Blut etwas kühler und mein Verstand etwas klarer. Der nächste Schritt war offensichtlich ein Gespräch mit Mrs. Martin und dann mit Alices Lehrerin und dem Schulpsychologen.

Mrs. Martin saß auf demselben Platz der Couch, auf dem auch Alice gesessen hatte, doch ihre Füße standen nebeneinander auf dem Boden. Sie hielt ihren leicht fülligen Körper sehr gerade und trug das braune Haar zu einem festen Knoten gedreht im Nacken. Während sie sich vorbeugte, rötete sich ihr Gesicht, und sie sah in ihrem Eifer beinahe hübsch aus. «Dr. Volpe hilft uns – das heißt, mir – zu erkennen, wie wir mit Alices Bedürfnissen umgehen sollen. Aber sie ist so schwierig, sie wehrt sich gegen alles, was ich versuche, sogar, wenn es darum geht, ein wichtiges Medikament einzunehmen.»

Ich nickte. «Ich habe von dem Sandwich gehört.»

«Alice bedeutet mir so viel», fuhr Mrs. Martin fort. «Sie ist unsere Älteste, wissen Sie, und ein Mädchen, und, nun ja, es ist nicht allgemein bekannt, daß sie adoptiert ist. Mein Mann war dagegen, aber ich wollte so sehr ein Kind und konnte nicht schwanger werden. Schließlich war er einverstanden. Und er mochte sie auch, von Anfang an. Er konnte gar nichts dagegen tun – sie war so ein hübsches Baby! Aber dann, ehe Alice ein Jahr alt war, stellte ich fest, daß ich schwanger war – mit Billy –, und weil Alice nachts zwei- oder dreimal aufwachte und schrie, bekam keiner von uns viel Schlaf. Doch ich kann mich nicht beschweren, denn unsere beiden Familien wohnten in der Nähe. Wissen Sie, mein Mann und ich gingen in dieselbe Mittelschule, und unsere Familien waren seit Jahren befreundet. Deshalb hatte ich immer viel Gesellschaft und Hilfe, wenn was zu tun war.»

Die Worte strömten nur so aus Mrs. Martin heraus. «Außerdem war Billy gut zu haben. Nur Alice brauchte mehr Fürsorge. Und vermutlich fühlte ich mich für sie verantwortlich, weil ich es ja war, die auf ihrer Adoption bestanden hatte. Wahrscheinlich können Sie es jetzt nicht mehr erkennen, aber ich fand immer, daß wir uns sehr ähnlich sahen.»

Mrs. Martin beugte sich noch weiter vor, damit ich ihr Gesicht genauer betrachten konnte.

«Ja», sagte ich, «es besteht eine Ähnlichkeit – die gleichen hohen Backenknochen, die gleiche Haarfarbe. Allerdings sind Ihre Augen blau und die von Alice braun.»

«Ja», sagte Mrs. Martin, «und vermutlich ist die Ähnlichkeit jetzt auch schwieriger festzustellen, weil ich, seit wir hier sind, zugenommen habe.

Jetzt, wo das Haus eingerichtet ist und die Kinder den ganzen Tag in der Schule sind, gibt es nicht mehr soviel zu tun. Und ich muß gestehen, ich vermisse mein Zuhause. Obwohl ja hier mein Zuhause sein sollte. Trotzdem, ich fühle mich hier fremd. Wir standen uns alle so nahe, beide Familien . . . und hier im Osten ist es anders. Ich meine zum Beispiel, zu Hause gab es Nachbarn. Niemand wäre da eingezogen, ohne daß nicht jemand aus der

Nachbarschaft selbstgebackenes Brot oder irgend etwas anderes gebracht hätte.»

Ich betrachtete Mrs. Martins blankgeputzte dunkelblaue Schuhe und dachte an Alice. Natürlich konnte ich nicht Mrs. Martins Füße in meinem Schoß halten. Es war sogar schwer, sie sich barfuß vorzustellen. Aber wie konnte ich überhaupt Kontakt zu ihr herstellen? Sie war seit zwanzig Minuten in meiner Praxis, aber von Alice hatten wir noch nicht näher gesprochen. Irgendwie schwang in ihrer Einsamkeit eine Art von Verzweiflung mit, und ich begriff Dr. Volpes Standpunkt jetzt ein wenig besser. In einer fremden Stadt zu leben, ohne ihre früheren Freunde und ihre Familie, mußte für Mrs. Martin sehr schwer sein. Es würde mir sicherlich nicht viel nützen, wenn ich sie mit Kritik an Alices Kleidung und der im Sandwich versteckten Tablette überfiel.

«Wie gefällt Ihrem Mann die neue Arbeit?» fragte ich, um etwas Bewegung in das Gespräch zu bringen.

Mrs. Martins Gesicht wurde verschlossen. Sie wandte sich von mir ab und lehnte sich zurück. «Sie gefällt ihm gut», antwortete sie. «Zu gut, wenn Sie mich fragen ... Und was ist mit Alice?» wollte sie nun von sich aus wissen. «Ich weiß, Sie haben sie nur ein paarmal gesehen, doch glauben Sie, daß sie je rechnen lernen wird? Sie scheint es einfach nicht zu begreifen.»

«Ich bin überzeugt, sie schafft es. Wenn man es ihr auf eine Art begreiflich macht, die sie versteht. Doch im Augenblick ist sie so damit beschäftigt, sich in der neuen Schule zurechtzufinden, daß sie sich nicht so sehr ums Rechnen kümmern kann. Das Wichtigste von der Welt ist für Alice im Augenblick, nicht anders zu sein als die andern. Sie möchte nur so sein wie alle.»

Mrs. Martin beugte sich wieder vor. «Aber das ist es ja gerade – sie ist anders! Sie ist nicht so wie alle andern! Ich meine, ich weiß, sie ist zu sensibel und braucht ein Medikament, das sie beruhigt. Das brauche ich auch. Wenn ich sage, daß Alice anders ist, dann meine ich, daß sie etwas Besonderes ist. Sie sollten einmal sehen, was für Bücher sie liest, und die Gedichte, die sie schreibt, und wie sie redet! Sie hat sogar unseren Hasen nach Sigmund Freud benannt, damit jemand im Haus ist, der sie versteht. Haben Sie schon einmal von einer Elfjährigen gehört, die so etwas tut?»

«Nein. Und ich finde auch, daß Alice intelligent und sensibel ist. Doch genau wegen dieser Eigenschaften muß sie zumindest nach außen hin dazupassen, damit die anderen nicht über sie spotten.»

«Über sie spotten?»

«Die Schulkameradinnen finden ihre Kleidung seltsam und halten sie für krank, weil sie Tabletten schlucken muß», erklärte ich so vorsichtig, wie ich konnte.

Nicht vorsichtig genug. Mrs. Martin stand auf. «Es ist weder Alices noch meine Schuld, wenn diese Kinder Qualität nicht zu schätzen wissen. Alice ist Qualität, und ihre Kleider sind es auch – die feinsten Stoffe, die besten Schneider. Und was ihre Medizin betrifft, das geht die anderen Kinder überhaupt nichts an, nicht wahr?» Ihre Stimme klang rauh. Sie wandte sich der Tür zu.

Ich streckte die Hand aus, und erst als ich auf Wiedersehen sagte, konnte ich die Tränen sehen, die in Mrs. Martins blauen Augen standen. Ich legte meine freie Hand über die ihre. «Ein Umzug ist immer für alle schwierig», sagte ich. «Aber Alice ist intelligent, und Sie sind es auch, und wir schaffen das schon. Meinen Sie, wir könnten irgendwann einmal zusammen Mittag essen?»

Mrs. Martin tupfte die Tränen von den Wangen. «Das würde ich sehr gern», sagte sie. «Vielen Dank.»

Alice schlüpfte aus den Schuhen, setzte sich auf die Couch und zog die Beine unter. «Vielen Dank, daß Sie mit Mommy gesprochen haben. Es hat wirklich was genützt.»

«Ach, wirklich?» sagte ich in echter Überraschung. «Ich dachte, ich hätte die Sache vielleicht nur noch verschlimmert.»

«Nein. Mom hat mir tatsächlich erzählt, daß sie hiergewesen ist und sie irgendwann zusammen Mittag essen würden. Normalerweise sagt sie gar nichts zu mir, außer was ich zu tun habe und wie ich mein Leben leben soll. Jedenfalls war es richtig nett, nur so mit ihr zu reden. Sie wissen schon, was ich meine: sich nur einfach über irgend etwas unterhalten, nicht streiten. Das habe ich dann mit Sigmund besprochen. Sie erinnern sich an Sigmund?»

«Wie könnte ich ihn vergessen?»

«Na, jedenfalls bespreche ich die Dinge mit Sigmund. Er teilt sich mir jetzt auch mit und schlug vor, daß ich mir mein Sandwich selbst mache, die Tablette in eine Ecke lege und dort mit einer Gabel ein Zeichen mache. Auf diese Weise kann ich die Ecke abbeißen, bin auf die Tablette vorbereitet und schluck sie runter, und dann kann ich mich entspannen und das Sandwich genießen, und die andern Kinder merken nichts. Und es funktioniert. Mom gefällt es sogar, daß ich mir mein Sandwich selbst mache.»

«Das ist großartig, Alice», sagte ich und meinte es auch. «Es ist sogar so großartig, daß wir die restliche Zeit über Rechnen sprechen werden.»

Alice stöhnte.

«Es ist nicht so schlimm. Eigentlich ist es viel leichter, als es aussieht. Das Rechnen in der Grundschule – vom Kindergarten bis zur fünften Klasse – besteht eigentlich nur aus vier Dingen. Man nennt sie die vier Grundrechnungsarten, und ich glaube, daß du sie schon kennst, oder jedenfalls ihre Namen – Addition, Subtraktion, Multiplikation und Division. Addieren heißt einfach, die Dinge zusammenzählen, bei der Subtraktion werden sie getrennt, beim Multiplizieren tut man etwas in gleichen Gruppen zusammen, und dividieren bedeutet teilen.

Später, in der fünften Klasse, gibt es vielleicht auch ein wenig Bruchrechnen oder Stellen hinter dem Komma, aber das kann ich dir alles zeigen.»

«Es klingt nicht schwierig, so wie Sie es beschreiben», erklärte Alice, «aber wenn sie solche Aufgaben vor mich hinlegen, kann ich mich an nichts erinnern. Es sieht alles aus wie irgendwelches Zeug aus dem Weltraum.»

«Also gut, fangen wir mit der ersten Grundrechnungsart an – der Addition. Hier, nimm dieses Blatt und gib mir was zum Zusammenzählen.»

Alice zögerte und schrieb dann:

$$23$$
$$42$$
$$+ \quad 54$$

«Gut», sagte ich. «Das Und-Zeichen verrät mir, daß ich diese drei Zahlen zusammenzählen soll. Ich fange oben an und fahre mit dem Bleistift an den Ziffern entlang, denn wenn die Kolonne lang ist, kann ich an der Seite ein Zwischenergebnis hinschreiben. Ich zeige es dir: Drei und zwei sind fünf, die Zahl fünf schreibe ich hier an die Seite – und fünf und vier sind neun, diese Zahl schreibe ich jetzt an die Stelle der Einer. Weißt du Bescheid über die Stellen und ihren Wert?»

Alice schüttelte den Kopf.

«In Ordnung. Darüber sprechen wir nachher. Dann gehe ich hinauf zum Anfang der nächsten Kolonne. Was mich früher immer verwirrte, war, daß man beim Zusammenzählen von rechts nach links geht – im Gegensatz zum Lesen. Aber wie auch immer, zähl die Kolonne zusammen – zwei und vier sind sechs und fünf sind elf.»

«Aber angenommen, ich weiß das nicht», sagte Alice, «daß sechs und fünf elf ist oder was dreizehn weniger acht ist, oder sieben mal sechs. Angenommen, ich weiß das alles nicht?»

«Nun, das ist meine Aufgabe», antwortete ich, «dir zu zeigen, wie man so was lernen kann. Und du kannst es lernen. Aber jetzt schreib sechs (zwei und vier ist sechs), damit du es nicht vergißt, und dann überlege: Wieviel ist sechs und fünf?»

«Ich weiß es nicht.»

«Wieviel ist fünf und fünf?»

«Zehn. Oh, ich verstehe. Sechs ist eins mehr als fünf, also ist sechs und fünf elf.»

«Genau. Irgendwann wirst du es automatisch wissen, so wie du deine Telefonnummer kennst. Aber bis dahin zeige ich dir Methoden, wie man es rauskriegen kann.

Jetzt schreibe ich eine schwierigere Aufgabe hin, weil ich dir die Sache mit den Stellen erklären möchte.»

$$76$$
$$24$$
$$+\ 23$$

«Manches davon weißt du wahrscheinlich schon, doch zur Erinnerung noch einmal die Einteilung: Hunderter, Zehner, Einer. Der Trick dabei ist das Umtauschen. Wenn du zusammenzählst und zehn Einer herauskommen, kannst du sie in einen Zehner umtauschen. Entschuldige, das klingt ein wenig verwirrend. Laß es mich noch einmal versuchen. Wir zählen also folgende Zahlen zusammen:

$$^1 7\ 6$$
$$^2 4$$
$$+\ ^2 3$$
$$\boxed{1}\ \boxed{2}\ \boxed{3}$$

Ich habe die Kästchen daruntergezeichnet – ein Kasten für die Einer, ein Kasten für die Zehner und noch einer für die Hunderter. In jeden Kasten darf nur eine Zahl kommen. Also, sechs und vier ist zehn, und drei dazu, das macht dreizehn. Ich schreibe die drei in den Einer-Kasten, aber die eins kann nicht mit rein – immer nur eine Zahl in einem Kasten – deshalb notiere ich sie oben bei der Reihe der Zehner. Eins und sieben macht acht und zwei sind zehn und zwei mehr macht zwölf. Die zwei schreibe ich in den Kasten für die Zehner – nur eine Zahl in einem Kasten – und schreibe die eins oben hin, in der Reihe der Hunderter. In der Reihe steht sonst nichts, und da eins und nichts eins ist, schreibe ich die Ziffer in den Kasten für die Hunderter, und die Lösung ist einhundertdreiundzwanzig.»

Ich sah Alice an. Sie betrachtete immer noch die Rechenaufgabe. «Und wenn die letzte Zahl hundertdreiundzwanzig wäre, statt nur dreiundzwanzig, hätten Sie die beiden Einer zusammengezählt und die Antwort wäre zweihundertdreiundzwanzig?» fragte sie.

«Du hast es begriffen.»

«Na, das ist wirklich interessant. Natürlich rechnen wir in der Schule mit Tausendern.»

«Das bleibt sich gleich. Auch für die Millionen gilt dasselbe. Ich muß dir nur noch das mit den Kommas zeigen. Probieren wir jetzt mal deine Hausaufgaben.»

Alices Hausaufgabe bestand aus einer Seite mit «gemischten Übungen» – ein wenig von allem, was in der vierten Klasse durchgenommen wird. Die vier Grundrechnungsarten, die wir besprochen hatten, und dazu ein paar Wortübungen.

Während ich beobachtete, wie Alice die Übungen abschrieb, konnte ich feststellen, wie schwierig das Schreiben und das Aneinanderreihen von Zahlen für sie war. Sie konnte nur eine Zahl auf einmal behalten, deshalb mußte sie ständig zwischen Buch und Blatt hin und her blicken. Ihre Zahlen waren schief und undeutlich, ihre linke Hand, die sich um den Bleistift krampfte, verdeckte die Hälfte der Zahlen, die sie schrieb. Sie las eine Zahl als sechsunddreißig und schrieb dann zweiunddreißig, wobei die zwei eigentlich eine verdrehte sechs war. Ich würde mich darum kümmern müssen, daß wir ein zweites Lehrbuch für sie bekamen, so daß sie nicht soviel Zeit und Energie mit dem Abschreiben verschwendete.

Vor die erste Aufgabe schrieb Alice eine Eins, dann die Aufgabe selbst. Unseligerweise neigten sich ihre Zahlenreihen nach links, so daß sie die Eins in der letzten Kolonne mitrechnete und deshalb tausend zuviel herausbekam. Trotzdem freute sie sich, daß sie addieren konnte, und wir übergingen die meisten derartigen Aufgaben, weil sie sie zu Hause allein machen konnte.

Sie wußte, wie man abzog, solange man keine Zahlen von einer Kolonne in die andere verschieben mußte und ihre Finger zum Zählen reichten.

Das Malnehmen ergab für Alice wenig Sinn. Sie hatte nicht einmal eine Ahnung, daß multiplizieren und «mal» zusammengehörten.

Sie hatte noch nie vorher ein Teilungszeichen gesehen.

«Laß diese Aufgaben einfach weg», sagte ich. «Ich werde Mrs. Robinson berichten, daß du die Division noch nicht gehabt hast. Hör mal gut zu, Alice – ich habe eine Idee. Da gibt's einen Mann an der Schule, er heißt Renner, der erteilt Nachhilfeunterricht, genau wie ich, nur macht er es in der Schule. Vielleicht wäre es gut, wenn ihr beiden etwas zusammen arbeitet. Ich glaube, ich sollte mit deiner Lehrerin sprechen und feststellen, wie die Sache steht und ob wir nicht für dich ein wenig zusätzliche Hilfe organisieren können.»

Alice schüttelte den Kopf. «Ich bin mir nicht sicher, ob Sie das tun sollten. Ich glaube nicht, daß ich von der Robinson was Gutes zu erwarten habe. Außerdem bin ich diesem Mann – Mr. Renner – schon begegnet, er hat irgendeinen Test mit mir gemacht. Es sollte wohl Rechnen sein, aber so was hatte ich bis dahin noch nie gesehen.»

Ich kannte Mrs. Robinson, die Lehrerin der fünften Klasse, in die Alice ging, weil ich in anderen Jahren mit Schülern von ihr gearbeitet hatte. Sie war Mitte Vierzig und hatte zwei eigene Kinder. Ihr Mann war ebenfalls Lehrer. Sie benützte gutes Lehrmaterial, verstand etwas von dem Stoff, den sie lehrte, und war methodisch und gründlich. Aber jede Abweichung von ihren Arbeitsmethoden wurde als Rebellion angesehen, deshalb konnte ich verstehen, daß sie über Alice als Schülerin nicht begeistert war. Trotzdem – Alice brauchte dringend einen Freund und Helfer in der Schule. Ich beschloß, Mrs. Robinson anzurufen.

«Es ist mir unverständlich, wie man zugelassen hat, daß sie in die fünfte Klasse kam», schrie Mrs. Robinson fast ins Telefon, sobald ich Alices Namen erwähnte. «Es ist mir gleich, ob sie elf ist oder nicht – sie hat nicht einmal eine Ahnung von den Anfangsregeln des Rechnens. Ich habe die schwächste Klasse, wissen Sie, und schon einiges erlebt, doch so etwas wie Alice nicht. Der Schulpsychologe hat sie getestet und sagt, daß sie genügend intelligent ist, aber sie hat eine Schulphobie – was immer das sein mag –, daher schickte er sie zu einem Psychiater. Jedenfalls kann ich vom Psychologen keine Unterstützung erwarten. Er hat fünfmal soviel Fälle, als er eigentlich haben sollte, und wenn er mal einem Kind die seiner Meinung nach beste Hilfe vermittelt hat, kümmert er sich um den nächsten Fall, und ich kann es ihm nicht einmal zum Vorwurf machen. Deshalb schickte ich sie zu Jack Renner. Er sollte keine verrückten Tests mit ihr machen, ich wollte einfach wissen, welchen Wissensstand sie hat.

Er machte mit ihr den WRAT – Sie kennen ihn, den Wide Range Achievement Test. Würden Sie glauben, daß sie den falschen Abschnitt machte, Teil zwei? Den für die Zwölfjährigen und älter. Jack fiel es nicht auf. Er hatte ihr gezeigt, welche Seite sie machen sollte. Er sagte zu ihr, daß sie zehn Minuten Zeit habe und so viele Aufgaben wie möglich lösen sollte, und kehrte an seine Arbeit zurück.

Nun, nach zehn Minuten nahm Jack die Arbeit entgegen, und Alice hatte jede Aufgabe von Teil zwei gelöst – an die fünfzig Aufgaben! Durchschnittsrechnung, Dezimalstellen, Prozentrechnung, Brüche, Gleichungen, Quadratwurzeln und dazu gewöhnliche Additionen, Subtraktionen, Multiplikationen und Divisionen. Natürlich waren bis auf zwei alle falsch – ich will damit sagen, sie war von den Lösungen weit entfernt. Sie hatte nicht die geringste Ahnung, was sie da eigentlich machte, aber das störte Alice nicht. Sie schrieb einfach hin, was ihr gefiel.

Für ein Sechstel von dreißig schrieb sie zweiundzwanzig. Lauter solche Sachen. Nun, meiner Meinung nach sollte sie die Klasse wiederholen. Ich meine, es fehlt ihr nicht nur das Wissen – sie lügt auch. Sie tut, als beherrsche sie den Stoff. Und es ist ja nicht nur das Rechnen. Sie hat noch nie gebundene Schrift gehabt, oder wenigstens behauptet sie das. Sie kritzelt nur so winzigkleine Zeichen hin, die zur Hälfte nicht miteinander verbunden sind. Jack meint, daß es was mit ihrer Linkshändigkeit zu tun hat, doch meiner Meinung nach steckt viel mehr dahinter.

Und wissen Sie, sie hat auch ihre Mutter wegen der Tabletten angelogen, die sie nehmen soll, aber ich glaube, das ist jetzt geklärt. Ich weiß einfach nicht, was wir mit ihr machen sollen.»

Ich sagte nichts dazu. Ich wußte, wenn ich lange genug zuhörte, würde mir Mrs. Robinson schließlich anbieten, Alices Arbeiten und ein Exemplar der Lehrbücher, die sie in der Klasse benützten, herüberzuschicken. Sie war wirklich methodisch in ihrer Arbeit und großzügig, doch sie und Alice waren nicht füreinander gemacht, wie man so schön sagt.

«Ich schlug schon am ersten Tag vor, daß Alice Nachhilfe bekäme», schrie Mrs. Robinson durchs Telefon, in dem Versuch, sich durch den Lärm im Lehrerzimmer Gehör zu verschaffen, «aber Sie wissen ja, wie es ist – sie muß dies und das vorweisen, damit sie Nachhilfestunden bekommen kann, Formulare müssen ausgefüllt, Gutachten berücksichtigt werden. Außerdem ist es besser geworden. Sie ißt ihr Sandwich jetzt jeden Tag ordentlich auf. Ich verlange nicht einmal mehr von ihr, daß sie mir ihre Brotdose zeigt.»

«Das ist großartig. Was halten Sie davon, wenn ich Jack Renner einfach anrufe und frage, ob er Alice für eine halbe Stunde am Tag irgendwo in seinem Arbeitsplan unterbringen kann? Sie haben völlig recht: Alice braucht dringend Hilfe – lassen Sie uns doch einmal sehen, ob wir ihr diese Hilfe nicht verschaffen können. Die Antragsformulare werden eben hinterher ausgefüllt.»

«Nur zu», sagte Mrs. Robinson, «wenn Sie Ihren Hals riskieren wollen. Ihr Job steht ja nicht auf dem Spiel.»

«Genau. Versprechen Sie mir nur, daß Sie niemandem einen Wink geben.»

Ich hatte ein paarmal mit Jack Renner im Club Tennis gespielt, immer nur zufällig, wenn der eine oder andere eingesprungen war, weil ein Partner fehlte. Ich kannte ihn seit langer Zeit und hatte auf dem Tennisplatz und am Swimmingpool miterlebt, wie er heranwuchs. Er gab seit zwei oder drei Jahren Nachhilfeunterricht.

Ich erklärte Jack am Telefon die Lage.

«Klar, warum denn nicht? Sie scheint ein nettes Mädchen zu sein, obwohl ihr jemand diese seltsamen Kleider ausziehen sollte, bevor die anderen Kinder sie noch mehr verspotten. Ich sag Ihnen was, sie soll morgen um zwölf Uhr dreißig zu mir kommen. Ich glaube, weder Alice noch ich sind im Eßsaal ein Schlager. Die Damen können es kaum abwarten, daß ich aus dem Lehrerzimmer verschwinde, damit sie endlich über das reden können, was ihnen am Herzen liegt – was immer das ist –, und ich wette, den Mädchen geht es mit Alice ebenso. Außerdem, wenn irgend jemand behauptet, ich würde ‹meine Stellung mißbrauchen› – wie es mir mal bei einem Kind, das ohne offizielle Papiere zu mir kam, passiert ist –, kann ich wenigstens sagen, daß ich es in meiner freien Zeit mache.»

Ich freute mich, daß Jack eingewilligt hatte, mit Alice zu arbeiten. Es war nicht nur notwendig, daß sie aufholte und die rechnerischen Grundbegriffe lernte, sie brauchte auch jemand in der Schule, der auf ihrer Seite war, und ich hatte das Gefühl, daß Alice und Jack Freunde werden könnten.

Auch waren die Informationen von Jack für mich unbezahlbar. Nichts geht über Berichte vom Ort des Geschehens selbst, vor allem, wenn sie von jemand stammen, der zum selben Team gehört. Mit Alices Kleidung hatte er vollkommen recht. Die anderen Kinder würden über sie lachen; wahrscheinlich taten sie es schon längst.

Um vier Uhr am Nachmittag begann es zu schneien – große, dicke Flocken, die aneinanderklebten und bald den vorderen Rasen und die Einfahrt bedeckten. Am nächsten Morgen war der Schnee feiner, leichter. Der Wetterbericht kündigte heftige Schneestürme an. Es hatte über einen halben Meter geschneit, und noch mehr Schnee sollte fallen. Im ganzen Land schlossen die Schulen.

Ein plötzlicher freier Tag. Wir genossen ihn, Erwachsene wie Kinder. Die Kinder im Viertel bauten Schneemänner und Burgen und bevölkerten die Hügel mit ihren Schlitten. Ich las und schrieb Briefe, räumte ein paar Schubladen auf und half beim Freischaufeln der Einfahrt und der Gehwege. Dann stapften Cal und ich zwischen den Häusern unserer Freunde hin und her, um etwas Gutes zu essen, etwas zu trinken und uns zu unterhalten.

Doch der Ausnahmezustand endete so plötzlich, wie er begonnen hatte. Nach zwei Tagen kam die Sonne hervor, Straßen wurden geräumt, Schulen wieder geöffnet, die Wirklichkeit kehrte zurück – und das Telefon klingelte unerbittlich, alle wollten zusätzliche Termine, um die ausgefallenen Nachhilfestunden einzuholen. Schließlich entschied ich, daß Stunden zusammengelegt werden müßten. Ich versuchte, diese Zusammenlegungen so diplomatisch wie möglich zu machen, und hoffte, daß Tara Hirsch und Alice sich verstehen würden. Sie hatten gemeinsam, daß sie Mädchen waren, eine Minderheit in meinem Praxisvölkchen, und beide gingen in die fünfte Klasse.

Tara hatte kurzes, lockiges, schwarzes Haar und den straffen Körper einer Sportlerin. In Rechnen war sie ziemlich gut, hatte aber die üblichen Lese- und Sprachprobleme lernbehinderter Kinder. Als ich Tara kennenlernte, war sie in Lesen und Rechtschreibung zwei Jahre hinter der Klasse hergehinkt – und außerdem war sie ein mißmutiges Kind. Ihre Eltern erlaubten ihr nicht, Sport zu treiben, solange sie so schlechte Noten hatte, so daß ihre Frustration immer größer wurde. Sie durfte nicht die Dinge tun, in denen sie gut war, und bei den anderen wurde sie nur noch schlechter. Doch als ihre Eltern einmal erkannt hatten, wie sehr sie es brauchte, sich bei irgend etwas hervorzutun, gestatteten sie ihr, am Sporttraining nach der Schule teilzunehmen, und jetzt war sie der Star der Akrobatikgruppe und eines der beiden Mädchen im Baseballteam – und sie wurde von ihren Kameraden anerkannt.

Die beiden Mädchen trafen zur selben Zeit ein und kamen die Einfahrt herauf, ohne ein Wort miteinander zu wechseln. Offensichtlich hatte sich Tara nach der Schule umgezogen, sie trug Jeans, ihr Baseball-Shirt und eine blaue Jacke. Sie hopste in ihren Turnschuhen den Weg entlang, trotz der glatten Stellen. Alice trat vorsichtig auf. Sie trug enge braune Lederstiefel und einen knöchellangen, dunkelgrünen Wollmantel mit Samtkragen.

Ich machte die Mädchen miteinander bekannt, und wir gingen in meine Praxis. Alice hängte ihren Mantel säuberlich auf, Tara warf ihre Jacke über einen Türknauf. Dann standen beide schweigend da und starrten mich an.

«Also, wir haben die Wahl», sagte ich. «Ihr beide könnt getrennt arbeiten – der eine am Schreibtisch, der andere am Couchtisch. Alice rechnet, Tara liest, und ich teile meine Zeit zwischen euch auf. Oder wir können uns alle um den Schreibtisch setzen und arbeiten an derselben Sache – eine Zeitlang an diesem, mal an jenem, aber wir machen es gemeinsam. Was ist euch lieber? Allein oder zusammen?»

«Zusammen», antwortete die gesellige Tara.

«Ist dir das auch recht, Alice?» fragte ich.

«Ja», antwortete sie ruhig.

«Gut», sagte ich, «fangen wir an.»

Wir drückten uns alle um den großen Schreibtisch. Ich setzte mich in den Drehstuhl, den die Kinder gewöhnlich benützten, wenn sie am Schreibtisch arbeiteten, und die beiden Mädchen zogen sich andere Stühle heran.

«Beginnen wir mit Lesen», sagte ich. «Wir sind bei der ersten Reihe auf der letzten Seite der Wörter für die fünfte Klasse, Tara. Du fängst an und liest die ersten zehn. Wie immer schreiben wir die Wörter, die du nicht weißt, auf eine Karte.»

Tara las langsam, stolperte über «kontinuierlich» und «erstaunt», kam aber allein zurecht. Nur «Opportunität» schaffte sie nicht.

«Kannst du aushelfen, Alice?» fragte ich.

«Opportunität», sagte Alice, ohne zu zögern.

«Okay, Alice, jetzt bist du an der Reihe. Lies die nächsten zehn.»

Elegant und schnell trug Alice die Wörter vor.

Tara betrachtete Alice mit neuem Interesse. «Wo hast du das gelernt?»

Alice zuckte die Achseln. «Ich weiß es nicht. So was ist mir immer leichtgefallen.»

«Wieso kommst du her, wenn du so gut lesen kannst?» fragte Tara weiter.

«Ich hab Schwierigkeiten mit Rechnen. Jedenfalls hatte ich welche. Ich werde besser.»

«Ich auch. Ist das nicht eine Erleichterung?»

Jetzt war Alice die Interessierte. Ich mischte mich nicht ein. Nichts macht mehr Freude, als Kinder dabei zu beobachten, wie sie voneinander lernen.

Ich hatte die ganze Zeit über Chips ausgezahlt, und als wir die Rechenaufgaben durchgingen, gab ich weiter welche aus.

«Die Zeit ist fast vorbei, jetzt schreiben wir noch ein wenig», sagte ich dann. «Nehmt euch einen Block, egal, welchen», fügte ich hinzu und deutete auf einen Stoß verschieden großer gelber und weißer Blöcke in der einen Ecke des großen Schreibtischs. «Und gebt mir einen von den großen gelben, damit ich auch etwas schreiben kann. Gut. Danke. Jetzt berichtet ihr einfach von eurem Lieblingsort. Es kann drinnen oder draußen sein, vielleicht fahrt ihr in den Ferien hin, oder es ist euer eigenes Zimmer. Es kann überall sein. Schreibt einfach, was euch an ihm gefällt. Versucht zu schildern, wie er aussieht – versucht ihn so plastisch zu machen, daß ich ihn sehen kann. Also, los. Ihr habt fünf Minuten.»

Ich schrieb über unser Landhaus. Tara schrieb drei Sätze mit vielen Rechtschreibfehlern über den Baseballplatz und wie wohl sie sich dort fühlte. Alice schrieb eine dreiviertel Seite mit wackligen Druckbuchstaben voll über einen Platz unterm Dach, den sie sich selbst eingerichtet hatte, und wo sie lesen und nachdenken konnte. Jeder las das, was er geschrieben hatte, laut vor, und als wir fertig waren, lachten wir alle.

Während die Mädchen ihre Chips zusammenzählten, sagte Tara plötzlich zu Alice: «Darf ich dich was fragen?»

Alice erstarrte und sah Tara mißtrauisch an. «Was, zum Beispiel?» Das gute Gefühl in mir verschwand.

«Nun», sagte Tara, «zum Beispiel, warum du so seltsame Kleider trägst. Ich dachte wirklich, du seist irgendwie komisch. Aber das bist du gar nicht. Du bist richtig nett. Es sind bloß die Kleider.»

«Meine Mutter will, daß ich sie trage», antwortete Alice mit gesenktem Kopf und stapelte ihre Chips in immer neue Häufchen.

Ich hielt den Atem an.

«Aber das ist doch verrückt», sagte Tara. «Warum erklärst du ihr nicht, daß du neue brauchst, solche, wie die andern Kinder sie tragen?»

Alice schüttelte den Kopf. «Es interessiert sie nicht. Sie hört nicht mal zu.»

«Dann werd ich's ihr sagen», erklärte Tara mit erhobenem Kopf und funkelnden schwarzen Augen. Ich konnte förmlich sehen, wie sie auf dem Baseballplatz zum Schlag ausholte. Was Sport oder mitmenschliche Beziehungen betraf, konnte Tara nichts schrecken.

Alice und ich starrten sie beide entgeistert an.

«Ja, das werd ich! Sie hat kein Recht, dich so anzuziehen, daß du wie ein Idiot aussiehst!»

Doch als Alice zu ihrer nächsten Stunde erschien, trug sie wieder den langen grünen Mantel mit einem grauen Schürzenkleid darunter.

«Was ist passiert?» fragte ich und bemühte mich, meine Enttäuschung zu verbergen. «Hat Tara mit deiner Mutter geredet?»

Alice nickte.

«Nun, erzähl schon. Was ist passiert? Was hat deine Mutter gesagt?»

«Sie sagte zu Tara, sie solle ihren vorlauten Mund halten.»

Ich seufzte. «Ich weiß nicht, was wir noch tun sollen. Ich hab's versucht, du hast es versucht, Tara hat es versucht.» Ich seufzte noch einmal.

«Nun, ganz so schlimm ist es nicht», antwortete Alice und lächelte. «Vor allem ist Tara jetzt meine Freundin, in gewisser Weise jedenfalls. Mom erlaubt nicht, daß sie zu mir nach Hause kommt, doch wenn die andern Kinder in der Schule mich verspotten, hält Tara zu mir. Und manchmal essen wir mittags zusammen. Ich erzählte ihr von der Tablette, und sie verstand, wie schändlich das war.»

Schändlich? Alice lernte neue Wörter.

«Und manchmal machen wir die Hausaufgaben zusammen. Ich erkläre ihr zum Beispiel die Wörter, die sie nicht allein herausbringt, und sie hilft mir beim Bruchrechnen.»

«Das ist gut, Alice. Wirklich gut.»

«Warten Sie», sagte Alice. «Ich bin noch nicht fertig. Ich habe das Kleiderproblem mit Sigmund diskutiert.» Sie sah mich genau an, um festzustellen, ob ich ihr auch zuhörte. Ich nickte wortlos. «Und Sigmund meinte, daß vielleicht ein Kompromiß geschlossen werden könnte.»

«Sigmunds Scharfsinnigkeit steht außer Frage», sagte ich.

«Deshalb schlug ich Mom vor, ob man die Kleider und Mäntel nicht kürzen könnte. Ob man nicht aus den Schürzenkleidern ganz normale Kleider machen könnte. Sigmund sagte, daß Mom auf diese Weise weiter das Gefühl habe, Herrin der Lage zu sein.»

Am liebsten hätte ich Alice umarmt. Statt dessen nickte ich nur. «Sehr verständnisvoll.»

«Und es hat funktioniert», berichtete Alice weiter. «Außerdem, was ich anhabe, ist alles bei der Schneiderin zum Ändern.»

«Das ist großartig, Alice.»

«Und wissen Sie, was noch los ist? Rechnen ist gar nicht so schwierig.»

Ich blieb still, genoß es und beobachtete, was passierte.

Eine der Freuden bei der Arbeit mit lernbehinderten Kindern ist, daß sie soviel leichter lernen können, als sie selbst glauben.

«Wissen Sie» sagte Alice stolz, «daß es einhundert Additionsaufgaben und einhundert Subtraktionsaufgaben gibt und daß ich dreiviertel von beiden kann?»

Ich lächelte ihr zu. «Wie hast du das geschafft?» In letzter Zeit gab mir Alice immer wieder Grund zum Lächeln.

«Also, Mr. Renner hat es mir erklärt: Man muß die leichten zuerst lösen», erwiderte Alice. «Wie die Nullen, die Zweier, die Zehnersummen und die Sache mit der Neun. Das ist so was Sauberes, Ordentliches. Jedesmal, wenn man neun mit etwas zusammenzählt, ist die Ziffer bei den Einern eins weniger, und diese Eins stellt man dann davor. Ich brauch nicht einmal mehr darüber nachzudenken. Fragen Sie mich nur!»

«Neun plus sieben», sagte ich.

«Sechzehn», antwortete Alice sofort. «Sehen Sie. Es kommt automatisch. Oh», seufzte sie, «wie schön, wenn man sich auf was verlassen kann.»

Alice redete weiter, ohne Unterbrechung. «Die restlichen Aufgaben sind schwieriger, aber Mr. Renner sagte, daß wir immer nur ein paar auf einmal lernen werden. Wir notieren die Aufgaben auf Karten, dann nehme ich sie mit dem Recorder auf. Ich sage zum Beispiel sechs und acht ist . . . wieviel auch immer . . . und auf der einen Seite steht die Antwort. Mr. Renner meint, daß ich es so besser behalten werde, weil mein auditives Gedächtnis besser ist als mein visuelles. Ist das nicht interessant?»

«Sehr.» Offensichtlich gedieh Alice unter Jack Renners Anleitung prächtig, und er war allem Anschein nach ein hervorragender Lehrer. Oder vielleicht bedeutete es auch nur, daß er mit mir übereinstimmte: dort beginnen, wo das Kind im Augenblick steht, mit seinen Stärken arbeiten, die Intelligenz des Kindes respektieren, den Stoff in faßbare Einzelteile zerlegen und von da aus aufbauen.

«Und er sagt, das Malnehmen ist genauso leicht. Glauben Sie, daß es stimmt?»

«Ich weiß es sogar. Vielleicht noch leichter. Es gibt auch einhundert Multiplikationsfaktoren, und ich wette, daß du manche schon weißt, ohne daß du sie überhaupt gelernt hast.»

«Das bezweifle ich», sagte Alice.

«Du kennst doch die Nullen?» fragte ich. »Sie funktionieren anders als bei der Addition. Bei der Addition zählst du zusammen. Drei und Null bedeuten drei und nichts dazu, also lautet die Antwort wieder drei.»

«Ja, das begreif ich», sagte Alice.

«Bei der Multiplikation arbeitet man mit Gruppen. Die erste Zahl verrät dir einfach, wie viele Gruppen es sind. Dreimal null bedeutet drei Gruppen von nichts.» Ich ging hinüber zum Preiskorb und nahm eine Plastiktüte mit zuckerfreien Lutschern heraus. «Gut, lang hinein und nimm nichts heraus. Wieviel hast du dann?»

Alice kicherte. «Nichts, natürlich.»

«Richtig. Lang hinein und nimm nichts heraus. Das ist schon das zweitemal. Noch einmal, das ist das drittemal. Wieviel hast du jetzt?»

Alice zog nur ein Gesicht.

«Angenommen, du langst achtmal hinein?»

«Immer nichts.»

«Das ist richtig. Also halten wir fest, daß bei der Multiplikation die Antwort auf alles, was eine Null hat, Null ist.» Ich schrieb

$9 \times 0 =$ auf einen Block und schob ihn Alice hin. Sie schrieb sofort eine Null als Lösung hin.

«Die Einer sind genauso leicht. Was, glaubst du, ist dreimal eins?»

Alice ergriff die Tüte mit den Lutschern. «Ich lange dreimal hinein und nehme jedesmal einen heraus. Das letztemal nahm ich nichts heraus, jetzt nehme ich einen heraus.»

Uff! Ich hielt mich an meinem Stuhl fest. Ich weiß, es wirkt ein wenig verrückt, wenn man über dreimal eins in Entzücken gerät, doch genau das tat ich.

«Drei!» verkündete Alice. «Dreimal eins muß drei sein. Und viermal eins muß vier sein. Oh, ich begreife. Wenn eine eins da ist, ist die Lösung immer die andere Zahl. Zum Beispiel hundertzwölfmal eins ist hundertzwölf.»

«Das stimmt. Und die Zweier kennst du auch schon.»

Alice wollte wieder nach der Lutschertüte greifen.

«Wenn du willst, kannst du sie verwenden», sagte ich, «aber denk mal an die Zweier bei der Addition. Beim Malnehmen ist es genau dasselbe. Zweimal drei bedeutet, daß zwei Dreier vorhanden sind. Und wieviel sind zwei Dreier? Drei und drei?»

«Sechs. Die Zweier kenne ich alle. Vier und vier ist zum Beispiel die Spinne – vier Beine an jeder Seite. Zusammen acht. Punkt, aus.»

«Ja, Punkt, aus. Aber wenn zwei Vierer acht sind, wieviel ist zweimal vier?»

«Zweimal vier ist auch acht», erwiderte Alice, ohne zu zögern.»

«Okay. Jetzt kommt die Preisfrage, die letzte für heute.» Ich schrieb $2 \times 8 =$ auf den Block, und Alice trug, ohne eine Sekunde zu überlegen, die Lösung ein – 16.

«Zahl dir zweihundert, Alice. Und einen Bonus von hundert für Konzentration. Das war großartig. Mr. Renner wird dir zeigen, daß es mit den Fünfern dasselbe ist. Bei den Neunern gibt's ein paar Tricks; und dann, ob du's glaubst oder nicht, brauchst du nur noch fünfzehn weitere Multiplikationsfaktoren zu lernen, und du kannst alle Aufgaben lösen. Du schreibst sie auf Karteikarten und klebst sie zum Beispiel an die Kühlschranktür. Erst wenn du die Lösung weißt, darfst du den Kühlschrank aufmachen.»

Meine wöchentlichen Anrufe bei Mrs. Robinson, Jack Renner und Alices Mutter waren alle positiv. Im vergangenen Monat hatte Alice bei Rechenübungen in der Klasse lauter Genügend geschrieben, und Jack berichtete mit Vergnügen von ihren wachsenden Rechenkenntnissen. Mrs. Martin erzählte, sie habe beschlossen, hinter dem Haus einen Garten anzulegen, und als Schönstes sei dann passiert, daß Alice von allein gefragt habe, ob sie helfen könne. Und ehe sie es noch richtig merkte, war auch Tara erschienen und arbeitete mit – und sie mußte zugeben, daß Tara wirklich ein lebhaftes kleines Ding war und richtig schuften konnte.

Jetzt blieb Alice genau unter der Tür stehen und reichte mir, ehe sie die Schuhe abstreifte, ein zusammengefaltetes Blatt Papier. Sie trug einen gelben Rollkragenpullover, und ihr grauer Rock endete bei den Knien. Zwischen Rock und Kniestrümpfen waren ein paar Zentimeter nackte Haut zu sehen. Zwar nicht gerade hochelegant, aber auch nicht seltsam.

«Es ist ein Gedicht», erklärte sie. «Es ist nicht sehr gut, doch . . . ich wollte Ihnen so gern was geben, und Sie wissen, wie unglaublich schlecht meine Zeichnungen sind. Nur – lesen Sie's bitte nicht gleich.»

«Einverstanden», stimmte ich zu. «Und vielen Dank.»

Ich steckte das zusammengefaltete Blatt in die Gesäßtasche meiner Jeans und klopfte darauf. «Ich hebe es mir für heute abend auf, wenn ich fertig bin», sagte ich und hatte Mühe, einen bewegten Unterton in meiner Stimme zu unterdrücken. Geschenke von den Kindern rühren mich immer, vor allem wenn sie sie selbst gemacht haben. Es ist, als würden sie mir ein Stück von sich selbst geben, als sagten sie: «Hier, ich vertraue Ihnen ein Stück von mir an», oder «Ich habe jetzt von mir so viel, daß ich davon abgeben kann».

Doch Alices Gedanken richteten sich auf praktischere Dinge. Sie saß bereits am Schreibtisch, das Buch offen vor sich.

«Ist es Ihnen recht, wenn ich das Licht anmache?» fragte sie.

Ich nickte. Wie hübsch sie doch aussieht, dachte ich, als das Licht in ihrem glänzenden Haar spielte.

«Wissen Sie», sagte Alice, «wir sind jetzt beim Dividieren, und ich dachte wieder daran, was Sie über die vier Grundrechnungsarten sagten. Daß Division Teilung bedeutet, und das verstand ich – vier Kekse, zwei Menschen, jeder kriegt zwei, wenn sie sie sich teilen, nicht wahr?»

«Ganz genau.»

«Ich bekomme jetzt schon schwierigere Aufgaben, weil ich die Multiplikationsfaktoren nun kenne. Achtundzwanzig Pennies, vier Menschen, jeder kriegt sieben Pennies, viermal sieben ist achtundzwanzig, achtundzwanzig durch vier ist sieben, und achtundzwanzig durch sieben ist vier.»

«Gut, Alice –»

«Ja», unterbrach mich Alice, «aber was ich nicht begreife, ist eine größere Teilung. Da gibt es so viele Schritte zu überlegen, oder wie man das nennt, ich weiß nie, wann ich was machen muß.»

«Das ist nicht schwierig», erwiderte ich und nahm eine Karteikarte aus der Schublade. «Kleb dir diese Karte hinten in dein Rechenbuch, bis du es auswendig kannst. Stell dir einfach eine Familie vor:

Da ist der große alte Daddy – D für (:) Division.
Daneben die Mutter – M (×) Multiplikation.
Dann kommt die Schwester – S für (–) Subtraktion.
Und dann der Bruder – B für bring runter.

Und wenn du das alles gemacht hast, fängst du einfach wieder von vorn an. Hier, versuch es mal.»

Ich schrieb 2164 : 5 auf ein Stück Papier.

«Zuerst kommt D, also dividiere ich», sagte Alice, sich angestrengt konzentrierend. «Fünf geht nicht in zwei, weil es größer ist, stimmt's? Also nehme ich einundzwanzig. Einundzwanzig durch fünf ist vier, und das schreibe ich hier hin ... so: 2164 : 5 = 4. Richtig?»

«Richtig.»

Alice warf einen Blick auf die Karteikarte. «Mutter. Multiplizieren. Mal sehen. Am besten multipliziere ich die vier mit fünf und schreib die zwanzig hierher, unter die einundzwanzig, so: 2164 : 5 = 4. Jetzt abziehen, und eine Zahl runterbringen. Hm. 20 Und nun?»

«Die gleiche alte Geschichte. Kehr zum Anfang der Karte zurück und beginn von vorn. Daddy, Mom, Schwester, Bruder. Eigentlich ist es genau wie bei deiner eigenen Familie.»

Alice hob den Kopf und sah mich an. «Ja», meinte sie, «bloß daß wir Daddy kaum noch sehen. Glauben Sie, daß er auf mich böse ist? Ich meine, wegen der Schule und so.»

«Das bezweifle ich. Vor allem, da du dich immer besser machst. Ist dir eigentlich klar, wieviel du in kaum mehr als einem halben Jahr erreicht hast? Du hast das Problem mit den Tabletten gelöst, das Problem mit den Kleidern, du bekommst in der Schule gute Noten...»

«Na, eigentlich sind es keine ‹guten› Noten, und neue Sachen habe ich auch nicht gekriegt.»

«Aber die Noten sind besser. Du hast eine Freundin gefunden, du siehst großartig aus...»

«Und ich habe auch nicht mehr diese Wutausbrüche vor der Schule, die können also nicht mehr der Grund sein, warum Daddy manchmal abends nicht nach Hause kommt.»

«Das ist richtig», sagte ich. «Aus welchen Gründen er auch fortbleibt, du bist jedenfalls nicht schuld. Wahrscheinlich ist es seine neue Arbeit. Vielleicht solltest du ihn einfach fragen.»

«Vielleicht. Oder vielleicht...» Alice neigte den Kopf, so daß ihr süßes, ernstes Gesicht dicht an meinem war. «... vielleicht könnten Sie ihn fragen.»

Ich vergaß Alices Gedicht nicht. Ich dachte den ganzen Nachmittag über immer wieder daran, während ich mit anderen Kindern arbeitete, doch ich wartete, bis ich allein war, ehe ich es aus der Hosentasche nahm.

Sie hatte die Verse in die Mitte des Blattes geschrieben, und die

Schrift war die ordentlichste und sauberste, die ich bei Alice je erlebt hatte. Die Worte umgab eine Girlande aus kleinen Herzen und Blumen.

FRÜHLING

Den ganzen Winter – war der Boden gefroren,
Und der Bach bedeckt mit Eis,
Hart und weiß und still,
Als wäre die Welt tot.

Aber gestern kam der Frühling,
Die Erde im Garten ist warm,
Samen sprießen,
Knospen springen auf.

Der Winter ist fort – der Fühling ist da.
Und alles wächst.

Ich liebe Sie, Alice

Ich saß da und las Alices Gedicht wieder und wieder, strich es mit den Fingern glatt und dachte über sie nach und wie sie selbst gewachsen war, und ich dachte auch über ihren Vater und ihre Mutter nach. Alice – sensibel, nervös, intelligent, tapfer, hübsch, immer noch unmodern und so verwundbar. Und ihre Mutter. Ich überlegte, ob Mrs. Martin schon Freunde gefunden hatte und machte mir in Gedanken die Notiz, daß ich meinen Vorschlag, gemeinsam zu Mittag zu essen, nicht vergessen durfte.

In den vergangenen Monaten hatte Alice nie von ihrem Vater gesprochen. Jetzt machte sie dies wett.

«Wissen Sie, was er sagt? Er sagt, er wird sich immer um uns kümmern.» Alice zog die Schuhe aus und warf sie auf den Boden. «Na, um mich braucht er sich nicht zu kümmern. Ich kann mich um mich selbst kümmern.»

Ich wartete, denn ich kannte Alice. Das war erst der Anfang.

«Verstehen Sie», redete sie weiter, «sie wissen es nicht, aber ich kann jedes Wort hören, das sie abends sagen. Sonnabend abend gab es unten einen großen Streit, und ich konnte sie nicht sehr gut verstehen, doch als sie raufkamen, sagte Mom zu Daddy, er solle sie nicht anrühren. Sie wolle ihn nicht mehr im Haus haben. Und er sagte zu ihr, sie solle es nicht so eilig haben, sie müßten an die Kinder denken, und sie sagte, was für ein passender Moment das jetzt sei, von den Kindern zu reden. Jedenfalls schläft er – oder liegt er – seit drei Nächten auf dieser Chaiselongue, auf der Mom nachmittags immer liest. Sie steht weit weg vom Bett, und so müssen sie laut reden. Sie glauben, wir schlafen, aber ich kann alles verstehen.»

Ich schüttelte den Kopf. «Bist du sicher, daß du das wirklich möchtest? Wenn jemand ärgerlich ist, sagt er Dinge, die er eigentlich nicht so meint.»

«Ja, ich möchte es. Ich möchte jede Kleinigkeit hören. Ich bin auch wütend. Wissen Sie, warum er nicht nach Hause gekommen ist? Weil er eine Freundin hat. Er sagt, er liebt sie und möchte sie heiraten – und dann sagte er, niemand hätte schuld und er würde sich immer um uns kümmern.»

Alices Ärger verschwand so schnell, wie er gekommen war. Jetzt stiegen ihr die Tränen in die Augen. «Was sollen wir jetzt tun? Sie wissen, wie Mommy ist. Sie hat von nichts eine Ahnung, ich meine, sie kann nichts anderes, als sich um das Haus kümmern.»

Ich saß neben Alice, streichelte ihr Haar und dachte, wie im Leben mancher Kinder eine Krise nach der anderen kam. Gerade wenn die Dinge glattzulaufen schienen – bums, passierte etwas noch Schlimmeres.

«Ich bin überzeugt, er meint es ernst», sagte ich. «Daß er sich wirklich um euch kümmern und dafür sorgen wird, daß die Rechnungen bezahlt werden, doch deshalb haben du und Billy nicht weniger Angst. Wie geht es Billy?»

«Gut. Billy geht es immer gut. Deshalb ist er auch so beliebt – er hat die besten Noten in der Klasse. Das ist sowieso alles, was sie interessiert – wie viele Einser man kriegt. Wahrscheinlich lassen sie sich deshalb scheiden, weil ich keine guten Noten kriege.»

«Komm, komm, Alice», sagte ich. «Du weißt, daß das nicht wahr ist. Eben hast du mir erzählt, daß dein Vater jemand anderen liebt.»

«Ja, aber wenn ich in der Schule gut gewesen wäre, hätte er sich vielleicht nicht in eine andere verliebt. Vielleicht hätten wir ihm dann genügt.»

Ich stand auf und hockte mich vor die Couch hin, so daß unsere Augen auf genau gleicher Höhe waren.

«Das darfst du niemals glauben, Alice! Versprich es mir! Wenn sich deine Eltern scheiden lassen, dann nicht wegen irgend etwas, das du getan oder nicht getan hast. Es ist eine Sache allein zwischen ihnen beiden und nicht deine Schuld. Verstanden?»

Alice wandte ihren Blick nicht von mir. «Verstehen Sie, es geht ja nicht nur darum, daß ich Probleme mit meinem Verstand habe, es ist auch so, daß ich eigentlich nicht richtig zu ihnen gehöre. Ich gehöre zu niemandem. Gestern nacht sagte Mommy zu Daddy, daß sie mich vielleicht nie hätte adoptieren sollen. Daß sie Billy nicht hätte kriegen sollen – dann wäre sie jetzt die einzige, die leiden müßte.»

«Oh, Alice, Alice!» Ich nahm sie in meine Arme. Es war schon schlimm genug zu hören, wie sich die Eltern über eine Scheidung stritten, doch gleichzeitig auch noch zu entdecken, daß man adoptiert worden war; war einfach zu viel. «Haben sie es dir nie früher gesagt?»

Alice wackelte nur mit dem Kopf an meiner Schulter.

«Nun, das hätten sie tun müssen. Sie haben es anderen Leuten erzählt, und es steht in deinen Akten. Sie wollten dich unbedingt haben – vor allem deine Mutter –, und sie waren so glücklich, als sie dich fanden.»

Alice blinzelte zu mir hoch. «Woher wissen Sie das?»

«Deine Mutter hat es mir selbst erzählt. Sie hat mir auch erzählt, daß du ein sehr hübsches Baby warst.»

Alice richtete sich auf. «Ein hübsches Baby», wiederholte sie. «Mit Löchern im Kopf.»

«Alice. Das nützt doch nichts.»

Alice zuckte die Achseln. «Also, was sollen wir tun?»

Ich schüttelte den Kopf. «Ich weiß es nicht. Wir werden einfach darüber nachdenken müssen.»

Zu Alices nächster Stunde erschienen alle drei – Alice, Billy und Tara. Ich starrte das Trio überrascht an. «Was wollt denn ihr hier?»

«Dürfen wir reinkommen?» fragte Billy, offensichtlich der Anführer.

«Natürlich, aber verratet mir, was das alles bedeuten soll.»

Sie setzten sich in einer Reihe auf die Couch, Billy in der Mitte.

«Also, wir haben da eine Idee», sagte er, «und wir haben beschlossen, herzukommen und sie mit Ihnen zu besprechen.»

Eines mußte ich zugeben: Alice schien wegen Billy recht zu haben. Er wirkte sehr selbstsicher, vor allem für einen Neunjährigen.

Ich nickte. «Weiter.»

«Na ja, verstehen Sie, wir haben zu Hause ein großes Durcheinander. Alice sagt, sie habe es Ihnen erzählt.»

Ich nickte wieder, unfähig, meinen Blick von diesem wortgewandten Kind mit den intelligenten Augen zu nehmen. Sogar Tara schien ihn als Anführer anzuerkennen.

«Nun, zuerst dachten wir daran, diese Freundin von Dad auszukundschaften und sie loszuwerden – zum Beispiel, sie zu vergiften oder ihr Angst einzujagen. Doch das hätte mit einem Haufen Schwierigkeiten enden können. Da beschlossen wir, daß sie ziemlich jung sein müßte, und wir dachten, wir könnten ihr erzählen, wie alt Dad ist, und Tara dachte, daß sie vielleicht nicht mehr so scharf drauf wäre, mit Dad zusammenzusein, wenn sie uns sähe und denken müßte, daß sie sich um uns kümmern sollte.»

«Sigmund hielt das nicht für eine gute Idee», erklärte Alice. «Vor allem, weil ich diese Person nie im Leben sehen möchte. Dann dachten wir, oder ich dachte, daß wir vielleicht mit Dads

Chef reden könnten oder mit irgend jemand und er wieder nach Kansas versetzt würde. Dort hat er sich nie so benommen.»

«Aber ich sagte ihnen, daß das nicht funktionieren würde», meinte Tara. «Es würde ihn nur wütend machen, weil er dann beides verliert – Job und Freundin.»

«Vermutlich hast du recht», sagte ich.

«Also beschlossen wir, lieber was mit Mom zu machen», sagte Billy, wieder die Führerrolle übernehmend. «Sie ist am schlimmsten dran. Ich meine, am Anfang war es auch für Alice schlimm, aber sie hat wenigstens uns», sagte er, und Tara nickte. «Und adoptiert zu sein, ist keine große Sache, wenn man nicht allein ist. Aber Mom hat niemanden», fuhr Billy fort. «Ich meine, niemand Gleichaltrigen. Außer diesen blöden Dr. Volpe, und sie fühlt sich sogar noch schlechter, wenn sie von einem Besuch bei ihm nach Hause kommt. Weil sie mit ihm nur über ihre Probleme redet.»

«Erzähl von dem Plan, Billy», flüsterte Alice. «In ein paar Minuten kommt schon der nächste.»

«Ja, ja. Wir haben also beschlossen, daß Mom einen Job braucht – aber das Problem dabei ist, daß sie nie gearbeitet hat. Wir mußten uns nun überlegen, was sie gut kann, und Alice dachte an die Blumen und ihren Garten.»

«Wir haben hinter dem Haus einen Garten», sagte Alice.

Ich nickte. «Deine Mutter hat mir von ihm erzählt und daß du ihr hilfst.»

«Ja. Er ist wirklich hübsch. Mir macht es Spaß, und Moms Blumen sind schön, und dann stellt sie sie überall im Haus in Vasen auf, und das sieht herrlich aus.»

«Du bist eigentlich diejenige, die sich beeilen sollte, Alice», sagte Billy.

«Ich weiß. Also beschlossen wir, daß sie eine gute Floristin wäre – ich meine, daß sie gut in einem Blumenladen arbeiten könnte. Und Tara anerbot sich, in den Blumenladen in unserer Nähe zu gehen; sie kennt den Besitzer ein wenig. Ich gab ihr eine von Moms Vasen voll Blumen mit, und sie zeigte sie ihm, und er würde gern mit Mom sprechen.»

Alice sah mich scharf an. «Sigmund hält es für eine gute Idee, aber wir wissen nicht, was wir zu Mom sagen sollen. Deshalb beschlossen wir, herzukommen und Sie zu fragen.»

«Hm», war alles, was ich herausbrachte. Ich war überwältigt von der Unternehmungslust dieser drei Kinder. Wenigstens das konnte ich ihnen sagen.

«Ihr habt da ein beeindruckendes Stück Gedankenarbeit geleistet – alle möglichen Überlegungen angestellt, den andern nicht kritisiert, ihn vielmehr unterstützt, und ich glaube, es ist euch etwas wirklich Gutes eingefallen.»

«Ja, vielen Dank», sagte Billy. «Aber was ist mit Mom? Ich meine, was sagen wir nun zu ihr? Sie hat schließlich noch nie versucht, einen Job zu bekommen.»

«Wie wär's, wenn ihr ihr die Wahrheit erzählt, genau wie mir? Es beweist auf jeden Fall, wie sehr ihr sie liebt und wieviel ihr an sie gedacht habt, und darüber wird sie sich freuen. Und da Tara den Besitzer des Blumenladens kennt, kann sie vielleicht eure Mutter begleiten und noch ein Blumenarrangement hinbringen.»

«Klar, das kann ich machen. Du brauchst nur die Blumen zu besorgen, Alice.»

«Einverstanden. Das ist leicht, vor allem weil Mom Bescheid weiß. Aber was ist mit Daddy?» wollte Alice wissen. «Ich finde, jemand sollte mit ihm reden und feststellen, wie ernst es ihm mit allem ist.»

Drei Paar Augen starrten mich an, ohne mit der Wimper zu zucken.

«Wie wär's mit Dr. Volpe?» fragte ich.

«Daddy haßt Dr. Volpe», erklärten Alice und Billy im Chor.

«Hört mal», sagte ich, «ich bin keine Eheberaterin. Seid doch fair. Ich bin eine Nachhilfelehrerin.»

«Na, das ist doch prima», antwortete Billy, ohne einen Augenblick zu zögern. «Mir scheint, daß Dad etwas Nachhilfe gebrauchen kann.»

«Billy», mahnte Alice, «sei nicht frech. Aber erinnern Sie sich, Mary, ich habe Sie schon einmal gefragt, ob Sie mit ihm reden würden. Ich meine, Sie haben jede Menge von Elternbesprechungen, und Sie könnten mit einem Gespräch über mich anfangen, oder nicht?»

«Ja, ich glaube, das ist möglich. Ich könnte es jedenfalls versuchen.»

Alice rief mich an, sobald sie nach Hause gekommen war. «Er ist weg», flüsterte sie ins Telefon. «Für immer. Er hat für Billy und mich einen Zettel hinterlassen. Er schreibt, daß er bei einem Freund wohnt. Bei welchem Freund, sagt er nicht. Jedenfalls, hier ist die Nummer.» Sie ratterte sie herunter und hängte ein.

Wenigstens schien Alice über die Tatsache, daß sie adoptiert war, nicht untröstlich zu sein. Ich segnete Billy und Tara für die sachliche Art, mit der sie diese Nachricht aufgenommen hatten, und dafür, daß sie Alice in einen Aktionsplan verwickelt hatten. Problemlösung ist die beste Therapie der Welt.

Ich versuchte, Mr. Martin zu erreichen, früh am Morgen und spät am Abend, doch es meldete sich niemand. Es erschien mir unwahrscheinlich, daß die Wohnung, in der er jetzt lebte, seiner Freundin gehörte, da nie jemand dort war. Eher hatte er einen neutralen Ort gewählt – vielleicht war er zu jemand gezogen, der getrennt lebte oder geschieden war oder der ihm zumindest seine Nummer gegeben hatte.

Ich erreichte zwar Mr. Martin nicht, doch ich aß mit Mrs. Martin zu Mittag. Sie erzählte mir, daß die Kinder zu ihr gekommen seien und mit ihr darüber gesprochen hätten, ihr einen Job zu suchen, und wie gerührt sie gewesen sei – und daß sie beschlossen habe, all ihren Mut zusammenzunehmen und mit Tara zu dem Blumenladenbesitzer zu gehen. Alice und Billy warteten auf der anderen Straßenseite, und als sie den Job bekam, gingen sie Eis essen, um das zu feiern.

Sie arbeitete erst seit etwa zwei Wochen in dem Blumenladen, doch es gefiel ihr sehr. Sie konnte nicht fassen, daß sie für etwas bezahlt wurde, das ihr solchen Spaß machte. Als einziges bekümmerte sie, daß sie nicht da war, wenn Alice und Billy von der Schule nach Hause kamen. Dann hatte Alice vorgeschlagen, mit Mr. D'Ippolito, dem Blumenhändler, darüber zu sprechen, und er war sehr nett gewesen. Er hatte ihre Arbeitszeit so geregelt, daß sie nun von acht Uhr bis drei Uhr im Geschäft war und dort auch ein Sandwich essen konnte, statt eine Stunde Mittagspause zu machen, und das bedeutete außerdem, daß sie ein paar Pfund abgenommen hatte. So gingen sie, Alice und Billy jetzt morgens alle gemeinsam weg, und die Kinder kamen entweder allein nach Hause oder warteten nach der Schule, bis sie sie abholte. Allerdings war das Schuljahr bald vorbei, und der Sommer würde noch ein Problem werden.

Ich sagte zu ihr, daß sie sich meiner Meinung nach keine Sorgen zu machen brauche, solange Alice, Billy und Tara zusammen seien.

«Es tut mir leid, daß Sie Schwierigkeiten hatten, mich zu erreichen», sagte Mr. Martin entschuldigend, wobei er sich leicht bückte, um durch meine Praxistür zu treten. Ich war überrascht. Irgendwie hatte ich nicht erwartet, daß er so groß war. «Ich war im letzten Monat ziemlich viel verreist», fügte er hinzu.

Ich reichte ihm die Hand. «Nun, es freut mich, daß Sie jetzt da sind. Alice wollte unbedingt, daß wir uns kennenlernen.»

Mr. Martin schüttelte meine Hand und zog mich in seinem Eifer fast zu sich hin. «Ja. Erzählen Sie, wie sie ist, wie sie sich macht.»

«Es geht ihr großartig», antwortete ich lächelnd. «Trotz allem – trotz Ihrer Trennung, trotz der Entdeckung, daß sie adoptiert wurde, entwickelt sie sich und macht sich immer besser, in der Schule und auch zu Hause.»

Mr. Martin setzte sich auf die Couch, sein großer, magerer Körper schien darauf zusammenzuklappen. Er lehnte sich in die Kissen. «Wissen Sie», sagte er, ohne auf meine Bemerkung über die Trennung und die Adoption einzugehen, «ich habe nie begriffen, was mit Alice eigentlich nicht stimmt. Jeder, zu dem wir sie brachten – und wir schleppten sie zu einem Haufen Leute –, beurteilte sie anders.»

Ich nickte. «Das passiert bei Kindern mit einer sehr geringen Lernbehinderung häufig. Das Problem ist so schwer faßbar, daß man es erst entdeckt, wenn das Kind selbst zu spüren anfängt, daß etwas nicht stimmt. Und dann beginnen die emotionalen Schwierigkeiten und wachsen und wachsen, bis sie das ursprüngliche Lernproblem überdecken.

In Alices Fall hatte der Neurologe mit seiner Beurteilung recht. Alice hat tatsächlich eine leichte Lernbehinderung; man könnte sie als Dyskalkulie bezeichnen, was nichts anderes heißt, als daß sie nicht in der Lage ist, mit den üblichen Schulmethoden rechnen zu lernen. Der Neurologe nannte es eine schwache hirnorganische Funktionsstörung, ein Ausdruck, der heute kaum noch gebraucht wird. Wenn Alice heute zu einem Neurologen ginge, würde er wahrscheinlich eine Konzentrationsschwäche diagnostizieren. Doch wie man es auch bezeichnet, die Sache existiert nicht nur in Alices Einbildung oder in Ihrer. Es ist eine winzige, sehr reale Unterbrechung in den Nervenbahnen ihres Gehirns. Sie beeinflußt ihre allgemeine Intelligenz nicht, aber sie erschwert die Verarbeitung räumlicher und rechnerischer Informationen.

Und außerdem war Alices Erziehung früher etwas... hm... zumindest etwas unorthodox, wie Sie wissen, und dazu kamen viele emotionale Störungen. Sie können wirklich stolz darauf sein, was für Fortschritte sie gemacht hat... entschuldigen Sie», unterbrach ich mich, «ich rede zuviel.»

«Nein, nein, ganz und gar nicht.» Mr. Martin beugte sich vor, seine großen Hände ruhten zwischen seinen Knien. «Ich möchte Bescheid wissen. Ich möchte alles wissen. Im Augenblick erfahre ich nicht viele Neuigkeiten.»

Ich saß still da und stellte fest, daß ich diesen großen Mann mit dem offenen Gesicht mochte.

«Da Sie mich in Bobs Wohnung anriefen – er ist ein Arbeitskollege –, ist Ihnen ja bekannt, daß ich nicht mehr zu Hause lebe. Und so wie ich Alice kenne, habe ich den Verdacht, daß Sie noch eine ganze Menge mehr wissen.»

Ich nickte.

«Ich gehe oft nach Hause», fuhr er fort, und ich stellte mit Interesse fest, daß er von seinem früheren Aufenthaltsort noch immer als von seinem Zuhause sprach. «Aber keiner ist wild darauf, mit mir zu reden. Ich mache ihnen keinen Vorwurf, ich möchte nur, daß sie wissen ... ich wollte nie, daß so etwas passiert.»

Mr. Martin räusperte sich, zögerte kurz und begann dann von neuem: «Manchmal wünschte ich ... ich meine, offenbar ist es mir unmöglich ... ich möchte Sie nicht in persönliche Dinge hineinziehen, doch es ist mir so wichtig, dafür zu sorgen, daß es ihnen gutgeht. Alice und Billy und Edna auch.»

Edna. Ich merkte, daß ich Mrs. Martins Vornamen bis jetzt noch nie gehört hatte. Seltsamerweise hatte ich sowohl für Mr. Martin wie auch für seine Frau Verständnis. Die Besorgtheit um seine Familie wirkte sehr aufrichtig (ich mußte mich immer wieder daran erinnern, daß er sich schließlich selbst in diese Lage gebracht hatte), und der Mut, den Mrs. Martin bei ihrer Suche nach einem Job gezeigt hatte, gefiel mir.

«Es geht ihnen allen sehr gut», sagte ich.

«Ich danke Ihnen. Ich wünschte, Sie könnten Alice und Billy dazu überreden, mal abends mit mir essen zu gehen, aber ich weiß, eine solche Bitte wäre nicht fair.» Mr. Martin erhob sich. «Bitte sagen Sie Alice, daß ich sie beide sehr liebe.»

«Das werde ich tun», versprach ich, während ich ihm zur Tür folgte.

Alice warf ihre Bücher auf den Schreibtisch, zog die Schuhe aus und setzte sich mit gekreuzten Beinen nach Art der Inder auf die Couch, die Füße unter sich gezogen.

«Warten Sie nur, was ich Ihnen alles zu erzählen habe. Also, zuerst gingen Mom und ich einkaufen. Mom hat soviel abgenommen, daß sie einen neuen Badeanzug brauchte, und ich kriegte auch einen und noch andere Sommersachen. Alles tadellos. Sogar Tara findet das. Und Mom versprach, daß ich im Herbst für die Schule alles neu haben kann. Es sind nur noch zwei Tage bis zu den Ferien, und sie meint, es lohnt sich jetzt nicht mehr, zuviel Neues anzuschaffen.

Jedenfalls, während wir im Einkaufszentrum waren, beschloß Mom plötzlich, sich die Haare schneiden zu lassen. Sie schnitten es ihr sehr kurz, und es sieht gut aus, und ich überlege, ob ich mir meins auch abschneiden soll, oder vielleicht doch nicht. Tara möchte es nicht. Zufällig gehen wir alle zusammen zum Tennis-spielen und ins Tageslager und brauchen nicht mal jemand, der kommt, um auf uns aufzupassen.

Und noch mehr gute Nachrichten. Wir haben unsere Zeugnisse noch nicht, doch Mr. Renner sagt, ich hätte überall bestanden und in ein paar Fächern sogar richtig gute Noten.»

«Meinen Glückwunsch, Alice –»

«Warten Sie, es kommt noch mehr. Am Sonnabend nachmittag waren Tara und ich in meinem Zimmer und hörten ein paar neue Platten, die ich gekriegt habe, als Mom und ich einkaufen waren, und da klingelte es an der Haustür. Billy war bei Freunden zum Schwimmen, und Mom war mit zwei Freundinnen, die sie von der Arbeit her kennt, beim Einkaufen. Also ging ich runter und öffnete, und es war Daddy.

Ich wußte nicht, was ich tun sollte, aber er sah irgendwie traurig aus, und da vergaß ich, daß ich wütend auf ihn war, und fragte ihn, ob er reinkommen wolle. Als er dann im Haus war, wußte ich nicht, was ich mit ihm reden sollte, und bat deshalb Tara, runterzukommen, weil sie's wirklich gut mit den Leuten kann, und sie fand unser Monopoly, und dann fingen wir drei an zu spielen. Wir hatten viel Spaß zusammen, denn plötzlich war Mom da, und Billy war wieder da, und es war fast sechs Uhr.

Ich hatte richtig Angst, weil ich überzeugt war, Mom würde einen Wutanfall bekommen. Aber Sie kennen Mom. Man weiß nie, wie sie reagiert, vor allem in letzter Zeit, und sie war nicht das kleinste bißchen wütend. Sie fragte ihn sogar, ob er zum Abend-essen bleiben wolle.

Daddy sagte, es tue ihm leid, er könne nicht bleiben – aber dann, stellen Sie sich vor, dann fragte er, ob er am nächsten Tag wiederkommen könne, und sie sagte ja.

Also, er kam wieder und blieb zum Essen, und am Morgen war er immer noch da, und Billy und ich sind ziemlich sicher, daß er auch nicht auf der Chaiselongue geschlafen hat. Ich hab das nachgeprüft, als alle unten beim Frühstück waren. Das Bett war zwar gemacht, aber Moms Buch lag noch genauso auf der Chaiselongue wie am Nachmittag vorher, an derselben Stelle.»

Sogar Alice mußte einmal ein paar Augenblicke aufhören zu reden, um Atem zu holen.

Ich lächelte ihr zu. «Das ist ein Haufen guter Nachrichten, Alice. Ich hoffe, daß für deine Mom und deinen Dad alles wieder in Ordnung kommt. Er war kurz hier, weißt du, und ich hatte den sicheren Eindruck, daß er euch alle sehr vermißt. Er bat mich ausdrücklich, euch zu sagen, wie gern er euch hat. Doch gleichgültig, was mit deinen Eltern passiert, ich bin wirklich stolz auf dich. Du hast einen langen Weg hinter dir, wirklich, mein Kind.»

Alice lächelte zurück, ihr Haar glänzte, ihre Wangen glühten. Sie strich die Falte in ihrem neuen, kurzen, geschlitzten Rock glatt. «Wissen Sie, was ich seit neuestem glaube?»

«Was?»

«Also, ich glaube, daß vielleicht gar nicht soviel falsch mit mir war und es deshalb so einfach gewesen ist, mich wieder in Ordnung zu bringen.»

Halleluja! Halleluja! Halleluja! Hundert Chöre fingen gleichzeitig an, in meinem Kopf zu singen. An manchen Tagen denke ich, daß ich bis in alle Ewigkeit arbeiten werde.

Charlie

Charlie kam zu seiner ersten Nachhilfestunde mit einem großen Bogen Papier, der ihm auf der Treppe zu meiner Praxis zweimal aus den Fingern glitt.

Auf der obersten Stufe reichte er ihn mir und spähte durch seine runden, getönten Brillengläser zu mir hoch. Sein schwarzes Haar war vorn mit Wasser an die Stirn geklebt, doch einzelne Strähnen begannen bereits zu trocknen und richteten sich wie scharfe schwarze Spitzen wieder auf. Charlie war für einen Achtjährigen groß und ging mit leicht einwärts gerichteten Zehen. Häufig stolperte er über seine eigenen Füße. Jetzt stand er mit einem Fuß auf dem anderen da, als wollte er auf diese Weise verhindern, daß sie durcheinandergerieten, und sah aus wie ein großer Kranich. Und es waren nicht nur Charlies Füße, die durcheinandergerieten.

«Mom sagt, ich soll Ihnen das zeigen. Ich soll Ihnen sagen, daß es typisch ist.»

Ich hatte den plötzlichen Drang, Charlie in die Arme zu nehmen und ihn irgendwie glattzustreichen und zu entwirren. Doch dafür war es noch zu früh. So fragte ich nur: «Typisch? Wieso, Charlie? Was ist es denn?»

Charlie zuckte die Achseln. «Bloß eine Geschichte, die ich letztes Jahr am Ende der dritten Klasse geschrieben habe. Sie heißt *Der Feuervogel*.»

Ich betrachtete den Bogen genauer. Da war eine Art Bild aus Gelb, Rot und Schwarz im oberen Teil des linierten Blattes, wie man es in der Grundschule verwendet, mit Druckbuchstaben darunter. Ich versuchte, die Worte zu entziffern. Es gelang mir nicht.

«Könntest du es mir vorlesen, Charlie?»

«Klar. Ich hab's schon Mrs. Hawes vorgelesen – Sie wissen ja, meiner Lehrerin vom letzten Jahr, in der dritten Klasse. Sie sagte, es wäre sehr aufregend.»

Charlie begann zu lesen. «Der Feuervogel hat die Stadt wieder angegriffen. Die Stadt ist ein Trümmerhaufen.»

«Warte einen Augenblick», sagte ich. «Laß mich mitschreiben.» Ich erkannte, daß Charlies Geschichte ohne seine Übersetzung völlig unverständlich war. «Okay, ich bin soweit.»

«Der Feuervogel hat die Stadt wieder angegriffen. Die Stadt ist ein Trümmerhaufen», las Charlie noch einmal. «Alle Leute werden evakuiert. Der Präsident ist sehr wütend, und deshalb gehen alle seine Bodyguards mit ihren Waffen los und greifen den Feuervogel an und fangen den Feuervogel und bringen ihn dann in einen Zoo, so daß ihn mehr Leute sehen können. Aber der Mann im Zoo mußte ihn in eine riesige Metallkiste stecken, damit er nicht durchschmilzt. Aber der Präsident kann ihn nicht kriegen, und deshalb sind seine Bodyguards sehr wütend und bringen sich um.»

Als er fertig war, sah Charlie mich an.

«Was halten Sie davon?»

Ich zögerte. Es war das klassische Aufsatzbeispiel eines Kindes mit Lese- und Schreibstörungen. Wortschatz und Inhalt der Geschichte waren gut, doch die geschriebenen Wörter selbst schienen von einem fremden Planeten zu kommen. Charlie hatte «widder» für «wieder» geschrieben, «Trümmfen» für «Trümmerhaufen», «sin» oder «nd» für «sind», «vakuwiert» für «evakuiert». Der arme Charlie. Ich konnte seinen Schmerz und seine Erniedrigung fast spüren. Wie mußte es sein, wenn man zwar ein Wort wie «evakuieren» benützen konnte, aber nicht fähig war, sich zu erinnern, wie man ein Wort mit vier Buchstaben wie «sind» schrieb? Kein Wunder, daß seine Geschichte von Waffen und Ärger und Töten strotzte. Ich wußte, daß ich bald versuchen mußte, Charlie zu erklären, warum er in der Schule Schwierigkeiten hatte.

«Ja», sagte ich, «deine Lehrerin hat recht. Es ist eine aufregende Geschichte, und ich hätte sie ganz bestimmt nicht herausgebracht, wenn du sie mir nicht vorgelesen hättest.»

«Ja, ich weiß. Die Lehrerin sagte, daß die Rechtschreibung nicht wichtig wäre. Sie wollte nur, daß wir eine gute Geschichte schrieben. Aber . . .» Charlie starrte zu Boden. «Aber warum ist das so? Ich meine, die anderen Kinder machen auch Fehler, aber nicht solche wie ich. Ich meine, ich bin der einzige, der sie laut vorlesen muß. Ich hasse das.»

«Ich weiß. Du kannst nichts dafür. Das ist eins der Dinge, die ich mit dir versuchen will – ich werde dir zeigen, wie man die guten Einfälle, die du hast, aufschreibt. Nicht nur einfach aufschreiben, sondern die Wörter so schreiben, daß andere Leute sie auch lesen können, und dann kannst du deine Aufgaben abgeben wie die anderen Kinder.»

Charlie blickte vom Boden hoch und schob seinen Stuhl näher heran. Dann drängte er sein Gesicht dicht an meines, fast unbehaglich dicht.

«Hören Sie», sagte er. «Ich bin nicht wie andere Kinder. Das weiß ich. Ich habe es immer gewußt. Aber ich möchte wissen, warum. Was ist los mit mir?»

Charlie hatte es von Anfang an nicht leicht gehabt. Er war sechs Wochen zu früh zur Welt gekommen. Er lernte spät laufen, spät sprechen und hatte häufig hohes Fieber.

Der Rektor der Chapel School hatte mir Charlie geschickt, als dieser acht Jahre alt war und gerade die dritte Klasse beendete. Man hoffte, daß eine pädagogisch-diagnostische Untersuchung mehr Licht auf die Frage werfen könnte, ob Charlie in die vierte Klasse versetzt werden oder die dritte wiederholen sollte.

Es war eine schwierige Entscheidung. Charlie hatte mitten in der zweiten Klasse von der öffentlichen Grundschule in die Chapel überwechseln müssen. Seine Eltern hatten ihn eigentlich nicht in eine Privatschule geben wollen. Sie hielten mehr vom öffentlichen Schulsystem, aber, wie seine Mutter mir erklärte: «Wir hatten keine andere Wahl. Es war, als würde Charlie ertrinken. Jeden Tag sank er ein wenig weiter. Unter den dreißig Kindern in dieser zweiten Klasse waren nur drei weiße, und Charlie war derjenige, auf dem alle anderen herumhackten. Ich weiß nicht, warum – vielleicht wegen seiner Brille, vielleicht, weil er so unbeholfen war, er konnte einfach nicht begreifen, wie man einen Ball warf und fing. Er konnte nicht richtig lesen, er brachte die Wörter durcheinander und verdrehte sie. Er war groß für sein Alter, deshalb erwarteten die Leute, der Lehrer wie auch die anderen Kinder, wohl mehr von ihm. Jedenfalls wußten wir, daß wir etwas unternehmen mußten. Wir wollten nicht umziehen. Wir hatten großes Glück gehabt und im Jahr zuvor unser Traumhaus gefunden und gekauft. Charlies Vater ist Techniker, ich habe früher als Grundstücksmaklerin gearbeitet, und die Firma, bei der ich angestellt gewesen war, gab mir Bescheid, daß dieser alte Besitz zum Verkauf ausgeschrieben werden würde. Wir machten für das kleine Steinhaus und ein Stück Land ein Angebot, und es wurde akzeptiert. Wir sind ganz verliebt darin und könnten uns niemals irgendwo anders etwas Vergleichbares leisten.

Die einzige Alternative war also, Charlie in eine Privatschule zu geben, obwohl es mitten im Jahr war. Er hatte auch in der Chapel Schwierigkeiten, doch sein Lehrer mochte ihn und nahm an, daß seine Probleme nur auf einem ‹Mangel an Übung› beruhten und daß er einfach eine Menge ‹nachzuholen› habe. Jetzt ist man sich dessen nicht mehr so sicher.»

Meine formelle Untersuchung ergab dasselbe unausgeglichene Profil, das seine Lehrer festgestellt hatten. Sein Gesamtintelligenzquotient lag über dem Durchschnitt. Aber während er bei den Untertests für Urteilsvermögen, abstraktes Denken und Raumerfassung hervorragend abschnitt, war das Ergebnis der Tests, mit denen das mechanische Gedächtnis gemessen wurde, sehr schlecht. Die Tests machten deutlich, daß Charlies Intelligenz bei Prozentrang neunzig lag, sein schulisches Wissen dagegen nur bei Prozentrang dreißig bis vierzig. In seiner Lesefähigkeit hinkte er gut eineinhalb Jahre nach, und obwohl seine Geschichten sehr einfallsreich waren, konnte man seine Schrift und die Rechtschreibung kaum entziffern. Sein aktiver Wortschatz war gut, obwohl er häufig in einer umschreibenden Art sprach, er nannte einen Schubladengriff «das Schubladenziehding», eine Türangel «so ein Dingsda, das die Tür festhält». Er hatte Schwierigkeiten mit der Aussprache von Wörtern wie «Präliminarien» oder «substantiell». Er konnte nicht hüpfen, verwechselte rechts und links, war unbeholfen und ablenkbar, und er hatte große Schwierigkeiten, von einer Aktivität auf eine andere umzuschalten.

Wenn es so etwas wie das klassische Bild eines lernbehinderten Kindes gab, so war Charlie das. Er konnte sich auf dem Niveau eines Erwachsenen unterhalten, wobei er allerdings die Wörter falsch aussprach oder die nicht fand, nach denen er suchte. Wenn er laut las, ließ er Wörter und Sätze aus oder ersetzte sie durch andere, übersprang Zeilen, verlor den Zusammenhang, verdrehte Buchstaben und Wörter – und trotzdem gelang es ihm irgendwie, acht von acht Begriffsfragen zu beantworten. Er konnte Analogien erfassen und komplizierte Rechenaufgaben lösen. Trotzdem schnitt er bei Rechentests schlecht ab, weil er sein rechnerisches Wissen nicht automatisch anwenden konnte. Wenn er etwas an den Fingern abzählte, stimmte es häufig nicht, oder er verdrehte Zahlen und schrieb 21, wenn er 12 meinte. Er konnte sich lang und breit über das Sonnensystem auslassen, doch die richtige Reihenfolge der Monate wußte er nicht. Er war freundlich, offen und liebevoll und gleichzeitig unorganisiert und ablenkbar und hatte keine gleichaltrigen Freunde.

Als Charlie die Schule wechselte, hätte er das sehr gut nutzen und eine Klasse wiederholen können. Da sein Geburtstag in den November fiel, war er einer der Jüngsten in seiner Klasse, trotz seiner Größe. Doch jetzt war er schon eineinhalb Jahre in der Chapel. Er war schüchtern und hielt sich für «dumm» und «seltsam». «Bitte», bat er mich, «lassen Sie nicht zu, daß ich die dritte Klasse noch mal machen muß. Bitte! Wenn ich sie wiederhole, werden die Kinder tatsächlich glauben, daß ich zurückgeblieben bin.»

Am Ende war meine Empfehlung, Charlie in die vierte Klasse zu versetzen, vor allem von dem Gefühl geleitet, daß «dasselbe noch mal» Charlie nichts nützen würde. Er würde die dritte Klasse dreimal wiederholen können und trotzdem das Einmaleins nicht lernen oder einen lesbaren Aufsatz verfassen. Charlie mußte neue Lernmethoden lernen. Vor allem aber mußte er lernen, an sich selbst zu glauben.

Ich empfahl Charlies Eltern dringend, sich die Sache mit dem Umzug noch einmal zu überlegen. Verschiedene Nachbarstädte besaßen ein gutes öffentliches Schulsystem, und ich hatte den Eindruck, daß Charlie eine weiterführende Unterstützung brauchte, zumindest während der Grundschulzeit. Doch die Hammonds konnten sich nicht zu einer Trennung von ihrem Haus entschließen, und Charlie fand die Vorstellung, umziehen zu müssen, entsetzlich.

«Ich glaube, daß ich in einer neuen Schule sogar noch dümmer wäre. Ich würde Angst haben und keine Menschenseele kennen. Hier können Sam und ich nach der Schule wenigstens den Wald erforschen.»

Es stimmte, daß Charlie viel Freude und Trost in seinem stillen, vertrauten Viertel fand und bei Sam, einem Sechsjährigen, der eine Straße weiter wohnte.

Schließlich einigten wir uns auf einen Kompromiß. Ich würde Charlie während des Sommers und zweimal in der Woche während der vierten Klasse sehen. Charlies Mutter glaubte das Honorar aufbringen zu können, indem sie wieder ein wenig als Grundstücksmaklerin arbeitete.

Charlie hatte drei Hauptprobleme, die ihm das Lernen erschwerten. Seine auditive Auffassung war äußerst schwach, obwohl die Untersuchung durch einen Kinderohrenarzt ergab, daß seine Hörgenauigkeit innerhalb der normalen Grenzen lag. Sosehr er sich auch bemühte, er konnte Buchstaben und Laute nicht zusammenbringen. Er formte zum Beispiel den p-Laut, weil er «Paar» buchstabieren wollte, und schrieb dann ein b oder verdrehte sogar das b und schrieb «dar». Die Differenzen zwischen den kurzen Vokalen waren für ihn zu fein, er konnte sie nicht unterscheiden.

Zweitens wurde Charlie überfordert, wenn er zuviel Material auf einmal zu verarbeiten hatte. Wenn etwa auf einer Seite dreißig Rechenaufgaben standen, löste er die ersten beiden und schob dann das Blatt einfach weg. Wenn vier Anweisungen gleichzeitig gegeben wurden – wie zum Beispiel: «Nehmt euer Lesebuch heraus! Schlagt Seite siebzehn auf! Lest den ersten Absatz der Seite! Dann nehmt ihr den grünen und den roten Stift und löst das

Rätsel am Ende der Seite!» –, schlug Charlie entweder die falsche Seite auf oder nahm die verkehrte Farbe oder mußte zur Lehrerin gehen und sie bitten, es noch einmal zu sagen.

Da Charlie so wenig Selbstbewußtsein besaß, hatte er sich angewöhnt zu versuchen, seine Probleme zu vergessen, statt sie zu lösen. Seine Lehrerin erzählte mir, daß er selten seine Aufgaben machte. Als ich Charlie danach fragte, wurde klar, was sich jeweils abspielte. Er «vergaß» zum Beispiel, daß er bis zum Ende des Monats ein Buch lesen sollte. Erst zwei Tage bevor sein Bericht fällig war, fiel es ihm wieder ein. Dann geriet er in Panik und brachte den ganzen Haushalt durcheinander, während seine Mutter versuchte, ihm bei der Abfassung des Berichts zu helfen.

Außerdem verlor Charlie sich in Zeit und Raum. Er konnte nicht behalten, welcher Monat war, und selbst die Wochentage brachte er durcheinander. Er wußte nicht, welches die rechte bzw. linke Seite des Fußballplatzes war. Er konnte die Entfernung zwischen sich und irgendeinem Gegenstand nicht abschätzen, deshalb stolperte er über deutlich sichtbare Hindernisse und konnte auch leichte Bälle, die man ihm zuwarf, nicht fangen.

Aber wie sollte ich das alles Charlie erklären? Er hielt sein Gesicht immer noch dicht an meinem, atmete heftig und musterte mich durch seine getönten Brillengläser. Eines stand jedenfalls für mich fest: Ich mußte ehrlich sein zu ihm.

«Du hast keine Fenster in deinem Kopf, Charlie. Ich kann nicht hineinsehen und sagen: ‹Aha! Dort! Das ist die Stelle, die Charlie daran hindert, die Sachen richtig zu schreiben. Und ganz klar, das große Gebiet dort drüben ist die Ursache, warum er so gut argumentieren und nachdenken kann!› Eines Tages, bald, wird es bestimmt Instrumente geben, mit denen wir in unser Gehirn sehen können und die uns melden, wie wir lernen –»

«Ach, erzählen Sie mir einfach, was Sie jetzt wissen», unterbrach Charlie mich. «Sie müssen doch was rausgefunden haben, nach all den vielen Tests, die Sie mit mir gemacht haben. Und Sie haben mit Mom und Dad gesprochen. Ich habe ein Recht, es auch zu erfahren.»

«Okay. Zuerst einmal weiß ich, daß deine Schwierigkeiten, die Mißerfolge in der Schule nicht daher kommen, daß du dumm bist. Du bist sogar sehr intelligent.

Ich weiß außerdem, daß du die Dinge besser behältst, wenn sie für dich einen Sinn ergeben und nicht nur Reihen zusammenhangloser Wörter und Zahlen sind – und daß du dich besser an das erinnerst, was du siehst, als an das, was du hörst, und du behältst es am besten, wenn du es siehst und hörst und es dann laut sagst und aufschreibst. Wir nennen so etwas multisensorisches Lernen.

Weiter weiß ich, daß du besser lernst, wenn man dir immer nur ein paar Dinge auf einmal präsentiert. Dein Gehirn wird sozusagen überlastet, wenn du es mit zu vielen Dingen gleichzeitig fütterst. Ähnlich, sagen wir mal, wie bei einem Fernseher, einem Toaster und einem Mikrowellenherd, die alle an derselben Steckdose hängen. Du schaltest sie zusammen ein, und die Sicherung brennt durch – und keines der Geräte funktioniert mehr. Wenn du sie einzeln einschaltest, ist jedes in Ordnung.

Und ich weiß auch, daß du rechts und links verwechselst und immer nach Anhaltspunkten suchen mußt, die dir die richtigen Hinweise geben.»

Charlie holte tief Luft. «Aber warum? Warum ich? Was ist mit mir passiert? Ist es so, wie wenn jemand Kinderlähmung kriegt?»

«Nein. Es ist keine Krankheit. Erzieher nennen es eine Lernbehinderung oder Dyslexie, wenn wir gezwungen sind, es mit einem Etikett zu versehen. Eine Freundin von mir, die Kinderneurologin ist – das ist ein Arzt, dessen Fachgebiet das kindliche Nervensystem und das kindliche Gehirn ist –, diese Freundin glaubt, daß es überhaupt keine gute Bezeichnung dafür gibt. Sie sagt, schuld daran ist eine Verzögerung in der Entwicklung der Nervenbahnnen, und sie beschreibt das so: ‹In New Jersey ist alles in Ordnung, und auch in der Stadt New York ist alles okay, aber auf der George Washington Bridge ist irgendeine Art Stau.› Mir gefällt das Bild, weil ich weiß, daß man als andere Fahrtroute den Lincoln-Tunnel nehmen kann.»

Charlie lächelte, und sein Körper entspannte sich ein wenig.

«Verschlimmern wird es sich nicht», sagte ich. «Eigentlich kann es nur besser werden, weil du neue Möglichkeiten des Lernens kennenlernen wirst. Ich glaube, kein Mensch weiß genau, warum es manche Leute haben und andere wieder nicht. Ich könnte so tun, als wüßte ich's, aber das möchte ich bei dir nicht.»

Charlie nickte. «Ja. Ich weiß. Das würde mir auch nicht gefallen.» Er schüttelte den Kopf. «Trotzdem ist es sehr verwirrend.»

«Nun, Charlie, vergiß nicht, daß wir eines bestimmt wissen: Du bist intelligent genug, um zu lernen, was du lernen möchtest. Es gibt Gründe für deine Fehlschläge, und man kann deshalb etwas dagegen unternehmen, aber du wirst härter und länger arbeiten müssen als andere Kinder, weil dein Gehirn sehr deutliche und sehr starke Eindrücke braucht, damit du dich an das erinnern kannst, an was du dich erinnern mußt oder willst.»

«Also», sagte Charlie und schob seinen Stuhl zurück, «vielleicht ist es einen Versuch wert.»

Es wurde beschlossen, daß Charlie zweimal in der Woche zu mir kommen sollte. Die Sommerferien mußten dieses Jahr warten.

«Danke, daß Sie alle gekommen sind», sagte ich und nickte Charlie und seinen Eltern zu. Charlie saß hinter dem Schreibtisch, ich saß neben ihm. June und Jim Hammond hatten auf den Stühlen vor dem Schreibtisch Platz genommen. «Ich würde gern mit Ihnen durchgehen, was wir diesen Sommer tun wollen, und ich glaube, es ist einfacher, wenn wir gemeinsam darüber sprechen.

Wir haben uns die Ergebnisse von Charlies Untersuchung angesehen, und Charlie und ich hatten bereits unsere erste gemeinsame Stunde. Wir kennen seine Stärken und Schwächen. Wir wissen auch, daß er im Herbst in die vierte Klasse kommen wird und es einen Haufen zu tun gibt, um sich darauf vorzubereiten.

Ich werde Ihnen jetzt zunächst sagen, woran wir meiner Meinung nach arbeiten müssen, und dann würde ich gern Ihre Vorschläge dazu hören.

Vor allem muß sich Charlie organisieren. Um gute schulische Arbeit zu leisten, braucht man einen richtigen Arbeitsplatz. Ein tüchtiger Holzschnitzer zum Beispiel hält seine Werkbank und seine Werkzeuge ordentlich und in gutem Zustand.

Bei dir, Charlie, ist es das gleiche. Du brauchst einen Schreibtisch in einem eigenen Zimmer, eine gute Lampe, einen Vorrat an verschiedenem Schreibpapier, Karteikarten, Heftklammern» – ich schwieg einen Augenblick, weil June Hammond einen Block ergriff, einen Kugelschreiber aus ihrer Jacke holte und Notizen zu machen begann –, «Bleistifte, Spitzer, Federn, eine Digitaluhr oder eine Stoppuhr, Bücherregale, farbiges Klebeband, eine Buchtasche, ein Notizbuch und ein Aufgabenheft.»

«Wissen Sie», sagte June Hammond, «ich möchte Charlie so gern helfen wie alle anderen. Vielleicht noch viel mehr. Aber ich muß Ihnen sagen, daß Charlie noch nie in seinem ganzen Leben in seinem Zimmer gelernt hat. Wenn er gearbeitet hat, dann auf dem Fußboden im Wohnzimmer, und dabei lief der Fernseher mit voller Lautstärke. Stimmt's, Charlie?»

Charlie nickte mit niedergeschlagenen Augen.

«Hören Sie», sagte ich. «Vergeuden wir keine Zeit mit Gesprächen über das, was gewesen ist. Wir müssen Pläne machen für den Herbst.»

Ich wandte mich an Charlie. «Ich gebe dir in diesem Sommer fünfzehn bis dreißig Minuten Hausaufgaben täglich. Wenn die Schule wieder anfängt, bekommst du nichts mehr auf. Glaubst du, daß du die in deinem Zimmer machen kannst?»

«Ja, ich glaub schon. Darf ich das Radio anlassen?»

«Besser nicht. Was du lernen sollst, ist, dich zu konzentrieren. Ich glaube, du tust dich leichter, wenn kein irgendwie gearteter Lärm vorhanden ist. Später, wenn du etwas Musik hören willst, Musik ohne Worte, ist das sicherlich möglich.»

Ich erklärte den Eltern, daß Charlie eine große, stabile Büchertasche brauchte. Und einen besonderen Platz, um sie aufzubewahren. Ich bat Mrs. Hammond, Charlie dabei zu helfen, in einem Regalfach eine große Fläche mit einem bunten Klebestreifen abzugrenzen. Immer, wenn Charlie nicht lernte, sollte er seine Büchertasche und seine Bücher auf diesen Platz legen. So würde ein Durcheinander in letzter Minute vermieden, wie es bei Charlie zu Hause sicherlich immer wieder vorgekommen war: «Es muß doch dasein! Ich hab's noch vor einer Minute gesehen...»

Ich sagte noch dies und jenes und beantwortete ein paar Fragen. Erst nachdem alle gegangen waren, fiel mir auf, daß Mr. Hammond außer «Auf Wiedersehen» die ganze Zeit kein Wort gesagt hatte.

Am nächsten Vormittag rief Mrs. Hammond mich an. «Entschuldigen Sie, wenn ich Sie schon wieder störe, aber es gibt noch zwei Dinge, über die ich gern mit Ihnen gesprochen hätte, nur wollte ich es nicht vor Charlie tun.

Erstens lügt er ständig, und es wird immer schlimmer. Er lügt nicht nur wegen seiner Schularbeiten, sondern es sind richtige Lügen über Dinge, die er gesehen oder getan hat.»

«Ich weiß, was Sie meinen», erwiderte ich. «Hin und wieder kommt ein Kind zu mir – meistens ein Junge –, das alles größer, greller und lauter macht, als es wirklich ist. Tun Sie im Augenblick so, als würden Sie's nicht merken. Mal sehen, was dann passiert. Sie sagten, es gäbe noch etwas anderes, das Sie beunruhigt?»

«Ja, nur weiß ich nicht, ob Sie da etwas tun können. Ich liebe Charlie sehr, aber er ärgert mich so schrecklich. Gestern ging ich mit ihm einkaufen, um all die neuen Sachen für sein Zimmer zu besorgen – Sie wissen, die Sachen, die Sie erwähnt haben. Also, ich war völlig erledigt, als wir nach Hause kamen. Zuerst fiel er über einen Stuhl, der nicht zu übersehen war, dann warf er eine Lampe von einem Tisch. Gott sei Dank zerbrach sie nicht, aber es war wirklich peinlich. Und dann, während ich den Scheck ausschrieb, bat er die Verkäuferin um etwas zu trinken. Ich meine, er benahm sich, als sei er vier Jahre alt und dumm dazu. Tut mir leid, wenn das hart klingt.»

Ich lächelte ins Telefon. «Es klingt ganz normal. Die Ereignisse, die Sie mir beschrieben haben, sind für viele dyslexische Kinder so typisch wie die Geschichte vom Feuervogel, die Charlie mir brachte. Bemühen Sie sich immer, daran zu denken, daß er es nicht absichtlich tut. Er kann Entfernungen tatsächlich nicht richtig einschätzen – deshalb tut er sich beim Fangen und Werfen so schwer –, und gesellschaftliche Höflichkeiten hat er sich noch nicht angeeignet. Ihm die beizubringen, müssen wir auch noch versuchen. Darf ich Sie jetzt etwas fragen? Was hat Ihr Mann für einen Eindruck von der ganzen Sache? Gestern, bei unserer Besprechung, war er sehr schweigsam.»

Es entstand eine Pause. «Ich kann eigentlich nur sagen», begann sie dann, «daß er nicht ganz dafür war, daß Charlie von Ihnen Nachhilfeunterricht bekommt, aber er ist bereit, wie er sich ausdrückt, dem Unternehmen eine Chance zu geben. Jedenfalls ist Charlie von seinem neuen Zeug begeistert. Ich weiß nicht, ob's was nützen wird, aber so glücklich wie heute habe ich Charlie schon lange nicht mehr erlebt.»

Charlie war immer noch fröhlich, als er am nächsten Tag in meine Praxis kam, einen Marinerucksack über der Schulter. «Was halten Sie davon? Ist es okay, wenn ich den als Buchtasche benütze? Das Aufgabenheft steckt drinnen.» Charlies glattes Haar stand ihm wirr um den Kopf, und seine schwarzen Augen blitzten mich durch seine Brille an.

Wir gingen rasch das Schönste und das Schlimmste durch, das seit unserer letzten Stunde geschehen war – eine großartige Gelegenheit für Charlie, in ein paar Übertreibungen zu schwelgen. Das Schönste war all das neue Zeug, das er bekommen hatte. Das Schlimmste war, daß drei schwarze High-School-Jungen ihn angegriffen hatten, als er am Abend zuvor von Sam nach Hause marschierte. Das erschien mir höchst unwahrscheinlich, wenn man bedachte, in was für einem Viertel Charlie wohnte, doch ich ließ es durchgehen, ohne eine Bemerkung zu machen, und zahlte fünfzig Chips für das Beste und das Schlimmste.

«Also, Charlie, jetzt müssen wir anfangen. Weißt du, wie viele Buchstaben das Alphabet hat?»

«Hm – vielleicht achtunddreißig.»

«Und wie steht's mit den Vokalen?»

Charlie sagte, er wisse nicht genau, was ich mit Vokalen meinte.

«Okay, Charlie», sagte ich. «Im Englischen kann man fünfundachtzig Prozent der Wörter herauskriegen und richtig schreiben, wenn man die Regeln kennt. Die restlichen fünfzehn Prozent muß man auswendig lernen. Das wird dir leichtfallen, weil du ein gutes visuelles Gedächtnis hast. Eigentlich ist das im Augenblick sogar die Methode, nach der du liest – du hast dir die Wörter gemerkt oder errätst sie aus der Bedeutung des Satzes. Und das ist auch in Ordnung so. Auch unbekannte Wörter, die ich dir beibringe, werden zu deinem aktiven Wortschatz gehören, wenn du sie ein paarmal gelesen hast. Wir fangen mit dem leichten Teil an.»

Ich nahm einen roten Schnellhefter zur Hand, der nach Klassenniveau geordnete Listen mit Wörtern enthielt, etwa vier- bis sechshundert Wörter für jede Klasse. Ich reichte Charlie die Liste für die erste Klasse. «Ich glaube, die kennst du alle», sagte ich.

Er blätterte rasch die Seiten durch. «Ja, ich meine schon», erwiderte er langsam.

«Und die meisten von denen hier auch.» Ich gab ihm die Wörter für die zweite Klasse.

Wieder überflog Charlie die Liste. «Sie haben recht. Ich wußte gar nicht, daß ich soviel weiß!»

Ich legte die Liste für die dritte Klasse vor ihn hin. Die Listen tragen ein Kennzeichen, WT21 für erste Klasse, WT22 für zweite Klasse. Diese Liste hier trug die Bezeichnung WT23, die ich nicht verdeckte. Aber für welche Klasse die jeweilige Liste bestimmt war, betonte ich nicht extra. «Diese Wörter sind schon ein wenig schwieriger. Lies einfach die erste Spalte laut vor und mach einen Punkt neben jedes Wort, das du nicht kennst.»

Schon nach den ersten zwanzig Wörtern hatte Charlie bereits zehn Punkte gemacht. Gemeinsam schrieben wir die unbekannten Wörter einzeln auf Karteikarten und nahmen sie noch einmal durch. Nach nur einer Wiederholung wußte er bereits sieben von zehn Wörtern. Ich machte ein Gummiband um die Karteikarten und steckte sie in einen Umschlag. «Geh sie zu Hause mit deiner Mutter und deinem Vater durch. Wenn du die Wörter vergessen hast, sollen sie sie dir wieder sagen. Du brauchst sie nicht allein herauszubekommen.» Charlie holte sein Aufgabenheft hervor und schrieb sorgfältig: «1. Wrt. les.» Er schob es mir hin. «Sehen Sie. Wörter lesen.»

«Okay. Fein. Und nun machen wir folgendes: Ich tue so, als wärst du ein Chinese und könntest kein Englisch lesen. Ich fange ganz von vorn an, okay?» Ich nahm ein Päckchen weißer Karten von der Größe gewöhnlicher Spielkarten. «Das Alphabet hat sechsundzwanzig Buchstaben – für jeden habe ich hier eine Karte. Einundzwanzig Buchstaben sind Konsonanten. Die anderen fünf sind Vokale – eigentlich sind es sogar sechs, wenn man das y mitzählt –, und die nehme ich jetzt mal heraus.» Ich suchte die Karten, mit a, e, i, o und u heraus.

«Was wir jetzt tun, mag dir selbst leicht vorkommen, aber vergiß nicht, du bist ein Chinese. Ich lege eine Karte vor dich hin, und du sagst nur den Laut des Buchstabens und ein Wort, das mit diesem Buchstaben beginnt. Ich mache es dir vor.»

Charlie kannte die Laute aller Konsonanten, außer q, w, j und x und verdrehte das d und nannte dafür den b-Laut. Wir trennten diese fünf Buchstaben von dem Päckchen. Ich schrieb sie einzeln auf eine Karteikarte, und Charlie unterstrich sie mit einem Magic Marker. Wir übten diese fünf weiter.

«Diesmal läßt du die fünf Karten vor dir liegen, Charlie, ich mache den Laut, und du nennst mir den Buchstaben, der zu ihm gehört.»

Beim zweiten Versuch hatte Charlie begriffen. Er steckte die Karteikarten in einen Umschlag und schob sie in den Rucksack. Dann schrieb er das Datum in sein Aufgabenheft und daneben die Notiz: «2. Buchst. stud.»

Als nächstes gab ich ihm liniertes Papier und einen Bleistift und bat ihn, seinen Namen und das Datum zu schreiben. Charlie war Rechtshänder (obwohl er den Ball wie ein Linkshänder warf und schlug). Er machte sein o von rechts nach links und sein d von unten nach oben.

«Jetzt diktiere ich dir ungefähr fünfzig Laute. Du schreibst einfach die Buchstaben hin, die zu diesen Lauten gehören, so wie ich sie sage: m, h, b, s, b, t, m, b . . .»

Charlie hatte Mühe. Er konnte zwar sofort auf die Karten deuten, die den Laut darstellten, aber wenn er das Gehörte selbst in geschriebene Symbole umwandeln mußte, hatte er große Schwierigkeiten.

«Laß dir Zeit. Wir haben es nicht eilig.» Nachdem wir fertig waren, legte ich sein Blatt in den Hefter in seinem Kästchen. In ein oder zwei Monaten würden wir es uns wieder ansehen, und er würde staunen, daß ihm dies einmal so schwierig erschienen war.

Er hatte sein Aufgabenheft offen vor sich liegen. «Was schreibe ich nun auf?» fragte er.

«Nichts. Wir machen das lieber hier.» Ich hatte ganz sicher nicht die Absicht, Charlie Aufgaben zu stellen, die er zu Hause vielleicht nicht schaffen würde.

Ich nahm die fünf Karten mit den Vokalen und sagte: «Das sind die Schlüsselkarten. Die Vokale. Und sie sind nicht einfach. Sie können mehrere verschiedene Laute haben, und die Stellung eines Vokals innerhalb eines Wortes ist von größter Wichtigkeit. Darüber mußt du dir ganz klar sein, damit du die Regeln verstehst.

Also, Charlie, folgendes ist ebenfalls wichtig: Jedes Wort muß wenigstens einen Vokal haben, sonst ist es kein Wort. Wenn du also irgend etwas schreibst, denk dran, daß zumindest einer dieser fünf Buchstaben dabeisein muß.

Und noch etwas ist von Bedeutung. Es gibt kurze Wörter wie ‹renn› und lange Wörter wie ‹Transatlantik›. Das kurze Wort hat nur einen Teil, das lange Wort hat vier Teile. Diese Teile nennt man Silben.»

Ich schrieb die Vokale oben auf die Seite, darunter die Wörter «renn» und «Transatlantik». «Okay, bei ‹renn› haben wir nur einen Vokal. Ich markiere das e gelb, damit es hervorsticht. Jetzt kennzeichnest du die Vokale in ‹Transatlantik› und sagst mir, wie viele Silben es sind.»

Charlie begriff sofort. «Vier», sagte er. «Vier Silben.»

Ich umarmte ihn. «Du bist großartig, weißt du das, Charlie? Vier stimmt genau.» Ich schwieg einen Augenblick.

«Jetzt hör gut zu», sagte ich dann. «Auch wenn du die Wörter nicht sehen und die Vokale nicht zählen kannst, ist es doch möglich zu wissen, wie viele Silben ein Wort hat. Ich zeige dir, wie. Eigentlich sprechen wir nämlich über Vokallaute. Doch das erkläre ich dir später.»

Ich legte meine Hand unter mein Kinn. «Hast», sagte ich. «Ich habe gespürt, daß ich meinen Mund einmal geöffnet habe. Jetzt –

Fänger. Ich habe ihn zweimal aufgemacht. Das bedeutet zwei Silben. Versuch es mal.»

«Ja», sagte Charlie erstaunt und ahmte mich nach. «Sie haben recht. Geben Sie mir noch ein Beispiel.»

«Weihnachten», sagte ich. «Wie viele Silben?»

«Drei.»

«Baseball.»

«Zwei. Was Schwierigeres.»

«Elektrisch.»

«Drei.»

«Blank.»

«Eine.»

«Du hast es begriffen, Charlie. Okay. Deine Hausaufgabe ist, dir zwei Wörter mit einer Silbe auszudenken, zwei Wörter mit zwei Silben und so weiter. Du brauchst sie nicht aufzuschreiben. Du brauchst sie nur zu wissen und sie mir dann vorzusagen.»

Charlie schrieb in sein Aufgabenheft: «3. Silb – 1, 2, 3, 4.»

Ich mischte mich nicht ein. Charlie wußte, was seine Notiz zu bedeuten hatte. Und dafür war ein Hausaufgabenheft schließlich da.

«Schön. Jetzt noch etwas anderes. Paß genau auf, Charlie. Es ist wichtig.» Ich nahm die a-Karte. «Dieser Buchstabe, dieser Vokal, kann verschiedene Laute haben. Den Laut, den du jetzt lernen sollst, nennt man den kurzen a-Laut.» Ich schrieb a auf eine Karteikarte und malte auf die andere Seite einen Apfel. «Wie der Laut, mit dem das Wort Apfel beginnt. Sag es. Okay. Gut. Jetzt kannst du Wörter vom Mars schreiben.»

«Was heißt das, vom Mars?»

«Komm schon, Charlie. Du bist kein Chinese mehr. Du mußt ein wenig beweglich sein. Ich albere nur herum. Dieses Zeug kann ungeheuer langweilig werden, weißt du.»

Charlie sah mich mit großen Augen durch seine Brille hindurch an. «Was erzählen Sie mir da?» fragte er ungläubig.

«Also, okay. Wie ich schon sagte: Jetzt, da du alle Konsonantenlaute kennst, die Wahrheit über die Silben weißt und das kurze a dir vertraut ist, kannst du Wörter der Marsbewohner schreiben.»

Charlie zuckte die Achseln. «Wenn Sie meinen.»

«Gut. Schreib zad.»

«Zad? Wovon reden Sie eigentlich? So ein Wort gibt's nicht.»

«Das glaubst du nur. Die Marsmenschen sagen es, wenn sie überrascht sind – wenn sie zum Beispiel in eine Pfütze treten, die sie nicht bemerkt haben. Dann sagen sie: ‹Zad›.»

Charlie mußte gegen seinen Willen lachen. «Das ist Unsinn.»

«Keine Beleidigung des Lehrers», erwiderte ich. «Schreib es einfach hin. Denk an den Laut, den du am Anfang hörst, an den Laut in der Mitte und an den am Schluß.» Ich schob Charlie den Block hin.

«Zad», sagte er zu sich selbst. «Z-z-z . . . okay.» Und innerhalb einer Minute hatte er es völlig richtig geschrieben.

Ich nannte ihm noch drei Wörter ohne Sinn, um sicherzugehen, daß er sein neuerworbenes Verständnis für den Zusammenhang von Laut und Zeichen anwandte, um sie niederzuschreiben.

«Und nun kommt noch ein letztes Wort: Zatbam. Also, überlege, sag es dir laut vor. Wie viele Male hast du deinen Mund aufgemacht? Wie viele Silben? Denk dran, eine Silbe ist nur ein kurzes Wort und muß einen Vokal haben. Okay, jetzt fang an und schreib es auf.»

Charlie arbeitete fleißig, sagte sich das Wort vor, lauschte den Lauten nach, schrieb sie nieder.

«Hundert Prozent richtig, Charlie. Zahl dir zehn Chips für jedes Wort und einen Bonus von fünfzig für Zatbam.»

Ich gab Charlie auch zwei leichte Arbeitsbücher für zu Hause mit – eines für Rechnen, eines für Lesen –, die jeweils auch eine Aufgabe enthielten. Er schrieb die Aufgaben auf seine eigene liebenswerte Art in sein Aufgabenheft, zählte seine Chips, erstand dafür ein Päckchen Kaugummi ohne Zucker, stopfte sich das halbe Päckchen in den Mund und ging zur Tür. Dort drehte er sich noch einmal um. Er schob die Kaugummis in die eine sich blähende Backe und sagte: «Zatbam.»

«Zatbam?» fragte ich.

«Ja. Zatbam. So sagen sie auf dem Mars auf Wiedersehen. Wissen Sie das nicht?»

«Wie hätte ich es vergessen können! Zatbam, Charlie!»

Ich liebte meine Arbeit mit Charlie. Er war intelligent, freundlich und rücksichtsvoll, und er verstand, daß die Versetzung in die vierte Klasse von Chapel eine Menge harter Arbeit von seiner Seite bedeutete. Ich versprach, ich würde nicht von ihm verlangen, daß er irgend etwas tun müßte, das er nicht verstand, doch er würde das, was er verstand, immer wieder üben müssen, um besser zu werden. Und er würde es allein tun müssen. Ich würde zwar dasein und seine Familie auch, aber die Hauptlast der Arbeit müßte er tragen.

Charlie war weder phlegmatisch noch hyperaktiv. Aber es stimmte, daß er log. Obwohl die Lügen weniger wurden. In dem Ausmaß, wie seine Lesefähigkeit und seine Selbstsicherheit wuchsen, verringerte sich das Bedürfnis zu übertreiben, und was noch übrig war, nutzte ich zum Geschichtenerzählen. In jeder Stunde ließ ich ihn ein paar Minuten lang eine Geschichte erfinden, die er mir diktierte – alles und jedes war dabei erlaubt. Ohne Einschränkung. Ich schrieb alle Gedanken von Charlie auf. Egal, was er sagte, ich notierte es. Die so entstandenen Geschichten waren eine seltsame Mischung aus Unreife und Erfahrenheit, aus Krieg und Frieden. Er liebte diese Geschichten, und ich liebte sie auch.

Nach der vierten Woche, im Juli, konnte Charlie alle phonetisch regelmäßigen Wörter von ein oder zwei Silben (inklusive der Wörter mit stummem e) dekodieren und enkodieren (lesen und schreiben). Er hatte weitere siebzig Wörter der dritten Klasse (Liste WT23) gelernt und begriffen. Er hatte Wochentage, Monate und das Malnehmen mit null, eins, zwei und fünf gelernt.

In der letzten Stunde vor seinen zweiwöchigen Ferien fragte Charlie: «Werden Sie mir Hausaufgaben geben, die ich ans Meer mitnehmen muß?»

«Möchtest du das?»

«Nei-ein! Mom behauptet, Sie würden mir welche geben. Weil ich noch soviel lernen muß.»

«Deine Mutter hat recht, Charlie. Du wirst die Dinge, die du gelernt hast, besser behalten, wenn du jeden Tag übst. Das ist wie bei den Baseballspielern. Je mehr sie üben, desto besser werden sie. Je mehr du arbeitest, je mehr du übst, desto mehr wirst du behalten. Das ist wirklich wahr.

Andererseits gibt's noch eine Menge Dinge mehr zu lernen als nur Rechnen und Lesen. Dinge, die viel wichtiger sind.»

Charlie sah mich genau an, seine Augen hinter der Brille wurden groß. «Was zum Beispiel?»

«Freunde. Nichts ist wichtiger, als zu lernen, ein guter Freund zu sein. Die Leute haben dafür verrückte Bezeichnungen, sie nennen es zum Beispiel ‹Kontaktfähigkeit entwickeln›. In Wirklichkeit bedeutet es, sich zusammen mit anderen Menschen freuen zu können, sich für sie zu interessieren, ihnen zu helfen, wenn sie verletzt sind, Dinge mit ihnen zu teilen, die Wahrheit zu sagen, sich die Zähne zu putzen und die Strümpfe zu wechseln, damit man gut riecht, Wort zu halten, zu kommen, wenn man es versprochen hat. Lauter solche Sachen bedeutet es.»

«Könnten Sie das noch mal wiederholen?»

«Entschuldige, Charlie, ich glaube, die Begeisterung ist mit mir durchgegangen.»

«Nein, mir hat's gefallen, aber ich kann nicht alles auf einmal behalten. Würden Sie mir eine Liste machen?»

Ich musterte Charlie. Offensichtlich war es ihm völlig ernst mit seiner Bitte. «Ich kann es immerhin versuchen.»

Nachdem ich notiert hatte, was mir im Gedächtnis geblieben war, wobei mich Charlie an die Strümpfe erinnerte, ging er jeden Punkt genau durch.

«In den meisten Sachen bin ich ganz gut. Zum Beispiel Sam – Sie wissen, er wohnt bei mir um die Ecke –, ich teile meine Sachen mit ihm und halte meine Versprechen und so. Aber ich weiß nicht, ob er mein Freund ist. Dad sagt, er ist erst sechs. Und deshalb begnügt er sich mit mir.»

Wie oft kann man ein Kind verletzen, ohne ihm Schaden zuzufügen – egal, ob man diese Verletzung beabsichtigt hat oder nicht? Wie viele verletzte Kinder laufen herum, die sich quälen, verzweifelt sind und sich minderwertig fühlen? Und die niemanden haben, mit dem sie reden können? Wo bleibt die Immunisierung gegen inneren Schmerz? Wo ist die Tablette gegen Verlust des Selbstvertrauens?

«Also, ich weiß nicht, Charlie. Ich glaube nicht, daß es eine Rolle spielt, wie alt jemand ist, wenn man Freude daran hat, irgendwelche Dinge gemeinsam zu tun. Es zählt doch nur, ob man den anderen mag oder nicht.

Jedenfalls wirst du unten am Meer fischen oder am Strand herumlaufen, und auch wenn es noch früh im Jahr ist, werden doch andere Kinder dasein. Vielleicht ist das eine ganz gute Gelegenheit, daran zu arbeiten, wie man einen Freund findet.»

Charlie saß da und schwieg. Schließlich sagte er, ohne den Kopf zu heben: «So was kann ich nicht. Verstehen Sie, an etwas arbeiten bedeutet soviel wie es üben, nicht wahr? Üben heißt, man weiß, was man tut, aber man muß es noch besser tun. Ich wüßte nicht einmal, wie ich anfangen sollte. Ich meine, einen Freund zu finden.»

Charlie hatte recht. Er brauchte jemanden, der ihm zeigte, was er tun mußte, und nicht nur darüber redete. Ich dachte über einen praktischen Ratschlag nach.

«Also gut, ich hab's. Zuerst einmal mußt du dich umsehen. Du brauchst kein Wort zu sagen. Du siehst dir einfach die andern Kinder am Strand an und suchst dir eins raus, weil dir gefällt, was es tut.

Vielleicht fischst du gern oder sammelst gern Muscheln. Stell fest, ob's jemanden gibt, der das auch macht. Geh einfach herum und beobachte, und wenn dir nach einiger Zeit eines der Kinder gefällt, gehst du hin und fischst oder sammelst in seiner Nähe. Verstehst du, zuerst bleibt jeder für sich, aber ihr seid nicht weit voneinander weg. Und nach einer Weile habt ihr euch aneinander gewöhnt und macht dann plötzlich etwas zusammen.

Wie auch immer, Charlie, viel Spaß. Wir sehen uns in zwei Wochen wieder.»

Am zweiten Donnerstag im August kam Charlie wieder in meine Praxis, sonnengebräunt, mit sich schälender Nase und von einem Ohr bis zum andern grinsend. Er stellte eine Schuhschachtel vor mich hin.

«Es ist ein Geschenk», sagte er.

In der Schachtel lag ein leicht faulig riechendes Stück grünes Tau von etwa einem halben Meter Länge, an dem in regelmäßigen Abständen Muscheln angeklebt oder angebunden waren.

«Eine für jeden Tag, den ich dort war», erklärte Charlie. «Sehen Sie, dies ist eine Königskrabbe. Und die da nennt man doppelten Sonnenaufgang. Es sind meine besten Stücke.»

Ich kletterte auf einen Hocker und hängte das mit Muscheln geschmückte Tauende wie eine Girlande an die Wand. Dann sprang ich herunter und trat zurück, um es zu bewundern. «Es gefällt mir sehr, Charlie, es ist großartig und genau das, was diesem Raum noch fehlte. Vielen Dank.»

«Ja», sagte Charlie, ebenfalls voll Bewunderung. «Und ich habe einen Freund gefunden. Ich meine, einen richtigen Freund – und ich habe ihn mir ganz bewußt ausgesucht. Er ist neun und geht in die vierte – genau wie ich. Er lebt das ganze Jahr da unten an der Küste und weiß einfach alles über das Meer und den Strand.

Ich hab ihn schon am ersten Tag beobachtet, er ging für sich allein und sammelte Muscheln. Die meisten legte er wieder hin, er behielt nur eine oder zwei. Ich meine, er hat nicht einfach blindlings alles aufgeklaubt. Er wußte, was er tat.

Am nächsten Tag machte ich es dann genau, wie Sie gesagt haben, ich fing weiter unten am Strand an, Muscheln zu sammeln, und dann, nach einer Weile, war er da, wo ich war, und wir sammelten beide. Dann zeigte er mir einen Sanddollar, den er gefunden hatte, und ehe er nach Hause ging, gab er mir ein Schneckenhaus, ein schönes, weil er schon eine Menge zu Hause hatte.

Am nächsten Tag machten wir es wieder so, und dann sagte er, warum wir nicht zu ihm nach Hause gingen, damit er mir seine andern Muscheln zeigen könnte. Er begleitete mich zum Haus meiner Großmutter, weil ich um Erlaubnis fragen wollte, und es stellte sich heraus, daß sie seine Mutter von der Kirche her kannte und auch wußte, wo er wohnte.

Er heißt Eddie, und ich werde ihn wiedersehen, wenn wir am nächsten langen Wochenende wieder hinfahren. Er sagte, er würde mir schreiben, aber über diesen Punkt bin ich mir noch nicht klar. Die meisten Leute können meine Briefe nicht so gut lesen.»

«Charlie, das ist großartig. Natürlich kannst du ihm schreiben. Jeder, der so schnell einen Freund findet, kann einen Brief schreiben. Du machst einfach jeden Abend eine kurze Notiz in dein Notizbuch über irgend etwas, das am Tag geschehen ist – zum Beispiel, ob es regnete oder deine Lehrerin krank wurde und ihr eine Vertretung hattet, oder ob du im Fernsehen deine Lieblingssendung gesehen hast oder dein Goldfisch krank ist. Nach ein paar Wochen kannst du die Sätze zusammensetzen, fügst da und dort noch ein Wort ein – ich helfe dir bei der Rechtschreibung –, und du hast einen großartigen Brief.»

«Ja, vielleicht», meinte Charlie. «Es gibt nur noch ein Problem.»

«Ich habe keinen Goldfisch», sagten wir unisono.

Charlie hatte eine sehr realistische Lebenseinstellung.

Wir bewunderten die Muschelgirlande noch ein letztes Mal, und dann sagte ich: «Okay, Charlie, Zeit, sich wieder an die Arbeit zu machen.»

Nach fünf oder zehn Minuten Wiederholung wurde offensichtlich, daß Charlie zumindest fünfundzwanzig Prozent der gelernten Wörter vergessen hatte. Auch das Multiplizieren war wacklig. Er brachte 2×7 und 2×8 durcheinander und beim Malnehmen mit fünf verlor er irgendwo in der Mitte den Faden. Ich war nicht besonders beunruhigt. Kinder mit Lernbehinderungen sind dafür bekannt, daß sie den einen Tag etwas wissen und es am nächsten Tag vergessen haben, und so war es nicht erstaunlich, daß Charlie in den zwei Wochen, die er fort gewesen war, einiges vergessen hatte. Was er gelernt hatte, war weit wichtiger.

Aber nicht für Charlie.

Verschwunden war der fröhliche, selbstbewußte Junge, der vor weniger als einer halben Stunde hereingekommen war. Jetzt hatte er die Arme auf den Schreibtisch aufgestützt und seinen Kopf daraufgelegt.

«Sehen Sie, ich bin dumm. Ich werde es nie schaffen. Ich kann nichts behalten. Mein Gehirn ist wie ein Sieb. Alles läuft einfach bloß durch.»

«Ich weiß», sagte ich. «Manchmal hat man so ein Gefühl, aber es kommt alles wieder. Ich verspreche es dir. Und zu lernen, wie man einen Freund gewinnt, ist hundert Prozent wichtiger als 2×7. Ich weiß, es macht einem angst, wenn man sich an was zu erinnern versucht, das man vor ein paar Tagen noch wußte, und es fällt einem absolut nicht ein.»

Tränen standen Charlie in den Augen. «Wissen Sie, was ein Junge zu mir sagte, als ich in der zweiten Klasse der Grundschule war? Er sagte, man hätte mich als Baby mit zermahlenem Glas gefüttert und deshalb sei ich zurückgeblieben.»

Ich schob Charlie die Schachtel mit den Papiertüchern hin und sagte: «Dabei weißt du, daß es nicht wahr ist, stimmt's? Du erinnerst dich, daß ich dir deine Testwerte gezeigt habe. Sie stellen klar, daß du intelligenter bist als neunzig Prozent der Kinder in deinem Alter.»

«Ich erinnere mich», antwortete Charlie und putzte sich die Nase. «Und ich glaubte Ihnen. Es sah so aus, als würde eine Weile alles gutgehen. Ich war doch ziemlich gut, bevor ich wegfuhr. Aber jetzt – ich bin noch genauso wie früher.»

«Ja. Du bist immer noch derselbe, und das ist in Ordnung so. Du bist du und wirst es immer bleiben. Du möchtest nicht jeden Tag jemand anders sein, das wäre zu verwirrend. Du wirst wachsen, du wirst neue Dinge tun lernen, du wirst größer und älter werden, aber du wirst immer Charlie Hammond bleiben. Kein anderer Mensch kann du sein.

Es ist wahr, daß es dir schwerer fällt als anderen Kindern, manches zu behalten. Aber das bedeutet nicht, daß du nicht lernen kannst. Du mußt nur andere Methoden verwenden und darfst nicht wütend auf dich selbst werden, wenn es etwas länger dauert oder du mal etwas vergißt. Mit der Zeit wird es leichter werden, glaub mir, und dann wirst du auf den Gebieten, auf denen du gut bist, loslegen – wong –, und du wirst das Klassenniveau erreichen oder sogar noch besser sein.»

Eine Hupe ertönte unten in der Einfahrt, und Charlie lief zum Fenster. «Es ist Mom. Weiß sie all das Zeug über mich?»

«Ja. Ich habe sowohl deiner Mutter wie deinem Vater all das erzählt, was ich dir erzählt habe. Ich habe es auch dir schon mal gesagt, Charlie – es ist nur schwierig, alles zu behalten.»

«Wem sagen Sie das», meinte Charlie.

Ich ging mit Charlie zum Wagen hinunter. June Hammond sah erholt und hübsch und braungebrannt aus.

«Einen schönen Urlaub gehabt?» fragte ich.

«Den besten, den man sich vorstellen kann.» Sie lächelte.

«Das freut mich. Ich bin mit herausgekommen, weil ich Ihnen sagen wollte, daß wir diesmal Charlies Hausaufgaben nicht in sein Aufgabenheft eingetragen haben. Wir gerieten ins Reden darüber, warum Charlie manchmal Probleme hat, sich an etwas zu erinnern, und die Zeit war um, ehe wir die Frage der Hausaufgaben geklärt hatten. Würden Sie mit ihm die Karten in seiner Wortbank durchgehen? Teilen Sie den Stapel der Wörter, die er nicht weiß, in Fünferhäufchen, und nehmen Sie sie zusammen durch, immer nur ein Häufchen auf einmal. Wenn er eines vergißt, sagen Sie ihm nur das Wort und lassen es ihn wiederholen, er soll es nachschreiben und einen Satz damit bilden. Und wenn Sie für einen Dollar Pennies und Nickel bekommen könnten und Charlie damit üben könnte, Zweier und Fünfer zusammenzuzählen, wäre das eine große Hilfe. Vielen Dank. Nächstes Mal sind wir wieder im richtigen Fahrwasser.» Ich berührte Charlie an der Schulter. «Bis dann also.»

Charlies Mutter rief mich am nächsten Vormittag ziemlich früh an. Ihre Stimme paßte ganz und gar nicht zu ihrem fröhlichen Gesicht von gestern.

«Ich weiß, wie beschäftigt Sie sind», sagte sie, «aber ich wollte fragen, ob ich in dieser Woche irgendwann vorbeikommen und Sie sprechen könnte?»

«Heute habe ich Zeit bis halb zwölf. Morgen bin ich völlig besetzt, aber am Freitag könnte ich mich zum Lunch freimachen.»

«Ginge es nachher, um zehn?»

«Ja, gut. Ich sehe Sie also um zehn Uhr.»

Mrs. Hammonds Blick schweifte über den Schreibtisch und durch das Zimmer. «Hm ... ich wollte mit Ihnen über ... hm. Entschuldigen Sie, würde es Ihnen sehr viel ausmachen, wenn ich rauche? Ich bin dabei, es aufzugeben, aber ...»

«Ich bringe Ihnen einen Aschenbecher», sagte ich. «Ich muß ihn nur von unten holen.»

Als ich wieder heraufkam, stieg bereits Zigarettenrauch zur Decke. Sie ließ das benutzte Streichholz in den Aschenbecher fallen.

«Entschuldigen Sie, bitte», wiederholte sie. «Es ist bloß, weil ich letzte Nacht nicht viel geschlafen habe. Wir ... hm ... zu Hause gab es eine Riesenszene. Charlies Vater ist sehr aufgebracht. Er behauptet, Charlie sei jetzt schlimmer dran, als bevor er hierherkam. Ich weiß, es ist nicht wahr, aber ich weiß nicht, was ich jetzt machen soll. Charlie soll nicht mehr zu Ihnen kommen.»

«Sie sagten eben, es gab eine Szene. Meinen Sie damit, es gab einen Streit?»

Mrs. Hammond nickte. «Ja, sogar noch schlimmer. Wir schrien uns alle an. Charlie weinte. Und ich schließlich auch.»

«Wie fing es an? Was passierte?»

«Nun, Sie erinnern sich, daß Sie sagten, wir sollten Kleingeld besorgen. Es war zu spät, um zur Bank zu gehen, ich meine, die Bank hatte schon zu, und ich wollte doch sofort anfangen. Ich möchte Charlie so gern helfen, daß ich manchmal übertreibe oder etwas überstürze oder zuviel tue und am Ende alles nur noch schlimmer mache.

Jedenfalls guckte ich, als wir zu Hause waren, gleich in meiner Handtasche nach, und wir öffneten auch sofort Charlies Sparschwein, und wir fanden ein paar Nickel und auch einige Pennies, aber Sie hatten gesagt, es sollte Kleingeld für einen Dollar sein, und wir hatten noch immer nicht genug zusammen. Als Charlies Vater nach Hause kam, fragte ich ihn, ob er ein paar Pennies und Nickel hätte, und er wollte wissen, wofür. Ich erklärte ihm, daß Charlie damit zählen sollte, und da fing's dann an.»

Ich nickte.

«Jim sagte, Charlie wüßte schon seit vielen Jahren, wie viele Pennies ein Nickel hätte, und hätte bereits zählen können, lange ehe er Ihren Namen gehört hätte, und Sie würden Charlie nur schaden, indem Sie ihn glauben machen, daß er Dinge nicht weiß, die er längst kennt.»

Ich seufzte.

«Ich begreife, was so verwirrend war, und es tut mir wirklich leid», sagte ich. «Ich hätte es genauer erklären sollen. Der Gedanke war, Charlie auf konkrete Weise beim Multiplizieren zu helfen. Er war ein wenig in Panik geraten, weil er sich nicht mehr erinnerte, wieviel 2×7 oder 5×8 war, denn er hatte es gewußt, ehe er ans Meer fuhr. Das Multiplizieren ist eigentlich nur eine schnelle Methode des Zählens, und ich dachte, es würde Charlie helfen, wenn er zum Beispiel die acht Nickel sieht und mit Fünfern bis vierzig zählt.»

«Ich weiß», sagte June Hammond. «Das heißt, ich wußte es nicht, aber Charlie. Wirklich, er wußte es und versuchte, seinem Vater zu erklären, wie Sie mit Flaschenkappen das Malnehmen dargestellt hatten, aber Jim ließ ihn nicht einmal ausreden. Er sagte, als nächstes würden Sie und Charlie dann ja wohl herumsitzen und Bier trinken und Flaschenkappen tauschen.

Eigentlich meint es Jim gar nicht so. Er ist nur so besorgt wegen Charlie. Wir machen uns beide Sorgen. Er ist alles, was wir jetzt noch haben.»

Die Tränen traten Mrs. Hammond in die Augen.

«Charlies Bruder starb vor Charlies Geburt. Damals lebten wir in New York. Entschuldigen Sie.»

Mrs. Hammond schwieg und wischte sich über die Augen.

«Es fällt mir schwer, davon zu sprechen. Jason war vier Jahre alt, und ich war mit Charlie schwanger. Jim hatte mich aus dem Büro angerufen und gesagt, daß er eine gute Nachricht habe. Ich sollte Mrs. Edgars, unsere Babysitterin, anrufen und ihn abends zum Essen bei ‹Mario› treffen. Wir hatten nicht viel Geld, aber da wir uns bei ‹Mario› verlobt hatten, gingen wir immer dorthin, wenn es etwas zu feiern gab.

Eigentlich hatte ich keine Lust. Mir ist immer entsetzlich elend, wenn ich schwanger bin. Außerdem war ich fast im siebten Monat, und da fällt es einem schwer, lange auf einem Fleck zu sitzen.»

June Hammond schwieg und zündete sich eine neue Zigarette an.

«Entschuldigen Sie, daß ich soviel rede. Aber ich weiß nicht, wie ich es sonst erklären soll.»

«Wir haben genug Zeit», antwortete ich.

«Also, ich rief Mrs. Edgars an. Sie wohnte im Nachbarhaus. Ich hatte sie kennengelernt, als Jason noch ein Baby gewesen war und ich ihn im Kinderwagen ausgefahren hatte. Jason liebte Mrs. Edgars – sie war wie eine Großmutter für ihn, und wenn wir spazierengingen, besuchten wir sie oft. Und wenn Jim und ich ins Kino oder sonst irgendwohin gingen, was nicht oft geschah, blieb sie bei Jason.

Diesmal sagte sie, sie könne nicht kommen, weil sie zu einer Kirchensitzung müsse, aber ihre Schwester aus Rochester sei da, und die würde sie fragen. Sie, ich meine die Schwester, hatte von Mrs. Edgars schon viel über Jason gehört.

Also kam die Schwester, und ich ließ Jason in ihrer Obhut zurück.» Die Tränen liefen Mrs. Hammond übers Gesicht. «Als wir nach Hause kamen, war er tot», schluchzte sie.

«Tot?»

«Nun, nicht ganz tot, aber so gut wie. Es war entsetzlich heiß – Spätsommer –, und ich werde jedes Jahr krank, wenn diese Zeit kommt. Mrs. Edgars Schwester öffnete ein Fenster. Der Hausmeister hatte an jenem Tag die Fliegengitter abgenommen, um die Rahmen zu streichen, was sie aber nicht bemerkte. Das Telefon klingelte, sie lief in den Flur, um abzunehmen, und Jason muß inzwischen auf einen Stuhl geklettert sein. Was genau geschah, weiß niemand. Jedenfalls, er fiel aus dem Fenster und fiel zwei Stockwerke tief in den Hof.»

«O nein.»

«Als sie aus dem Flur zurückkam, konnte sie ihn nicht finden», fuhr Mrs. Hammond fort, «und dachte, er verstecke sich und wolle mit ihr spielen. Sie rief immer wieder: ‹Jason, wo bist du, Jason?› Und dann hörte sie Leute schreien und sah in den Hof hinunter, und da lag der kleine Junge...»

Mrs. Hammonds Schluchzen erfüllte den Raum.

Mir war die Kehle wie zugeschnürt.

«Entschuldigen Sie», sagte sie wieder. «Ich kann jetzt nicht aufhören. Ich muß die Geschichte fertig erzählen. Entschuldigen Sie. Aber zu Hause sprechen wir nie darüber.

Die Schwester, Mrs. Hale heißt sie, war so durcheinander, daß sie den Block mit der Telefonnummer, die ich ihr dagelassen hatte, nicht finden konnte. Kein Mensch wußte, wo wir zu erreichen waren. Dann kam Mrs. Edgars nach Hause, und sie wußte, daß wir gewöhnlich zu ‹Mario› gingen.

Jason war schon zwei Stunden im Krankenhaus, ehe wir hinkamen – die ganze Zeit hatten wir nur gegessen und über Jims Gehaltserhöhung gesprochen.

Jedenfalls lebte Jason noch einen Monat. In der letzten Woche war er zu Hause. Jim wollte, daß er dort starb. Er allein kümmerte sich um Jason. Jason konnte nur mit der Flasche ernährt werden, und das meiste erbrach er wieder. Aber Jim verlor nicht ein einziges Mal die Geduld. Er stellte Jasons altes Kinderbett ins Wohnzimmer und schlief auf der Couch daneben.

Charlie wurde sechs Wochen zu früh geboren, drei Tage nachdem wir Jason begraben hatten.»

Jetzt standen auch mir die Tränen in den Augen. «Es tut mir so leid», sagte ich. «Es tut mir schrecklich leid.»

Mrs. Hammond seufzte. «Ich dachte, ich würde auch sterben. Ich dachte, ich würde im Kindbett sterben. Ich sehnte mich danach. Die Geburt war sehr schwer. Irgendwie starb ich doch nicht. Ich war immer noch da, und Charlie war nun auch da. So ein kleines, zartes, schwarzhaariges Baby. Im Brutkasten – wie in einem kleinen Glassarg.

Wissen Sie, ich wollte nicht einmal hingehen und ihn mir ansehen. Ich habe es Jim nie erzählt, aber ich wollte nicht ins Säuglingszimmer hinuntergehen und Charlie sehen. Ich dachte, ich würde ihn hassen. Ich hatte Angst, ich würde mir einbilden, daß er an Jasons Tod schuld wäre. Aber am nächsten Tag brachte mich Jim dazu hinunterzugehen, und ich weiß nicht, in dem Augenblick, als ich ihn sah, liebte ich ihn auch.» Sie lächelte – ein trauriges, müdes Lächeln.

«Haben Sie und Jim – haben Sie etwas dagegen?» fragte ich. «Es ist schwierig, ihn jetzt noch Mr. Hammond zu nennen.»

«Oh, bitte, und nennen Sie mich June.»

«Haben Sie und Jim Hilfe gesucht – bei einem Berater oder einem Therapeuten?»

June Hammond nickte. «Unser Pfarrer war großartig. Wir besuchen ihn manchmal noch in New York. Und wir waren auch eine Zeitlang bei einem Therapeuten, doch Jim fand, daß es nicht viel nützte, und so ließen wir es sein.»

«Was dachten Sie?»

«Ach, ich weiß nicht. Es stimmt, daß die Zeit angeblich alle Wunden heilt. Es ist jetzt über acht Jahre her. Ich weiß, daß ich es nie vergessen werde, doch ich bemühe mich, für alles andere dankbar zu sein.»

Ich stand auf. Die Atmosphäre im Raum war so gefühlsgeladen, daß man es fast physisch spüren konnte, und von Charlie hatten wir eigentlich noch gar nicht gesprochen. June Hammond zündete sich wieder eine Zigarette an, und ich räusperte mich. «Möchten Sie eine Tasse Kaffee?» Fünf Minuten später reichte ich ihr einen dampfenden Becher und fragte: «Wieviel weiß Charlie davon?»

«Ich bin mir nicht sicher. Wie ich schon sagte, sprechen Jim und ich jetzt nicht mehr über Jason. Aber im Fotoalbum sind ein paar Bilder von ihm, und Charlie stellte Fragen. Er weiß also, daß er einen Bruder hatte und daß dieser starb. Vermutlich ist das alles. Warum? Glauben Sie, daß das mit schuld ist an Charlies Zustand?

Verstehen Sie, ich konnte Sie das früher nicht fragen, weil Jim immer dabei war, und er mag nicht, daß andere Leute etwas von Jason erfahren. Bitte, sagen Sie mir, glauben Sie, daß Jasons Tod – ich meine, meine Aufregung darüber – Charlie vor seiner Geburt geschadet hat?»

Langsam und vorsichtig wiederholte ich noch einmal, was ich über die Ursachen von Dyslexie und Lernbehinderung wußte.

«Man weiß nicht genau, was bei einem Kind eine Lernbehinderung bewirkt», sagte ich so behutsam wie möglich. «Die meisten von uns, die mit dyslexischen Kindern arbeiten, glauben, daß es etwas mit der Entwicklung der Nerven zu tun hat und damit, wie das Gehirn funktioniert. Es ist wahr, daß Streß oder Drogenkonsum während der Schwangerschaft Veränderungen hervorrufen können, aber das können auch eine Menge anderer Dinge, wie zum Beispiel erbliche Faktoren. Einige Leute glauben jetzt sogar, daß das menschliche Chromosom 15 Träger von Genen ist, die mit Lernbehinderungen zusammenhängen. Und ich habe immer den Verdacht gehabt, die Neurologen werden schließlich entdecken, daß das Corpus callosum, jener Nervenstrang, viel wichtiger ist bei der Übermittlung von Informationen und Erfahrungen, als wir vermutet haben.

Aber sprechen wir doch jetzt davon, was wir tun können, um Charlie zu helfen.» Ich zog einen gelben Block zu mir heran. «Vielleicht wird Ihnen alles klarer, wenn ich eine Liste mache. In Spalte A stehen Charlies Stärken, in Spalte B seine Schwächen.» Ich schrieb:

A Stärken	B Schwächen
1. Überdurchschnittliche Intelligenz	1. Unter dem Durchschnitt in Lesen, Schreiben und Rechnen
2. Überdurchschnittliche visuelle Merkfähigkeit	2. Große Kluft zwischen schulischem Wissen und Intelligenz
3. Gutes abstraktes Denkvermögen	3. Auditives Gedächtnis unter dem Durchschnitt
4. Gutes Urteilsvermögen	4. Schreibmotorische Fähigkeiten unter dem Durchschnitt
5. Gutes Erfassen räumlicher Zusammenhänge	5. Allgemeine Beweglichkeit unter dem Durchschnitt
6. Einnehmende Persönlichkeit	6. Unorganisiert
7. Motiviert – möchte lernen	7. Mangelndes Vertrauen in seine Fähigkeiten
8. Nicht hyperaktiv	

«Grob gesprochen, besteht der Plan nun darin, Charlies Stärken zu nutzen, damit sie ihm helfen, seine Schwächen auszugleichen – und er ist in der Lage dazu, ich weiß es. Er tut es bereits.

Ich kann Ihre Sorge, vielleicht auch Ihre Schuldgefühle und Jims Ungeduld verstehen. Aber Sie haben sich so großartig gehalten. Charlie ist einer der nettesten Jungen, die ich kenne, und er lernt so viel in so kurzer Zeit. Wirklich.

Versuchen Sie, Jim zu überreden, daß ich weiter mit Charlie arbeiten kann. Ich würde auch gern mit Jim selbst sprechen, wenn Sie glauben, daß das etwas nützt, obwohl ich mich bisher in dieser Beziehung anscheinend nicht sehr bewährt habe.

Aber jetzt, da Charlie versetzt wurde, können wir ihn nicht einfach in der vierten Klasse hängenlassen. Und außerdem mögen Charlie und ich einander, oder zumindest ich mag ihn.»

«Oh, Charlie kommt sehr gern hierher. Ich dachte, er würde die Nachhilfestunden hassen, aber genau das Gegenteil ist der Fall.»

«Also gut», sagte ich. «Dann finde ich, daß es Unsinn ist, den Nachilfelehrer zu wechseln. Bitten Sie Jim, uns ein halbes Jahr Zeit zu lassen, und dann können wir die Lage nochmals überdenken.»

Charlie ließ seine Büchertasche neben dem Schreibtisch auf den Boden fallen und sagte: «Ich soll Ihnen von meiner Mutter bestellen, daß es okay ist. Sie meint, Sie wüßten schon, was das bedeutet.»

Ich nickte.

«Na, und was bedeutet es?»

«Das wir weiter zusammenarbeiten können.»

«Das ist gut. Zu Hause war in den letzten paar Tagen ein schreckliches Durcheinander. Jeder schreit herum. Jetzt hat Mom sich einen Haufen Bücher aus der Bibliothek geholt und versucht herauszukriegen, was mit mir los ist. Sie sagte, sie hätte es verstanden, als sie hier bei Ihnen war, aber als sie es Dad erzählen wollte, brachte sie alles durcheinander, und er wurde fürchterlich wütend und sagte, wenn Mom nicht die Stunden bezahlte, würde ich ganz bestimmt nicht mehr hingehen. Und dann schrie er: ‹Ich wünsche nicht mehr weiter darüber zu diskutieren!› und warf die Tür hinter sich zu und fuhr ins Büro.»

«Es tut mir so leid, Charlie», sagte ich, und ich bedauerte es wirklich. Nicht nur wegen Charlie, sondern auch wegen Mr. Hammond und mir. Mangelnde elterliche Unterstützung macht meinen Job viel schwieriger.

«Es ist schon okay», meinte Charlie. «Ich habe darüber nachgedacht und glaube, daß kein Mensch es richtig erklären kann. Ich glaube, ich bin einfach jemand, den keiner kennt.»

«Das klingt ziemlich verloren», sagte ich.

Charlie nickte mit einem ernsten Ausdruck auf seinem lieben Gesicht. «So ist es», stimmte er zu. Dann lächelte er, nur ein ganz klein wenig, und seine schwarzen Augen leuchteten auf. «Aber ich glaube, daß es vielleicht besser wird.»

«Gestern habe ich Mr. Dalwig angerufen», berichtete ich Charlie während seiner letzten Stunde vor Schulanfang. «Und er erlaubte mir, mit deiner Lehrerin zu sprechen. Sie klingt nett, aber ich mußte versprechen, dir nicht ihren Namen zu verraten. Bis zum ersten Schultag soll kein Kind erfahren, welche Lehrerin oder welchen Lehrer es kriegt.»

«Jedenfalls bin ich froh, daß es eine ‹Sie› ist», meinte Charlie. «Damit ist das alte Froschgesicht Hogan aus dem Rennen.»

«Vergiß bitte, daß ich ‹sie› gesagt habe, okay? Also, man hat mir gesagt, daß im September hauptsächlich Englisch und Rechnen wiederholt wird, und wenn ich zur Schule rüberkomme, leiht man mir Grammatik- und Lesebuch. Das klingt alles sehr erfreulich.»

Und es war erfreulich. Charlies Lehrerin, Mrs. Yager, war intelligent, selbstbewußt und kreativ. An der Chapel School gab es vier vierte Klassen, zwei hatten nur zehn Kinder. Charlie gehörte zu einer von diesen, trotzdem war die Arbeit, die er zu bewältigen hatte, immer noch riesig.

Charlie nahm jeden Abend alle seine Schulbücher mit nach Hause, ob er entsprechende Hausaufgaben auf hatte oder nicht. Er war selbst auf diesen Einfall gekommen. Das zusätzliche Gewicht war es ihm wert, daß er sich keine Sorgen zu machen brauchte. Im Jahr zuvor hatte er nämlich mit dem Problem zu kämpfen gehabt, daß er zwar die zu erledigenden Hausaufgaben notierte, falls er es nicht vergaß, dann aber unweigerlich das falsche Buch mitnahm. Wir hatten eine alphabetische Reihenfolge der Schulbücher ausgearbeitet, und ich überprüfte den Inhalt seiner Büchertasche jedesmal.

«Grammatik, Lesen, Naturkunde, Rechnen, Rechtschreiben, Sozialkunde, Wortschatz. Gut, Charlie.»

«Jawohl», sagte Charlie. «G, L, N, zwei R, S und W. Bleistifte und Federn hier in der Reißverschlußtasche und mein Aufgabenheft hier vorn. Das habe ich heute auf.»

Charlie schrieb seine Aufgaben eine unter die andere:

1. Ntkd – Ls K 2 Fr 1–6 ant
2. Rechtschr – Üb 10 11
3. Rchn – S 20 N 1–15
4. L – K 3 nä Fr
5. Enq S 10 unt Hau

Für mich sah das eher aus wie eine fremde Sprache, doch für Charlie ergab es durchaus einen Sinn.

«Ich mußte mich beeilen, da hab ich Rechtschreibfehler gemacht. Ich werd's Ihnen vorlesen. 1. Naturkunde, Kapitel zwei lesen. Fragen eins bis sechs beantworten. 2. Rechtschreiben. Übung zehn und elf machen. 3. Rechnen. Seite zwanzig, Nummer eins bis fünfzehn. 4. Lesen. Das hier.» Er hielt ein Taschenbuch hoch: *Die Reiter vom Pony-Expreß*. «Bis Freitag müssen wir Kapitel drei lesen. 5. Englisch. Seite zehn. Hauptwörter unterstreichen.»

Ich war überwältigt. Wie sollte Charlie die viele Arbeit schaffen? Während des Spätsommers hatte er täglich eine halbe Stunde Hausaufgaben gemacht, aber dies hier sah nach sehr viel mehr als einer halben Stunde aus.

«Glaubst du, daß du das alles schaffst?» fragte ich.

Charlie nickte. «Ich glaube schon. Sehen Sie, Naturkunde hab ich schon erledigt. Das meiste haben wir schon in der Klasse gemacht. Mit Rechnen bin ich halb fertig – es sind nur Additionen und Subtraktionen.»

Charlie schrieb bei mir eine halbe Seite Hauptwörter voll, und es war ersichtlich, daß er sie ohne Schwierigkeiten herausfand. «Personen, Orte, Dinge und Ideen. Ideen sind die einzigen, die schwierig sind.»

Wir wechselten uns beim Lesen des *Pony-Expreß* ab. Charlie ließ entweder die Wörter, die er nicht kannte, aus oder versuchte, sie aufgrund der Wortform oder des Satzzusammenhangs zu erraten. Ich korrigierte ihn nicht. Er war imstande, mir mit seinen eigenen Worten den Inhalt zu erzählen, und so wußte ich, daß er das Gelesene begriffen hatte. Ich wußte auch, daß er die zwei Kapitel nie schaffen würde, wenn er bei jedem unbekannten Wort unterbrechen mußte, um es herauszubekommen. Ich sagte zu ihm, er solle versuchen, diese Wörter aufzuschreiben, damit ich sie ihm dann erklären könnte, aber ich drängte nicht darauf. Er hatte ohnehin schon genug zu tun. Wir teilten die übriggebliebenen Seiten der Kapitel eins und zwei vom *Pony-Expreß* durch drei (Dienstag, Mittwoch und Donnerstag abend) und hefteten sie mit Heftklammern zusammen, so daß Charlie wissen würde, wieviel er jeden Abend lesen mußte.

Die Rechtschreibung war Charlies Waterloo. Die zwei Seiten im Rechtschreibbuch waren eine Wiederholung des langen a-Lauts. Die Schwierigkeit dabei lag darin, daß keine Regeln angegeben wurden und es keinen logischen Aufbau gab. Jede Woche mußten zwanzig neue Wörter gelernt werden, jeden Donnerstag gab es eine Prüfung über den Stoff. Ich kopierte die nächsten sechs Seiten von Charlies Rechtschreibbuch auf meinem Kopiergerät, entschlossen, irgendeinen Weg zu finden, wie ich ihm helfen konnte.

«Für diese Woche schreibst du sie nur auf. Die einfachen lernst du zuerst, und dann lernst du von den andern so viele wie möglich auswendig.»

Mrs. Yager und ich berieten uns jede Woche. Was Charlies Hausaufgaben betraf, war sie großartig. Sie war mit kürzeren schriftlichen Arbeiten einverstanden, korrigierte seine Rechtschreibung, erlaubte, daß er die korrigierten Arbeiten zu Hause für sich abschrieb, und ließ ihn, wann immer möglich, vor der Klasse brillieren, indem sie über etwas sprach, das er bereits wußte.

Charlies Mutter war auch gut. Sie ermutigte ihn und übte sich im «vorsätzlichen Ignorieren», indem sie absichtlich die Dutzenden von kleinen ärgerlichen Dingen, die Charlie tat, überging – und sich nur immer auf eine oder zwei Veränderungen zur gleichen Zeit konzentrierte.

Ich bemühte mich, die Dinge, die Charlie in der Schule lernte, so einfallsreich wie möglich zu erklären und zu festigen, und Charlie selbst versuchte, seine Konzentration zu verbessern, immer bei der Sache zu bleiben und das Wichtige vom Unwichtigen unterscheiden zu lernen.

Da es Charlie soviel bedeutete, vor seinen Klassenkameraden nicht als «dumm» dazustehen, verwendeten wir ungewöhnlich viel Zeit auf die Rechtschreibung. Charlie arbeitete so angestrengt, daß er bei den meisten Prüfungen mit «hervorragend» abschnitt, obwohl dies nicht bedeutete, daß er ein paar Tage später dieselben Wörter noch konnte, wenn er sie in einem Aufsatz gebrauchen mußte.

Mrs. Yager hatte Charlie sogar angeboten, die Rechtschreibtests auszulassen oder wenigstens die Zahl der Wörter zu verringern, zumindest für das erste Trimester. Aber Charlie wollte davon nichts hören.

«Was soll das heißen, die Tests nicht mitmachen?» Charlie war empört. «Was soll ich denn tun, während die andern alle den Test schreiben? Däumchen drehen? Es sind nur zwanzig Wörter, wissen Sie. Da ich jetzt weiß, wie ich sie lernen muß, werde ich nicht wieder dreizehn falsch schreiben, wie beim ersten Mal. So dumm bin ich nicht, wissen Sie.»

«Okay», sagte ich. «Ich glaube, ich kann mich nicht erinnern, daß du mir das schon mal gesagt hast.»

Charlie lächelte. «In Ordnung. Ich hab's begriffen. Ich dachte immer, ich könnte es nicht. Ich weiß nicht, warum. Es kommt mir so vor, als wäre es früher schwieriger gewesen, aber das ist unmöglich, weil es Stoff der dritten Klasse war, und der muß leichter sein als der der vierten.»

«Nun», sagte ich. «Du bist älter geworden, und das macht einen Unterschied.»

«Und ich bin nicht mehr so zornig», erwiderte Charlie leise, «und kann deshalb besser denken.»

Es stimmte. Charlies Geschichten, die er mir diktierte, enthielten weniger Gewalt, und er hatte auch gelernt, sich über längere Zeitabschnitte hinweg zu konzentrieren. Charlie machte seine Hausaufgaben, bestand seine Prüfungen, vergrößerte sein schulisches Wissen und lächelte sogar etwas mehr. Und weil die Dinge verhältnismäßig glatt liefen, vergaß ich Jim Hammond wahrscheinlich. Jim Hammond, allerdings, vergaß mich nicht.

Der erste November war ein grauer und kalter Tag – ein Vorbote des langen Winters, der erst noch kommen sollte. Aus einem Impuls heraus beschloß ich, im Wohnzimmer ein Feuer im Kamin zu machen und meine Büroarbeit dort zu erledigen.

Aber während ich das Streichholz anriß, klingelte das Telefon. Ich blies die Flamme aus und ging in die Küche, um den Hörer abzunehmen.

«Mrs. MacCracken? Hier spricht Jim Hammond, Charlies Vater. Seit Ihrer ersten Untersuchung ist fast ein halbes Jahr verstrichen, und ich würde gern wissen, ob Sie ihn noch einmal getestet haben und wie die Ergebnisse sind?»

Charlie noch einmal testen? Wann hätte ich die Zeit dazu gehabt? Jede Minute unserer Nachhilfestunden war vollgestopft mit zusätzlichen Erklärungen von Dingen, denen Charlie in der Schule begegnete, und dazu noch meine eigene regelmäßige Förderung seiner Lese-, Schreib- und Rechenfähigkeiten. Das konnte ich ihm natürlich nicht sagen. Wenn jemand in Charlies Team falsch sang, dann war das sein Vater. Aus diesem Grund sagte ich also nur freundlich:

«Hallo, Mr. Hammond. Ich freue mich, von Ihnen zu hören. Sie haben recht. Ihre Frau und ich sprachen darüber, daß wir feststellen wollten, was für Fortschritte Charlie macht. Ich hatte noch keine Gelegenheit, ihn erneut formell zu testen, aber ich bespreche mich jede Woche mit seiner Lehrerin, und sie sagt, daß er sich behauptet. Möchten Sie herkommen und sehen, was er hier macht?»

«Sich behauptet? Was soll das heißen, Mrs. MacCracken. Ich habe Ihren getippten Bericht über Charlies pädagogische Untersuchung hier vor mir liegen. Er enthält präzise Angaben über Charlies Intelligenzquotienten und die in Lesen und Rechnen gemessenen Werte. Ich schätze die genauen Daten dieses Berichts, Mrs. MacCracken...»

Es entstand eine lange Pause. Keiner von uns beiden sagte etwas. Schließlich ergriff Mr. Hammond wieder das Wort (es fiel mir bemerkenswert leicht, ihn in Gedanken wieder Mr. Hammond zu nennen statt Jim).

«Es sind fünf Monate vergangen», sagte er. «Ich finde, es ist an der Zeit, die Situation neu zu überdenken, wie wir das schon früher besprachen, und festzustellen, wieviel Fortschritt er gemacht hat, falls überhaupt.»

Wieder gab es eine lange Pause. Ich hielt den Atem an. Ich wollte schreien, verdammt, Mr. Hammond. Haben Sie eine Ahnung, wieviel Energie, wieviel Mut, wieviel Mühe es Charlie kostet, jeden Tag seine Hausaufgaben zu machen? In die Schule zu gehen und seinen Verstand auf das zu konzentrieren, was in der Klasse gelehrt wird? Jeden Tag beim Softball schlecht zu spielen und doch am nächsten Tag wieder mitzumachen? Können Sie denn nicht mit Ihren eigenen Augen sehen, was für Fortschritte er erzielt?

Ich stieß langsam die Luft aus und sagte: «Ich verstehe Ihre Sorge im Hinblick auf Charlies Fortschritt. Die Tests kosten nur soviel Zeit. Wir haben nur zwei Fünfundvierzigminutenstunden in der Woche. Um die Wissenstests, die Charlie im Juni machte, zu wiederholen, würden wir zwei Stunden benötigen, oder, anders ausgedrückt, eineinhalb Wochen. Ich glaube nicht, daß jetzt der richtige Augenblick ist, um soviel Zeit auf Tests zu verwenden, vor allem, da alles so gut zu laufen scheint.»

«Ich möchte nicht unhöflich sein, Mrs. MacCracken, aber

wollen Sie mir erzählen, daß Charlie, unser Sohn, ohne Ihre Hilfe für eineinhalb Wochen in der Schule nicht erfolgreich sein kann?»

«Ich versuche, Ihnen zu erklären, Mr. Hammond, daß beim augenblicklichen Spielstand Charlie alle Hilfe braucht, die er bekommen kann, und die Zeit, die wir zur Verfügung haben, für Tests statt fürs Lernen zu benützen, würde unklug sein.»

«Dann schlage ich vor, daß Sie zwei Stunden zusätzlich nehmen und diese Tests mit ihm durchführen.»

«Es tut mir leid, Mr. Hammond, nach der Schule habe ich keine Zeit frei, und ich glaube, wir sollten Charlie deshalb nicht aus dem Unterricht holen.»

«Darf ich fragen, was Sie dann vorschlagen?»

Am liebsten hätte ich gesagt: «Ich würde vorschlagen, daß Sie nicht länger auf Charlie herumhacken, sondern ihn unterstützen.» Doch trotz meines Ärgers vergaß ich nicht, daß nach allem, was seine Frau mir von ihm erzählt hatte, Jim Hammond ein guter, liebevoller Mann war, der für seine Familie sorgte. Und Charlie brauchte diese Fürsorge.

Ich studierte meinen Terminkalender und Charlies Schulplan. «Wie wäre es mit Freitag nach Thanksgiving? Für diesen Tag habe ich die meisten Verabredungen gestrichen.»

«Das ist fast noch einen Monat hin. Aber wenn es Ihnen anders nicht möglich ist, einverstanden. Wann können wir dann mit den Resultaten rechnen?»

Antreiben, und noch einmal antreiben. Sie machen mich verrückt, Mr. Hammond! Laut sagte ich: «Am Sonnabend. Kein geschriebener Bericht. Aber selbstverständlich kann ich die Tests sofort auswerten und Ihnen am nächsten Tag die Ergebnisse mitteilen.»

«Vielen Dank. Ich weiß das zu schätzen. Meine Frau wird Sie anrufen, um die genaue Zeit zu vereinbaren.»

Als June Hammond anrief, um die Termine für den Test und die nachfolgende Besprechung festzulegen, sagte sie: «Es tut mir wirklich sehr leid, daß wir so in Ihre Feiertage hineinplatzen. Ich möchte mich dafür entschuldigen. Und ich hoffe, Sie werden verstehen, daß ich an der Besprechung am Sonnabend nicht teilnehmen möchte. Ich weiß, was ich für Charlie empfinde, und ich weiß, was ich für Sie empfinde, und ob er bei irgendwelchen Tests ein paar Punkte verliert oder gewinnt, hat damit nicht das geringste zu tun. Außerdem bin ich überzeugt, daß Sie mit Jim besser reden können, wenn ich nicht dabei bin. Ich kann es nicht erklären, aber ich glaube es einfach. Wir machen also für Sonnabend einen Termin aus, für eine Zeit, die Sie bestimmen, aber Sie sollen jetzt schon wissen, daß ich nicht dabeisein werde.

Meine Schwester kommt mit ihrer Familie aus Boston her, und so kann ich sehr gut eine Entschuldigung finden.»

«Es tut mir leid, daß du an einem Feiertag kommen mußt, Charlie. Wie war Thanksgiving?»

Charlie gähnte. «Okay. Meine Vettern aus Boston sind da. Wir fahren in die Stadt, wenn ich hier fertig bin.»

Charlie gähnte wieder, und ich überlegte, wieviel Schlaf er wohl in der vergangenen Nacht gehabt hatte.

«Was wir heute tun wollen, ist folgendes: Wir überprüfen, wieviel mehr du jetzt weißt als letzten Juni. Wir machen einen oralen Lesetest, einen stillen Lesetest und einen kurzen Rechtschreib- und Rechentest.»

«Was heißt oral?»

«Laut lesen.»

«Verdammt! Warum soll ich diese Tests machen? Ich habe schon genug Prüfungen in der Schule.»

«Ich weiß. Gewöhnlich führe ich erst Ende des Jahres welche durch, aber es ist für deinen Dad wichtig, Charlie.»

«Oh, ich verstehe, er möchte wissen, ob ich immer noch ein Dummkopf bin.»

«Ich glaube nicht, daß er dich für einen Dummkopf hält. Vielleicht denkt er das von mir, aber nicht von dir.»

Charlie lächelte. «Also gut, bringen wir's hinter uns. Wie lange wird es dauern?»

«Ein paar Stunden.» Er verzog das Gesicht zu einer Grimasse. «Ich weiß», sagte ich. «Ich zahle das Doppelte wegen unfairer

Arbeit und Grausamkeit. Fang mit Rechnen an. Mach so viele Aufgaben, wie du kannst. Laß die weg, die du nicht verstehst, aber denk dran, daß sie weiter unten immer schwerer werden.»

«Oh, ich erinnere mich. Wie hab ich das letzte Mal abgeschnitten?»

«Nun», sagte ich und sah in Charlies Akte nach, «du warst auf dem Stand der dritten Klasse, erster Monat.»

«Wie viele Aufgaben muß ich lösen, um in die vierte zu kommen?»

Ich überlegte. Entsprach es den Vorschriften, wenn ich ihm offen antwortete? Ich entschied, daß es eine faire Frage war, schlug im Lehrerhandbuch nach und erzählte Charlie, wie viele er richtig haben mußte, um die Werte der vierten Klasse zu erreichen.

«Aber ich sehe deine Tests erst heute nachmittag durch und kann dir nicht vor Montag sagen, wie du abgeschnitten hast. In Ordnung?»

Wir machten es bei allen anderen Tests genauso, und wenigstens verschwand Charlies Gähnen.

Pünktlich um zwei Uhr stand Mr. Hammond am Sonnabend nachmittag vor der Tür. Seit dem späten Vormittag war eine Mischung aus feinem Regen und Graupel gefallen, die sich jetzt in kalte, schwere Regentropfen verwandelt hatte.

Mr. Hammond zog seinen Regenmantel aus und wischte sich die Regennässe, die nur in seiner Einbildung existierte, von dem schmalen Revers seines dunklen gestreiften Anzugs. Ich nahm ihm seinen Mantel ab und deutete auf die Treppe, die zu meiner Praxis hinaufführte.

«Warum gehen Sie nicht schon hinauf? Ich komme sofort. Ich möchte den Mantel nur unten im Heizungskeller aufhängen, damit er trocknet.»

Er wollte protestieren, doch eine kleine Lache begann sich bereits zu meinen Füßen zu bilden. «Kann ich das nicht machen?» fragte er.

«Nein, nein. Ich bin sofort wieder da.»

Mr. Hammond hatte sich noch nicht gesetzt, als ich den Raum

betrat. Er deutete auf ein paar Kohlezeichnungen an der Wand hinter dem Schreibtisch. «Hat Charlie eine davon gemacht?» fragte er.

Ich dankte im stillen Gott dafür, daß der Feuervogel nicht mehr an der Wand hing, sondern in Charlies Akte lag. Mr. Hammonds Widerstand wäre noch größer geworden, wenn er gesehen hätte, daß man Charlies Unzulänglichkeiten auch noch zur Schau stellte. Innerlich rang ich mit mir, ob ich ihn auf die Muschelgirlande hinweisen sollte, doch dann entschied ich mich dagegen.

«Die meisten von Charlies Arbeiten sind hier in seinem Kästchen», sagte ich und nahm einen Stoß Papiere und den schwarzweißen Notizblock heraus, auf dem wir die jedesmal geleistete Arbeit notierten.

Mr. Hammond schob die Blätter beiseite, ohne einen Blick darauf zu werfen, und setzte sich vor den Schreibtisch. «Meine Frau bedauert, daß sie heute nicht hiersein kann. Ihre Schwester ist aus Boston zu Besuch. Sie mußte plötzlich zum Arzt, und June hat sie hingefahren. Wenn sie früh genug fertig sind, kommt sie noch her. Wir können also ebensogut anfangen. Wie lief der Test?»

Ich öffnete Charlies Akte.

«Ausgezeichnet. Hier sind die Tests, die ich letzten Juni mit ihm durchgeführt habe. Dies sind die von gestern. Ich dachte, Sie würden sie gern vergleichen. Ich habe auch eine Aufstellung über die Unterschiede der erzielten Werte und Prozentränge gemacht.»

Diesmal zog Jim Hammond die Unterlagen zu sich heran und vertiefte sich gründlich in sie. Während er die Papiere studierte, studierte ich ihn.

Wer war dieser kleine Mann mit den schwarzen Augenbrauen? Was fühlte er tatsächlich für seinen Sohn? Wieviel verstand er? Wir hatten zwei Stunden zusammen verbracht, nach Charlies Untersuchung, und noch eine Stunde, ehe die Nachhilfesitzungen begannen, aber beide Male hatte seine Frau das Reden besorgt.

Charlie hatte kräftigere Maße als sein Vater – er würde größer werden, mit breiteren Schultern –, aber die gleichen schwarzen Haare und Augen. Allerdings waren Mr. Hammonds Brauen buschiger, sie stießen über seiner Nase fast zusammen. Ich suchte vergeblich nach einem Hinweis auf den Mann, der sich so liebevoll um seinen sterbenden anderen Sohn gekümmert hatte . . .

Die Blätter raschelten, während Mr. Hammond sie eilig durchsah. «Wie ist das möglich?» rief er. «Er hat im letzten halben Jahr im Lesen mehr als ein Jahr aufgeholt.» Sein Ton deutete an, daß ich die Werte auf irgendeine Weise manipuliert haben könnte.

Ich wählte meine Worte sorgfältig. «Ich glaube, dabei spielen mehrere Faktoren eine Rolle. Erstens hat Charlie eine Menge über das Dekodieren unbekannter Wörter gelernt. Er hat auch seinen aktiven Wortschatz erweitert, und er liest leichter und schneller als früher.

Zweitens ist Charlie sehr viel selbstsicherer. Er glaubt wirklich, daß er jetzt besser lesen kann, und das hilft. Er liest nun längere Abschnitte richtig durch, statt sie nur zu überfliegen und mehr oder weniger zu erraten. Bei dem Test, den Sie vor sich liegen haben, handelt es sich um einen stillen Lese- und Verständnistest. Fünfundzwanzig Minuten sind erlaubt. Als Charlie ihn letzten Juni machte – Niveau C (für dritte Klasse) –, schrieb ich hier in die Ecke, wie Sie sehen, daß er in elf Minuten fertig war, was bedeutet, daß er entweder ein äußerst schneller Leser ist oder das Ganze mehr oder weniger errät. Die Werte – zweite Klasse, achter Monat – beweisen, daß er zur zweiten Kategorie gehört. Gestern brauchte er die ganzen fünfundzwanzig Minuten für den Verständnisteil von Niveau D (D bedeutet vierte Klasse), Formular eins. Formular zwei verwende ich, wenn ich am Ende des Jahres den regulären Test durchführe.»

Ich zögerte, weil ich plötzlich merkte, daß ich so getan hatte, als würde Charlie dann noch zu mir kommen. Ich wußte, ich hatte einen Fehler gemacht. Keine fünf Minuten der Besprechung vergangen, und schon ein Fehler! Da mir nicht einfiel, wie ich ihn hätte ausbügeln sollen, sagte ich nur: «Er konzentrierte sich und war bereit, eine Menge Energie in den Versuch zu stecken, so viele Wörter wie möglich herauszubringen. Und wie Sie wissen, hat Charlie keine Schwierigkeiten, ein Wort zu verstehen, wenn er es einmal lesen kann.»

«Und es ist ein anderer Test? Nicht derselbe, den er schon mal gemacht hat?»

«Ja, Mr. Hammond. Es ist ein anderer Test.»

Er nickte. «Was könnte noch für den Unterschied verantwortlich sein? Nicht nur beim Leseverständnis, sondern auch bei anderen Tests. Beim Rechentest hat er Werte der vierten Klasse erreicht.»

«Als Charlie letzten Juni die Tests machte, war er verängstigt. Er blieb immer mehr zurück. Er wußte nicht, warum, und er wußte nicht, was er tun sollte. Jetzt, da er sieht, daß er lernen kann, ist er bereit, es zu versuchen.

Es hilft ihm zu wissen, daß ich weiß, was man wegen seiner Lernprobleme unternehmen muß. Wenn er sich ein Bein brechen würde und Schwierigkeiten mit dem Laufen hätte, würden Sie ihn zum Arzt bringen – um festzustellen, was ihm fehlt, und um ihm zu helfen. In unserer heutigen Gesellschaft ist es mit einem Kind, das Leseprobleme hat, das gleiche –»

«Wollen Sie damit andeuten, daß Charlie einen kaputten Kopf hat?» unterbrach Mr. Hammond mich. «Weil Sie ihn mit einem kaputten Bein vergleichen. Glauben Sie, daß das der Grund für Charlies Schwierigkeiten ist?» Mr. Hammond schob die Papiere über den Schreibtisch und starrte mich an.

Noch ein Fehler.

«Nein, natürlich nicht. Ich brachte es nur als ein Beispiel.»

«Ein Beispiel. Ich verstehe. Nun, wenn es also nicht sein Kopf ist, was ist es dann? Und vielleicht wäre es besser, wenn Sie Beispiele und Gefühle weglassen und wir das Ganze rein sachlich besprechen.

Und so möchte ich dieses Gespräch mit der Feststellung beginnen, daß nichts von all diesen Dingen für mich einen Sinn ergibt. Oh, ich weiß! Ich weiß! Sie haben es mir nach der Untersuchung erklärt. Sie haben mit meiner Frau gesprochen. Sie haben mit Charlie gesprochen, aber ich bin nicht sicher, ob sie mehr begriffen haben als ich.» Er schwieg einen Augenblick. Ich hatte das Gefühl, am liebsten hätte er hinzugefügt: «Allerdings mögen sie Sie mehr», aber er ließ diese Worte unausgesprochen.

«Nun lassen Sie mich Ihnen erklären, was für mich einen Sinn ergibt», fuhr Mr. Hammond fort. «Intelligenz bedeutet, daß man die Fähigkeit besitzt, Wissen zu erwerben, und die Fähigkeit, diese erworbenen Kenntnisse anzuwenden. Das ist die Wahrheit. Ich habe es im Lexikon nachgeschlagen, und auch ich persönlich finde das richtig, und so wollen wir diese Feststellung als Tatsache annehmen.

Lesen, Rechtschreiben, Rechnen sind alles Kenntnisse, die man erwerben und anwenden kann. Zumindest einige Leute können das. Charlie scheint nicht zu ihnen zu gehören, und daraus folgt – oder zumindest mir scheint es sehr klar zu sein –, daß Charlie nicht intelligent genug ist.»

Er schwieg, um sich zu räuspern. «So bedauerlich das auch sein mag.»

«Das ist ein großer Irrtum», widersprach ich. Es fiel mir schwer, meine Stimme ruhig klingen zu lassen. Wie konnte er nur so etwas behaupten? «Charlie ist intelligent. Sehen Sie sich seine Antworten beim Wechsler-Test an.» Ich nahm den Test aus Charlies Akte und legte ihn vor ihn hin. «Er kann abstrakt denken, er kann sachlich denken, er kann Probleme lösen, er hat eine Menge...» Mitten im Satz brach ich ab. Was machte ich da? Tatsächlich, ich stritt mich mit diesem Mann – mit dem Mann, der Charlies Vater war und den Charlie so dringend brauchte. Ich sollte zuhören, nicht streiten.

«Entschuldigen Sie», sagte ich. «Sie kennen Charlie soviel länger – Sie haben soviel mehr Informationen als ich. Warum glauben Sie, daß Charlie zuwenig Intelligenz besitzt? Ist es nur die Schularbeit, oder geht es auch um die Art, wie er sich zu Hause benimmt?»

Nach einer kleinen Pause sagte Mr. Hammond: «Nun, es handelt sich um beides. Nicht lesen zu können ist eine schreckliche Sache, obwohl Sie zu glauben scheinen, daß er sich darin jetzt bessert. Doch es ist noch viel mehr.» Mr. Hammond lehnte sich über den Schreibtisch. «Er braucht immer Hilfe. Zwanzigmal am Tag und in der Nacht kommt er ins Wohnzimmer oder ins Schlafzimmer gelaufen und bittet June, ihm bei diesem oder jenem zu helfen. Sie sagt niemals nein. Er ist wie ein kleines Kind, nicht wie ein Neunjähriger. Neun – vergessen Sie das nicht. Letzte Woche wurde er neun, und er ist nicht imstande, irgend etwas selbständig zu tun.

Bitte, verstehen Sie mich nicht falsch. Nicht, daß ich ihn nicht lieben würde. Ich liebe ihn wirklich. Aber man muß sich auch fragen, was das für Charlie selbst für ein Leben ist. Immer der Letzte zu sein. Immer auf dem Tiefpunkt zu sein. Auch im Sport. Er wird nie zu einem Team gehören – wenn man ihm einen Ball zuwirft, trifft der ihn am Kopf. Ich sage Ihnen, er ist woanders besser aufgehoben.»

«Woanders?» Ich brachte das Wort kaum heraus.

«Ja, in einer anderen Schule. Ich habe mich mit dieser Frage beschäftigt. Bei einem Fußballspiel diesen Herbst traf ich zufällig einen alten Freund aus dem College wieder, und der erzählte mir, er hätte seinen Sohn in einer neuen Schule, einem Pensionat in Pennsylvania untergebracht. Es ist nicht billig, aber er meint, es sei die Sache wert – es hat ihr ganzes Leben verändert.»

«Aber –»

«Nein, lassen Sie mich ausreden. Bitte! Ich wollte June dabeihaben, wenn ich diese Frage anschneide, weil ich dachte, es würde sie hier weniger aufregen, als wenn ich zu Hause davon anfinge. Aber da sie nicht mitgekommen ist, möchte ich Ihnen offen sagen, was ich glaube.

Ich glaube, sie deckt ihn – sie macht die Arbeit für Charlie. Ich glaube, Sie decken ihn – indem Sie versuchen, ihnen beiden ein besseres Lebensgefühl zu geben. Und ich glaube, daß die Schule auf irgendeine Art und Weise auch mit drinsteckt. Wie dem auch sei – ich habe genug. Es ist Zeit, den Tatsachen ins Auge zu sehen. Charlie ist nicht in Ordnung. Er war nie in Ordnung, und er wird es auch nie sein. Ich verstehe all die Schwierigkeiten nicht, und ich will nicht behaupten, daß er zurückgeblieben ist, aber er ist unterentwickelt und wird bei seinesgleichen besser aufgehoben sein.»

Ich saß da und schwieg. Irgend etwas Schreckliches ging da vor sich, und ich hatte keine Ahnung, wie ich es aufhalten sollte.

«Wir haben einen Jungen verloren, wissen Sie. Ich bin sicher, June hat Ihnen von ihm erzählt. Und mit Charlie ist auch etwas passiert. Manche Leute sollen eben keine Kinder haben. Man muß sich damit abfinden.»

«Sie glauben, daß Sie keine Kinder haben sollen?» wiederholte ich.

«Es scheint so», erwiderte er in sachlichem Ton. «Ich bemühte mich, so gut wie möglich, um Jason. Ich habe mich bei Charlie bemüht. Ich habe weder zu dem einen noch zu dem anderen je Kontakt bekommen. Ich kann mir nur denken, daß es eben nicht sein soll.

Hören Sie, ich spreche nicht davon, ihn in irgendein Heim zu stecken. Es ist eine Schule. Eine Menge Kinder gehen woanders zur Schule. Das ist doch nichts Schlimmes.»

«Er ist erst acht. Ich meine, neun. Wie heißt die Schule?»

Er nahm eine Karte aus seiner Brieftasche. «High Mountains.»

«Sie muß sehr teuer sein, wenn sie so gut ist, wie Ihr Freund behauptet.»

«Das ist sie. Aber June hat gerade ein phantastisches Geschäft abgeschlossen. Sie hat fast ihr ganzes Leben hier gelebt, wissen Sie, und hat deshalb viele Kontakte, und jetzt hat sie einen Fünfhunderttausenddollarbesitz oben auf dem Hügel verkauft, und die Provision davon wird eine Weile reichen. Und ich bin überzeugt, daß sie noch mehr Abschlüsse machen wird. Was Geld angeht, hat sich die Situation also geändert. Das ist jetzt kein Thema mehr.»

Am liebsten hätte ich gesagt: «Aber du hast das Geld nicht verdient, und June weiß nicht mal was von deinem Plan.» Doch ich hatte schon genug Fehler in einer Stunde gemacht.

«Sie haben sich offensichtlich viele Gedanken über alles gemacht.» Ich würde seine Meinung in den nächsten paar Minuten nicht ändern können, und doch wußte ich, daß sein Vorhaben falsch war. Falsch für Charlie und auch falsch für seinen Vater. Ich brauchte Zeit zum Nachdenken.

«Also», sagte ich, mit einem Blick auf die Uhr, «ich fotokopiere jetzt am besten die Testwerte, damit Sie sie June zeigen können.»

Das alte Kopiergerät brummte laut für ein paar Minuten, während ich im kleinen Zimmer nebenan die Papiere ablichtete. Ich dachte, Mr. Hammond sei inzwischen aufgestanden und warte bei der Tür, doch er saß immer noch vor dem Schreibtisch.

Plötzlich fühlte ich mich sehr müde. Der Regen prasselte gegen die Scheiben. Ich lehnte mich an den Schreibtisch und hielt Mr. Hammond schweigend die Kopien hin. Ich traute mich nicht, ein Wort zu sagen.

Schließlich ergriff er die Papiere, aber er machte keine Anstalten aufzustehen.

Nun war ich diejenige, die es nicht mehr länger aushielt. «Ich hole Ihren Mantel und warte dann unten an der Tür», sagte ich gepreßt.

Am Montag morgen klingelte das Telefon um sieben Uhr.

«Hier ist Jim Hammond; Mrs. MacCracken. Entschuldigen Sie, wenn ich so früh störe. Ich bin auf dem Weg ins Büro und wollte Sie sprechen, ehe Sie heute nachmittag Charlie sehen. Ich . . . hm . . . hatte noch keine Gelegenheit, mit June über die Schule zu reden – und mit Charlie auch nicht. Ich wäre Ihnen dankbar, wenn Sie es ihm gegenüber noch nicht erwähnen würden.»

Eine Gnadenfrist.

In den nächsten drei Wochen hörte ich von Mr. Hammond nichts mehr. Meine Gespräche mit Charlies Mutter und seiner Lehrerin verliefen wie immer – kurz, präzise. Wir alle spürten, daß Charlie weitere Fortschritte machte.

Dann, kurz vor den Weihnachtsferien, rief Mr. Hammond wieder morgens um sieben Uhr an und fragte, ob ich über die Feiertage verreise, und wenn nicht, ob er vorbeikommen könne. Cal und ich wollten nur eine Woche wegfahren, und so machten wir einen Termin aus, drei Tage nach Weihnachten.

Mr. Hammond eröffnete das Gespräch, sobald er sich in dem Stuhl vor dem Schreibtisch niedergelassen hatte. «June weiß nicht, daß ich hier bin. Charlie auch nicht. Und ich würde es gern dabei belassen, zumindest im Augenblick.»

Ich nickte und wartete darauf, daß er weitersprach, doch er schwieg ein paar Minuten lang und betrachtete seine Hände. Dann sagte er langsam: «Ich bin kein demütiger Mensch, Mrs. Mac-Cracken, und kann auch meine Gefühle nicht so leicht in Worte fassen. Ich bin Techniker und habe sehr viel mehr Vertrauen in eine Sache als in einen Menschen und weiß auch mehr über Sachen als über Menschen. Es ist mir sehr schwergefallen herzukommen. Ich erzähle Ihnen das nicht, weil ich Ihr Mitleid erregen möchte, sondern damit sie verstehen, wie wichtig das Ganze für mich ist.

Seit meinem letzten Besuch hier habe ich sehr viel nachgedacht und Charlie sehr genau beobachtet. Und ich bin mir nicht sicher, ob es einen Sinn ergibt, aber ich glaube, ich bin Charlie gegenüber nicht fair gewesen. Irgendwie bringe ich ihn in meinen Gedanken immer mit Jason durcheinander – als wären sie eine Person, eben mein Sohn. Und als ich Ihnen erklärte, ich hätte mit Charlie mein möglichstes versucht, meinte ich das auch so.

Inzwischen weiß ich es nicht mehr so genau, ich habe mir überlegt, daß ich vielleicht ein wenig durcheinander war und daß alle Mühe und Arbeit nur Jason gegolten hat. Er war so krank – Sie können sich nicht vorstellen, wie krank und klein und verängstigt er war. Wie dem auch sei, ich habe mir gesagt, ich müßte mir einmal Klarheit verschaffen. Anscheinend verlange ich von anderen Leuten immer, daß sie genau sind, und so dachte ich, ich sollte das auch einmal sein. Was genau hatte ich für Charlie getan?

Mir fielen nicht sehr viele Dinge ein. Wissen Sie, was ich meine? Ich hatte das Gefühl, als hätte ich schrecklich viel mit ihm gearbeitet, doch jetzt fällt mir nicht ein, was ich getan habe, falls ich überhaupt etwas getan habe.

Und deshalb bin ich hier. Ich möchte wissen, ob ich irgend etwas tun kann, und wenn ja, was.

Den Gedanken an die Schule habe ich nicht aufgegeben. Ich möchte nicht, daß Sie das glauben. Es ist nur ... nun, um ehrlich zu sein, ich möchte Charlie mit ruhigem Gewissen hinschicken können. Ich möchte sicher sein, daß alles erdenklich Mögliche für ihn getan wurde.»

Ich betrachtete die Sonne, deren Strahlen auf dem Schnee im Wald hinter den Praxisfenstern schimmerten. Ich war nicht sicher, ob mir gefiel, was ich gehört hatte. Es klang fast so, als täte Mr. Hammond das alles mehr um seiner selbst als um Charlies willen. Ein ruhiges Gewissen. Hatte ich überhaupt Lust, mich einzumischen und Mr. Hammond zu helfen, sein Gewissen zu beruhigen?

«Nun», sagte er. «Gibt es etwas, das ich tun kann?»

«Ja, natürlich.» Wer war ich, daß ich irgend jemandes Gewissen beurteilen durfte? Charlie brauchte seinen Vater. Manchmal ist es unwichtig, wie etwas beginnt. Wenn Charlie und sein Vater sich kennenlernen, Vertrauen zueinander fassen konnten, welche Rolle spielte es dann, was der Anlaß dazu gewesen war?

«Zunächst einmal», sagte ich, «können Sie Charlie zuhören und ihn wissen lassen, daß das, was er sagt und denkt, wichtig ist für Sie.

Lernen Sie sein Zimmer kennen. Was für Poster hat er an die Wand gehängt? Was für Musik hört er? Machen Sie es sich zum Prinzip, ihn auf ihm vertrautem Gelände kennenzulernen, und treffen Sie ihn dort möglichst oft. Sie brauchen ja nicht ewig zu bleiben, aber es sollte für Sie beide erfreulich sein. Was immer Sie auch für Vorstellungen von Bettenmachen und Ordnunghalten haben, reden Sie darüber zu einer anderen Zeit, an einem neutralen Ort. Wenn Sie bei ihm hereinschauen, um ihn zu besuchen, hacken Sie nicht auf ihm herum.

Nehmen Sie June ein paar Dinge ab. Erleichtern Sie ihr ihre Bürde, und zeigen Sie Charlie auch, daß Sie einbezogen werden wollen. Sie sagten oder deuteten es zumindest an, daß sie Charlie bemuttert und vieles für ihn tut, was er sehr gut selbst machen könnte. Vermutlich ist das wahr, aber wenn Sie dazugehören und ihm helfen möchten, können Sie ihm schrittweise zeigen, wie er die Dinge allein bewältigt.

Schrittweise ist hier das entscheidende Wort. Wenn er einen Aufsatz über Alexander Graham Bell schreiben muß, sagen Sie nicht einfach zu ihm, er soll sich hinsetzen und an die Arbeit machen. Das kann er nicht. Er weiß nicht wie, und er ist angesichts der vielen Wörter, die er produzieren soll, verwirrter und verängstigter als die meisten Kinder. Gehen Sie mit ihm in die Bibliothek. Zeigen Sie ihm, wie man den Katalog benützt. Sprechen Sie mit der Bibliothekarin. Fragen Sie, welches der Nachschlagewerke am einfachsten und übersichtlichsten ist. Helfen Sie Charlie, das entsprechende Buch zu finden. Helfen Sie ihm, die Seiten mit den einschlägigen Informationen zu fotokopieren, damit er sie mit nach Hause nehmen kann. Er schreibt viel zu langsam, um sich in der Bibliothek Notizen zu machen. Helfen Sie ihm, sich zu organisieren. Helfen Sie ihm, wenn ihm beim Schreiben nichts einfällt. Helfen Sie ihm, es umzuschreiben. Lassen Sie seine Lehrerin wissen, daß Sie ihm helfen.

Erwarten Sie nicht zuviel. Selbst wenn er alles noch einmal schreibt, wird er einen Haufen Fehler machen. Aber loben Sie ihn. Loben Sie ihn für die Mühe, die er aufgewandt hat, nicht nur für das Ergebnis. Und er wird allmählich besser werden. Dann können Sie Ihre Hilfe einschränken. Machen Sie niemals die Arbeit für ihn, aber lassen Sie ihn sich auch nicht abquälen.

Bringen Sie ihm soviel wie möglich bei. Veranlassen Sie ihn dazu, sich zusammen mit Ihnen die Nachrichten anzusehen. Sprechen Sie später darüber. Kaufen Sie eine Weltkarte und eine Karte der Vereinigten Staaten. Hängen Sie sie in der Küche oder im Gang auf, und markieren Sie mit Nadeln die Orte, über die Sie gesprochen haben.

Lesen Sie ihm aus den Büchern vor, die ihn interessieren, und aus Zeitschriften, Büchern und Zeitungen, die Sie interessieren. Wenn jemand einen neuen Impfstoff entwickelt hat, erzählen Sie ihm davon. Wenn die Aktien fallen, erklären Sie ihm, was das heißt. Fassen Sie sich kurz, und bringen Sie ihn nicht in Verlegenheit, kritisieren Sie ihn nicht, werden Sie nicht ungeduldig, wenn er vergißt, was Sie gesagt haben. Seien Sie höflich. Sagen Sie es noch einmal. Die Hauptsache ist, daß Sie auf Charlie einwirken und ihm soviel wie möglich von der Welt zeigen.»

Mr. Hammond hatte sich Notizen gemacht, seine Augenbrauen dicht zusammengezogen.

«Hören Sie. Sie brauchen das nicht alles aufzuschreiben. Sie wissen es längst. Ich bringe es Ihnen nur wieder einmal ins Bewußtsein.»

«Mrs. MacCracken, wie ich Ihnen eben bereits sagte, bin ich Techniker, Chemiker. Ich arbeite in der Forschungsabteilung einer Chemiefirma. In meiner Arbeit bin ich gut, aber ich werde nie aufsteigen, weil ich nicht mit den Leuten auskomme oder nicht weiß, wie man sie zu nehmen hat. Damit finde ich mich ab. Die meisten Leute mag ich sowieso nicht besonders.

Bitte, stellen Sie keine Mutmaßungen darüber an, was ich weiß oder nicht weiß. Charlie ist außer mir der erste und wahrscheinlich der letzte neunjährige Junge, den ich je kennen werde. Wo hätte ich über den Umgang mit ihm etwas lernen sollen? Gewiß nicht von meinem Vater. Er war der Meinung, Kindererziehung sei Frauensache. Bitte, machen Sie weiter.»

Er wartete mit schreibbereitem Stift. Mein Kopf war leer. Plötzlich schien es mir eine zu große Aufgabe zu sein und eine Anmaßung von mir zu glauben, ich könnte sie lösen.

«Ich weiß nicht. Eine Menge wird sich ganz natürlich ergeben, wenn Sie erst einmal angefangen haben. Sie können nie etwas verkehrt machen, wenn Sie ihm sagen, daß Sie ihn lieben und es Ihnen gleichgültig ist, ob er beim Baseball tausendmal trifft oder überhaupt nicht. Erzählen Sie ihm von ein paar Dingen, die Sie selbst nicht konnten, als Sie neun Jahre waren.

Und Sie könnten ihm eine elektrische Schreibmaschine kaufen und jemanden besorgen, der ihm das Tippen beibringt. Die Tastatur ist praktisch die gleiche wie bei einem Wortprozessor. Wortprozessoren und Computer werden in der Erziehung eine große Rolle spielen. Charlie könnte das zu seinem Vorteil ausnutzen. Und vielleicht könnten Sie eine Aufstellung machen» – ich hatte meine Fassung wiedergefunden, spulte meinen Faden ab, verlegen, aber zu aufgeregt, um mich darum zu kümmern –, «eine Liste mit all den Dingen, die Sie an ihm lieben. Sie brauchen sie Charlie nicht zu zeigen, doch Sie könnten sie als Erinnerungshilfe verwenden. Und sie können auch eine Liste aller guten oder ordentlichen oder intelligenten Dinge aufstellen, die er tut.

Versuchen Sie herauszufinden, worin er gut ist – ein Gebiet, auf dem er sich ohne Schwierigkeiten hervortun kann. Das wird ihn mehr als Worte davon überzeugen, daß er wirklich ein intelligenter, tüchtiger Mensch ist.

Und haben Sie Spaß mit ihm. Gehen Sie fischen oder schwimmen oder ins Kino oder zu einem Ballspiel, essen Sie ein Würstchen mit ihm oder erzählen Sie ihm ein paar Witze.

Sehen Sie, außer June ist Charlie das Schönste, das Ihnen je passieren wird. Sie gehören zusammen. Er gehört zu Ihnen, und Sie gehören zu ihm, und jeder ist für den andern eine antreibende Kraft, wie er sie sonst nirgends findet.

Wahrscheinlich würde ich dies auch sagen, wenn Charlie blind, taub und stumm wäre, weil Kinder, auch die anderer Leute, mir so viel Freude machen.

Aber Charlie ist anziehend, und er ist intelligent und liebevoll. Auf viele Arten gleicht er Ihnen – und er gehört zu Ihnen. Sie werden eine herrliche Zeit zusammen haben.»

Endlich hörte ich auf zu reden.

Mr. Hammond lächelte mich an. Ich hatte ihn noch nie lächeln gesehen. «Sie lieben Ihre Arbeit genauso wie ich meine», sagte er. «Auf Wiedersehen, und vielen Dank.»

Er wandte sich zum Gehen und drehte sich dann noch einmal um.

«Wegen der Schule, Sie wissen schon, in die der Sohn meines Klassenkameraden geht. Vermutlich hat man gar keinen Platz mehr frei, schließlich ist es schon mitten im Schuljahr. Ich bezweifle, daß es einen Zweck hat, anzufragen.»

«Überhaupt keinen», stimmte ich zu und lächelte nun auch, wider Willen.

Während der Wintermonate «trainierten» wir weiter Charlies Rechtschreib- und Dekodierungsfähigkeiten. Er hatte die Grundlagen der Beziehungen zwischen Lauten und Symbolen gemeistert – die Laute der Konsonanten und Vokale und die Mischlaute. Jetzt bezog ich auch Digraphs, Verbindungen von zwei Buchstaben zu einem Laut, mit ein und wiederholte die Bedeutung von geschlossenen, offenen und stummen e-Silben. Ich lehrte ihn, die vier anderen Silbenarten zu erkennen, zu lesen und zu schreiben: die Selbstlautverbindung wie in fair oder Eis oder sie; die r-Kontrollsilbe; den Diphthong, wie au in August; und die Endungssilbe le wie in Bubblegum.

Die sieben Silben leuchteten Charlie ein. Sie strukturierten einen bis dahin geheimnisvollen Stoff. Er lernte, die Vokale im Wort zu finden, sie zu kennzeichnen, zu bestimmen, zu welcher Art von Silbe sie gehörten, und dann zu lesen – oder manchmal auch zu schreiben. Wörter, die nicht den Regeln entsprachen, blieben weiter «rote Wörter» und wurden auf Karteikarten geschrieben und auswendig gelernt. Charlie war erstaunt, wie wenige er auswendig zu lernen hatte, jetzt, da er das Werkzeug besaß, Wörter in Silben zu zerlegen, diese zu klassifizieren und wieder zusammenzusetzen.

In der Schule behauptete Charlie sich. Seine Noten für das zweite Trimester waren in allen Fächern befriedigend, bis auf Rechtschreiben und Aufsatz. Noch wichtiger war, daß Mrs. Yager fand, Charlie bemühe sich wirklich sehr und verdiene ein großes Lob.

Charlies größte Sorge in der Schule war, daß er noch immer keine enge Beziehung zu einem anderen Jungen hatte und auch nicht zu einer Gruppe befreundeter Jungen gehörte. Seine schlechte körperliche Koordination war ein Hindernis, außerdem fehlte es ihm an gesellschaftlichen Umgangsformen.

Irgendwie klatschte Charlie bei einer Theatervorführung immer zu laut oder an der falschen Stelle. Er lachte über Dinge, die andere Kinder nicht komisch fanden. Er unterbrach den Unterricht oder vergaß, wo er stehen sollte, wenn die Kinder sich während der Turnstunde in einer Reihe aufstellen sollten. Er stolperte beim Betreten der Bühne, als seine Klasse im März-Konzert singen sollte. Viertkläßler sind ohnehin gehemmt, und wenn Charlie dabei war, spürten sie ihre Gehemmtheit nur um so mehr. Mrs. Yager versuchte, Charlie beim Lernen der gesellschaftlichen Gepflogenheiten zu helfen, und seine Mutter ebenfalls.

Ich bemühte mich auch, Charlie die Bedeutung von Gesten,

Mimik und Tonlage begreiflich zu machen und ihm zu erklären, wie er mit anderen Leuten auskommen konnte. Manchmal erfand ich für Charlie Szenen, die er ergänzen oder in denen er eine Rolle spielen mußte.

«Also, Charlie», sagte ich, «nehmen wir an, du gibst eine Geburtstagsparty. Ich heiße George. Ich bin gerade erst hergezogen, trotzdem hast du mich eingeladen, weil ich in deiner Klasse bin und weil du außerdem ein netter Junge bist. Stellen wir uns vor, dies sei dein Wohnzimmer, dort drüben ist die Haustür, und du bist hier drinnen mit ein paar anderen Jungen. Jetzt komm ich rein.» Ich platzte zur Tür herein, lief an Charlie und den anderen Kindern vorbei, blickte mich um und rief: «Wo ist denn der Kuchen. Hast du nicht gesagt, es ist dein Geburtstag?»

«So blöd ist niemand», erklärte Charlie angewidert.

«Blöd? Was willst du damit sagen?» fragte ich, immer noch als George.

«Na, hören Sie, Mary, kein Mensch fragt einfach so nach dem Kuchen.»

«Aha. Was hätte George denn tun sollen?»

«Einfach warten. Der Kuchen kommt zum Schluß.»

Ich lächelte. «Du hast recht», antwortete ich und dachte an die Beschwerde seiner Mutter, daß Charlie beim Einkaufen die Verkäuferin um etwas zu trinken gebeten hatte. Doch ich machte keine Bemerkung darüber. «Wenn man bei jemand anders ist, wartet man, bis man Kuchen oder was auch immer angeboten bekommt.

Außerdem finde ich, hätte George hallo sagen können, wenigstens zu dir, ehe er irgend etwas anderes tat.»

Und die ganze Zeit über, während ich mit Charlie arbeitete und mit der Lehrerin und seiner Mutter sprach, wartete ich schweigend, aber ungeduldig auf ein Zeichen, daß sich zu Hause etwas änderte. Studierte Mr. Hammond bloß seine Listen, oder unternahm er tatsächlich etwas?

Der erste Hinweis kam nicht von Mr. Hammond oder Charlies Lehrerin oder seiner Mutter, sondern von Charlie selbst.

Charlie wurde plötzlich aktiv. Er erzählte mir, daß er seine alten

Legospiele hervorgeholt habe und alles mögliche zusammenbaue. Er hatte Geld von seinem Sparbuch abheben müssen, um kompliziertere Bauvorlagen zu kaufen. Von Lego wechselte er über zu Mobiles. Ein halbes Dutzend baumelte von seiner Decke.

Als der Winter dem Frühling Platz machte, verlegte Charlie seine Bauleidenschaft ins Freie. Charlie und sein Freund Sam errichteten an den Wochenenden ein Clubhaus, ein zweistöckiges Clubhaus in Charlies Hof. Charlie zeichnete für mich einen Grundriß, und ich war erstaunt über sein Raumverständnis. Und noch mehr staunte ich, als er mir ein Foto brachte, denn nun war Charlie mit Fotografieren beschäftigt. Er erzählte, er habe eine kleine Kamera bekommen, und jetzt führe er den Nachbarhund aus, um zusätzliches Taschengeld zu verdienen. Zweifellos war Charlie dabei, die Grenzen seiner Welt auszudehnen, aber ob Mr. Hammond dahintersteckte oder nicht, war schwer zu sagen. Ich hätte fragen können, doch eine gewisse Scheu hinderte mich daran. Was immer in Charlies Welt geschah, war gut und schloß mich nicht ein. Ich wollte äußerst vorsichtig sein und den Prozeß dessen, was sich entwickelte, nicht stören. Trotzdem, das viele Holz für das Clubhaus und die Kamera mußten ja irgendwoher kommen.

Der April ging in den Mai über, und Charlie sprach von nichts anderem als dem bevorstehenden Klassenausflug. Die beiden vierten Klassen wollten ins Naturkundemuseum gehen. Die große Sensation war jedoch nicht das Museum selbst, sondern die Tatsache, daß sie mit einem regulären öffentlichen Transportmittel fahren würden, nicht mit einem gecharterten Bus. Viele dieser Mädchen und Jungen waren noch nie in einem Bus oder in einer U-Bahn gewesen. Ihre Mütter verbrachten täglich Stunden damit, ihre und andere Kinder zur Schule zu fahren, zur Klavier- oder Gitarrenstunde, zum Karate- und Tanzunterricht, zu Hockeyspielen und Schwimmtreffen. Nach langen Diskussionen kamen die Eltern überein, daß ein Ausflug mit Bus und U-Bahn eine «Lernerfahrung» sei, und unterschrieben die Erlaubnis.

Am Tag vor dem Ausflug hatte Charlie bereits alles auswendig gelernt. «Wissen Sie», sagte er, «wir gehen bis zur Bushaltestelle, jeder muß einen Kameraden haben, und wir gehen zu zweit, und jede Klasse fährt mit einem anderen Bus über die Brücke. Dann nehmen wir den Expreß – so heißt die U-Bahn – zur 125sten Straße, steigen um in eine andere und fahren bis zur 80sten Straße. Von da aus gehen wir zu Fuß zum Museum. Es ist nur ein paar Blocks weit.»

Ich konnte ein Lächeln nicht unterdrücken. Charlie war so begeistert. «Du klingst wirklich, als seist du reisebereit.»

«Ja», meinte Charlie, «wir haben es in der Schule genau durchgenommen. Ich hoffe nur, daß mir im Bus nicht schlecht wird und daß ich kein Mädchen als Begleitung kriege.»

«Wir war's denn, Charlie. Hat es dir gefallen?»

«Sie werden es nicht glauben! Warten Sie, bis ich Ihnen alles erzählt habe.» Charlies Augen hinter der Brille blitzten, und ein Büschel Haare stand ihm mitten auf dem Kopf senkrecht in die Höhe.

«Zuerst mal zog ich Rick Tower als Begleiter, und er ist praktisch der beliebteste Junge in unserer Klasse, und er meinte sogar, es wäre interessant, was ich ihm über Mr. Ammann erzählte, Sie wissen schon, den Mann, der die Brücke entworfen hat. Dad und ich hatten gerade einen Artikel über ihn gelesen.

Und die U-Bahn war großartig. Da war ein Mann, der trug Zeitungspapier in seinen Schuhen, und ein Mädchen hatte einen Haarschnitt wie ein Indianer, und die Haare waren rosa.

Ja. Na, und dann kamen wir zum Museum. Ich war schon mal mit Mom und Dad dortgewesen. Aber die Dinosaurier sind wirklich nett, vor allem der Riceratrops.»

«Triceratops?»

«Ja, der – und der andere mit den kurzen Vorderbeinen und dem riesengroßen Kopf. Tyrasoranus Rex heißt er, oder so ähnlich. Sie wissen schon.»

Ich nickte.

«Der Indianerraum war auch ganz nett. Dann aßen wir zu Mittag in einem besonderen Eßraum, und danach durften wir im

Geschenkeladen einkaufen. Ich kaufte ein paar Postkarten von Afrika und ein paar Marken für Dads Sammlung und einen kleinen rosa Stein für Mom.»

«Das war sehr aufmerksam von dir, Charlie, Geschenke zu kaufen.»

«Ja. Na, warten Sie nur, bis Sie den schlechten Teil hören. Ich glaube, Rick war es leid, mit mir zu gehen, und auf dem Rückweg zur U-Bahn ging er einfach etwas voraus und lief neben den beiden Jungen her, mit denen er wirklich befreundet ist.

Mir war ziemlich elend zumute, und so nahm ich das Geschenk für Mom heraus, um es im Gehen zu betrachten. Ich wußte, es würde ihr gefallen, und da fühlte ich mich wieder besser, doch dann stieß mich ein großer Junge an, und ich ließ den Stein fallen und konnte ihn nicht mehr finden.»

«Oh, Charlie! Und was passierte dann?»

«Nun, ich suchte weiter nach ihm, und dann, plötzlich, merkte ich, daß ich allein war. Natürlich nicht richtig allein. Es war ein Haufen Leute da – bloß meine Klasse war verschwunden.

Ich fing an zu rennen. Es waren ja nur ein paar Blocks bis zur U-Bahn, und ich dachte, ich könnte sie einholen, aber ich muß falsch abgebogen sein oder so was. Mein Gott, hab ich angefangen zu schwitzen!»

«Kein Wunder, Charlie», sagte ich. «Ganz allein in New York am Nachmittag, und der Abend kommt bald.»

Charlie nickte. «Aber wissen Sie, ich beschloß einfach, mir einen Plan zu machen. Und als ich das beschlossen hatte, wurde ich irgendwie ruhiger. Mein erster Plan war, mich nach dem Weg zur U-Bahn in der 80sten zu erkundigen, aber in dem Laden, in dem ich fragen wollte, war so ein unheimlicher Kerl, da dachte ich, mein Lieber, da verschwindest du besser. Ich entdeckte eine Telefonzelle, und die Vermittlung rief Mom an, aber es war niemand zu Hause. Weil Mrs. Yager sie angerufen hatte. Und sie und Dad *und* die Polizei suchten schon nach mir. Das wußte ich da aber noch nicht.

Jedenfalls wußte ich Dads Büronummer nicht, aber ich erinnerte mich an den Namen seiner Firma – Cartan Chemicals –, und die

Vermittlung fand sie. Und ich fragte nach Dad, und seine Sekretärin erzählte mir, daß Dad schon nach mir suchte. Ich sollte bleiben, wo ich war. Ich mußte rausgehen und mir die Straßenschilder ansehen – Amsterdam Avenue und 75ste Straße –, damit ich sagen konnte, wo ich war. Junge, war ich froh, daß ich Amsterdam rausbrachte. Jedenfalls sagte sie, Dad würde alle zwanzig Minuten anrufen und sich erkundigen, ob es etwas Neues gibt. Ich sollte bleiben, wo ich war, und er würde mich holen kommen. Und das tat er auch. Er und Mom fuhren mit unserem Kombi bis vor die Telefonzelle. Mom war völlig durcheinander und weinte, aber wissen Sie, was mein Vater sagte? Er sagte, ich hätte meine Sache gut gemacht.»

Charlie setzte sich etwas aufrechter hin. «Ich hatte sogar das Gefühl, daß er richtig stolz war auf mich.»

«Ich wette, das war er, Charlie. Sich zu verlaufen kann jedem passieren. Was man dann unternimmt, ist das Wichtige.» Ich hatte das deutliche Gefühl, daß Mr. Hammond keine Listen mehr brauchte.

Jim Hammond trat in Charlies Erzählungen immer stärker in Erscheinung. Ihr neuestes Projekt war Video. Sie hatten zusammen einen Videorecorder und eine Videokamera gekauft und nahmen nun jedes Wochenende irgend etwas auf – Tiere im Zoo, Kinder mit Skateboards. Wie sich herausstellte, beschäftigte Rick Tower sich auch mit Video, und jetzt überlegten Charlie und Rick, wie sie mit seinen Lego-Menschen einen Science-fiction-Film machen könnten.

Das wichtigste von allem war aber, daß sein Vater sich mit ihm über Jason unterhalten hatte.

«Wissen Sie», sagte Charlie. «Ich dachte immer, der Grund, warum Dad auf mich so böse war, sei der, daß er es lieber gehabt hätte, wenn ich gestorben wäre statt Jason. Er war erst vier, aber sie haben so viele Bilder von ihm und nur ein paar von mir, und er sieht so gut aus, und ich bin so ein ... also, ich war so ein Versager ... jeder hätte Jason lieber gemocht als mich. Aber Dad sagte nein, so war es nicht. Er wünschte, er hätte uns beide haben können, und vielleicht wäre er auch böse gewesen, aber jedenfalls bin ich jetzt für ihn und Mom um so wichtiger, weil sie Jason nicht mehr haben. Er fehlt ihnen wohl immer noch, aber sie lieben mich auch.»

Die naturwissenschaftliche Messe der vierten Klasse stand bevor. Für die Chapel School war das ein großes Ereignis. Die fünften Klassen machten eine Ausstellung über Sozialstudien, die sechsten veranstalteten einen Zehnkampf nach olympischen Regeln, aber die vierten Klassen schlossen das Schuljahr mit einer den ganzen Tag dauernden naturwissenschaftlichen Messe ab.

Die Viertkläßler, insgesamt sechzig Jungen und Mädchen, ergriffen von der ganzen Turnhalle Besitz. Die beiden Hausmeister und Sportwarte trugen sechzig Pulte hinüber und stellten sie in Form eines großen U mitten in der Turnhalle auf. Sie deckten sie mit roten Tüchern ab, die mit jedem Jahr etwas verblichener wurden. Ich hatte ein halbes Dutzend oder mehr naturwissenschaftliche Messen besucht, und die Szenerie war jedesmal dieselbe.

Aber für Charlie war alles neu. Jeder Schüler, jede Schülerin einer vierten Klasse verwirklichte für diese Messe ein eigenes Projekt. Es mußte mit einem Thema in Zusammenhang stehen, das während des Jahres durchgenommen worden war. Auf Originalität wurde großen Wert gelegt, und Mrs. Yager legte die Grenzen der Naturwissenschaften großzügig aus, um soviel Begeisterung wie möglich unterzubringen.

Charlie wußte von Anfang an, was für ein Projekt er realisieren würde. Kein Ereignis während des vergangenen Jahres hatte ihm mehr bedeutet oder einen größeren Einfluß auf sein Leben gehabt als der Ausflug zum Museum, und deshalb wollte Charlie das Modell eines Dinosauriers bauen. Mrs. Yager billigte seinen Plan, und Charlie quälte sich mit der Entscheidung ab, welches Exemplar er wählen sollte. Schließlich entschloß er sich für den riesigen Tyrannosaurus Rex.

Charlie arbeitete fieberhaft an seinem Dinosaurier. Er machte seine Hausaufgaben in Windeseile und stürzte dann in den Keller, um Rex zusammenzubasteln, aus Kleiderbügeln und Draht und grünen Plastikmüllsäcken und aus Lederflecken von einer Handtasche seiner Mutter, damit es realistischer aussah.

«Wie wird er, Charlie?» fragte ich eine Woche vor dem großen Tag.

«Gut. Richtig gut!» Charlies Augen glänzten, das Haarbüschel stand ihm senkrecht vom Kopf ab. «Er ist fast fertig. Er ist beinahe einen Meter groß, und Mom und Dad haben mir gestern abend beide geholfen, und wir haben seinen Kopf so befestigt, daß er damit hin und her wackeln kann. Und jetzt fahren wir ins Museum, und ich mache Fotos von ganz vielen verschiedenen Dinosaurierarten, und dann mache ich noch ein Tonband über sie, das immer wieder abgespielt wird, für Leute, die es hören wollen. Eigentlich wollte ich einen Videofilm machen, aber Mrs. Yager meinte, das wäre zu kompliziert. Wahrscheinlich hat sie recht. Wir haben schon genug Sorgen, wie wir den großen Rex hinbringen.»

Ich traf gegen halb elf auf der naturwissenschaftlichen Messe ein. Charlie konnte ich nicht sehen, doch es war unschwer zu erraten, wo er war. Am entfernten Ende der Ausstellungsstände wackelte Rex mit seinem riesigen grünen Plastikkopf über einer ständig um ihn versammelten Menge von staunenden Kindern und Eltern. Offensichtlich war Charlies Schaustück der Hit der ganzen Show.

Eine Hand berührte meinen Arm, und ich drehte mich um. June Hammond stand vor mir. Sie strahlte. «Wie nett, daß Sie gekommen sind», sagte sie. «Ist es nicht großartig?»

Jim Hammond hatte sich mit einer Gruppe Eltern unterhalten. Nun wandte er sich zu mir um, und ich streckte meine Hand aus. «Herzlichen Glückwunsch!»

«Vielen Dank», erwiderte Mr. Hammond lächelnd. «Wissen Sie, das meiste hat Charlie selbst gemacht. Erst hat er einen Plan gezeichnet, dann hat er ein kleines Modell gebastelt. Ich habe ihm nur dabei geholfen, das große zusammenzubauen.»

Seine kräftige Hand schloß sich um die meine, und ich wußte, daß wir beide das gleiche dachten.

June Hammond wandte sich von mir ab, weil wieder Eltern bei ihr stehenblieben, um ihr zu sagen, wie stolz sie auf Charlie sein könne.

Jim Hammond ließ meine Hand los, doch er sah mich immer noch mit seinen schwarzen Augen forschend an. «Ich wollte Ihnen sagen . . . ich meine, vielen Dank», begann er. Und fuhr dann fort: «Ich wollte mich auch entschuldigen. Was Charlie angeht, hatten Sie recht. Ich begreife nicht, wieso ich das all die Jahre nicht bemerkt habe. Er ist unglaublich, wenn es darum geht, irgend etwas zu bauen. Wissen Sie, ich fange schon an zu überlegen, ob er eines Tages nicht tatsächlich Architekt oder Ingenieur werden könnte.»

Ich nickte verstehend.

Jim Hammond streckte die Hände aus und zog June zu uns her. «Und es geht nicht nur um Charlie. June hat noch ein großes Objekt verkauft, und jetzt möchte man sie als Geschäftspartnerin gewinnen. Sie ist die beste Maklerin, die sie haben.»

«Und Sie?» fragte ich. «Wie geht es Ihnen?»

«Gut. Sehr gut», antwortete er. «Ich bin immer noch kein Meister in Menschenkunde, doch Junes Talent in dieser Beziehung reicht für uns beide, und ich finde sehr viel Befriedigung in meiner Arbeit.» Er lächelte mir zu. «Wie Sie. Aber das wichtigste ist, Sie hatten recht damit, daß ich Charlie näher kennenlernen müßte – und June. Ich bin froh, daß ich es nicht versäumt habe.»

«Ich auch», erwiderte ich und machte mich auf die Suche nach Charlie.

Während ich mich an den Schaustücken vorbeidrängte, dachte ich darüber nach, wie eine Sache plötzlich zu einer ganz anderen führen konnte. June Hammond war aufgeblüht wie die sprichwörtliche Rose, jetzt, da Jim sich dem Helferteam für Charlie angeschlossen hatte.

Schließlich stand ich vor Charlie und reichte ihm über das mit dem ausgebleichten roten Stoff bedeckte Pult hinweg die Hand. «Das ist ein großartiger Dinosaurier», sagte ich.

Charlie bedankte sich, aber es war offensichtlich, daß er keine Zeit hatte, sich mit mir zu unterhalten.

«Wiedersehen, Charlie. Bis bald», sagte ich zu ihm und grinste. «Hier sind ja nun wirklich Mengen von Leuten, die dich gern kennenlernen möchten.»

Ein sicherer Ort –
Worauf es ankommt

Als wir unser Haus kauften, hatte ich zuerst gedacht, ich würde einen eigenen Eingang und ein Wartezimmer für meine Praxis brauchen. Doch jede bauliche Veränderung hätte eine Neueinschätzung des ganzen Hauses erfordert, begleitet von einer Erhöhung der Steuern, und Cal riet mir abzuwarten. Ein guter Rat! Heute würde ich an ein Wartezimmer nicht mal mehr denken.

Der Nebeneingang führt direkt in die Küche, und von dort sind es nur ein paar Schritte bis zur Treppe, die zu meiner Praxis hinaufführt. In den Morgen- und Abendstunden haben wir die Küche für uns, doch am Nachmittag gehört sie den Kindern. Nach Schulschluß zieht ein ständig wechselnder Strom von Kindern durch unsere Küche. Sie öffnen sich gegenseitig die Tür; sie hängen ihre Mäntel über die Stühle; sie stapeln ihre Büchertaschen, ihre Stiefel und manchmal ihre Schuhe auf dem Boden oder dem Kellerabsatz; sie machen Popcorn, wenn ich keine Zeit dazu hatte; sie debattieren über die Vorzüge verschiedener Fernsehshows. Manche Kinder kommen direkt von der Schule her und warten in der Küche eine Stunde oder länger, bis sie dran sind. Die Großen helfen den Kleinen bei ihren Hausaufgaben, und sie teilen ihre Preise, während sie darauf warten, daß ihre Eltern oder ein Taxi kommen und sie abholen.

Ich habe in der Küche nie einen Streit oder eine gemeine Handlung erlebt. Die Kinder haben daraus einen sehr sicheren Ort für sich selbst gemacht.

Nan, meine jüngste Tochter, arbeitet jetzt mit mir zusammen. Sie ist selbst eine Spezialistin für Lernprobleme und eine hervorragende Kindererzieherin. Sie hat oben den kleinen Raum neben dem meinen. Jetzt ist die Küche also doppelt so voll, und Lieferanten und unangemeldete Besucher prallen fassungslos zurück, wenn sie die Mengen von Kindern entdecken.

Sie lassen sich gegenseitig herein, aber Nan oder ich begleiten jedes Kind hinaus, und die wartenden Kinder in der Küche sprechen uns an, wenn wir durchgehen.

Oben machte David es sich hinter dem großen alten Schreibtisch bequem, und ich setzte mich neben ihn auf einen kleineren Stuhl.

«Ist irgend etwas Gutes oder Schlimmes passiert, seit wir uns gesehen haben?» Ich beginne wie immer mit dem Ritual.

«Zwei gute und eine schlimme Sache.»

«Was zuerst?» frage ich.

«Die schlimme. John hat mir heute in der Schule auf den Kopf gehauen.» Ich schrieb es in Davids Buch.

«Aber ich schlug nicht zurück. Das ist eine gute Sache, die andere ist, daß morgen das Wochenende beginnt und ich Karate habe.»

«Zahl dir hundertfünfundsiebzig für das Gute und das Schlimme, und dazu einen Bonus von fünfzig. Nicht zurückzuschlagen erfordert Selbstbeherrschung. So etwas ist nicht einfach.»

David beugte seinen hübschen Kopf von sieben Jahren über die Schachtel mit den Chips und suchte sich geschickt die richtigen heraus. Er ging in die zweite Klasse und kam seit eineinhalb Jahren zweimal in der Woche zu uns. Er kannte sich also schon aus. Er war als wütender, ungezogener Erstkläßler zu mir gekommen, der nicht lesen konnte. Er log, er schlug um sich, er weinte.

Doch jetzt würde ich bald seine zwei Wochenstunden auf eine verringern. Er war der geborene Sportler, im Rechnen war er immer gut gewesen, und jetzt hatte er im Lesen das Klassenniveau erreicht und erhielt bei der wöchentlichen Rechtschreibprüfung ordentliche Noten, wenn er eifrig lernte. Trotzdem hatte er noch immer enorme Schwierigkeiten, wenn er spontan etwas schreiben sollte, und deshalb arbeiteten wir jeden Freitag daran.

David reichte mir einen Block und meinen Lieblingsstift, und ich tat das gleiche für ihn.

«Ich weiß schon, worüber ich schreibe», verkündete er.

«Na, da hast du mir was voraus.»

David hatte schon das erste Wort geschrieben, doch ich hatte es nicht eilig anzufangen. Es gefiel mir, ihn zu betrachten – mir gefielen auch die Schwingungen im Raum. David strahlte Selbstvertrauen und Anmut aus, und ich dachte an die Feststellung des Kinderexperten Urie Bronfenbrenner, daß jedes Kind einen Teil des Tages mit jemandem verbringen sollte, der es liebt und den es wieder liebt. David hatte Glück. Er hatte sowohl einen Vater als auch eine Mutter, die ihn sehr liebten. Sie waren eine geschäftige, hektische Familie, zu der noch zwei Brüder gehörten, der eine jünger, der andere älter als David. Die Eltern arbeiteten beide und liebten ihren Job, aber sie liebten auch ihre Kinder und nahmen sich die Zeit, es ihnen zu zeigen.

Ich konnte hören, wie Bob nebenan Nan leise vorlas. Licht schimmerte unter ihrer Tür durch, und ich dachte, was für ein Glück wir hatten, einen so guten Ort zum Arbeiten gefunden zu haben. Das Glück war fast greifbar.

«Wollen Sie noch nicht anfangen?» fragte David, mit der Betonung auf noch.

«Ich hab's beinahe», antwortete ich und meinte damit mehr das, was ich dachte, als das, was ich schreiben wollte. David empfing Liebe und auch Hilfe von uns, solange er noch jung war, und wir alle bemühten uns, ihm einen sicheren Ort zu schaffen, wo er üben konnte, ohne auf sich selbst wütend zu werden, weil er einen Fehler gemacht hatte. Liebe, gezielte Hilfe und ein sicherer Ort. Das schien das Wesentliche zu sein.

David legte seinen Bleistift hin. «Ich warte jetzt auf Sie», sagte er.

«Okay. Ich bin fertig. Über was schreibst du?»

«Über Karate. Daran arbeite ich. Ich werde morgen die Prüfung für den braunen Gürtel machen. Und darüber schreibe ich.»

Karate – daran arbeitete David. Kinder und mein Buch – das war meine Arbeit.

Ich nahm meinen Stift und schrieb: Ich habe große Schwierigkeiten, das Buch zu beenden, das ich zu schreiben versuche.

David war auch wieder eifrig beim Schreiben. Dann hielt er einen Augenblick inne und fragte: «Wir tauschen es aus und lesen es uns vor, wenn wir fertig sind, okay? Worum geht's bei Ihnen?»

Ich las ihm meinen ersten Satz laut vor.

David nickte. «Das klingt recht ordentlich. Denken Sie dran, in Druckbuchstaben zu schreiben, damit ich's auch lesen kann.»

Ein paar Minuten später verkündete David: «Okay. Tauschen wir. Ich bin fertig, und Ihres ist lang genug. Sie fangen an. Lesen Sie meines laut vor, okay?»

«Ich liebe Karate», las ich vor. «Man muß dazu etwas von Waffen verstehen, von Kriegskunst, Kampf und Schnelligkeit. Ich hoffe, daß ich morgen meinen braunen Gürtel bekomme. Ich werde Ihnen zeigen, Mary, wie man Karate macht, wenn wir mit Schreiben fertig sind. Dies ist ein Bild von mir, wie ich kämpfe.»

David mußte mir beim Entziffern von ein paar Wörtern helfen, aber sein Aufsatz war über vierzig Wörter lang. Die Sätze hatten einen Zusammenhang und ergaben einen Sinn, die Illustration war deutlich und voller Aktion.

«Gut», sagte ich. «Zahl dir vierhundertzwanzig.»

David zählte rasch die Chips ab und sprang dann hinter dem Schreibtisch hervor, um mir Karateschläge, -sprünge und -tritte zu zeigen.

«So», sagte er befriedigt. «Jetzt lese ich Ihres.» Er las meine paar Sätze laut vor und fragte dann: «Ist Ihr Buch über uns? Ich meine, über Kinder wie mich?»

Ich nickte.

«Na, dann weiß ich, wie Sie es nennen sollten.»

Ich betrachtete David nachdenklich. «Wirklich?»

Jetzt war er an der Reihe zu nicken. «Ja. Sie zeichnen einfach eine große Blase wie diese hier.» David demonstrierte es mir auf dem Block. «Und in die Blase schreiben Sie HILFE! – in Großbuchstaben mit einem Ausrufezeichen. Jetzt ziehen Sie eine Verbindungslinie zu dem Kind unten auf der Seite, damit man weiß, daß es das Wort sagt. So sollte der Umschlag aussehen.»

Fasziniert beobachtete ich, wie David sich wieder mit der Sprechblase beschäftigte und Wellenlinien darum zeichnete.

«Verstehen Sie», sagte er. «Man muß es so aussehen lassen, als würde die Sprechblase sich hin und her bewegen. Auf diese Weise begreift jeder, daß das Kind es nur denkt und nicht laut sagt. Ich meine, es ist, als würde es das Wort schreien. Deshalb muß man es in Großbuchstaben schreiben, aber das Kind gibt keinen Ton von sich.»

«Und das sagt es ... schreit es, meine ich? Es schreit Hilfe?»

David nickte.

«Warum sagt das Kind es nicht einfach laut?»

«Es weiß nicht, wie ... ich meine, es weiß, daß etwas nicht stimmt, und möchte, daß jemand ihm hilft, aber es hat Angst, daß das, was mit ihm nicht stimmt, nicht wieder in Ordnung gebracht werden kann. Deshalb denkt es sich, es sagt das Wort lieber nicht laut – für alle Fälle.»

Ich nickte stumm, weil ich keine gleich guten Worte für eine Antwort finden konnte. Doch ich wußte nun, daß ich dieses Buch beenden würde, beenden mußte. Jemand muß Davids Wort laut aussprechen.

Nachdem Nan und das letzte Kind gegangen waren, blieb ich noch etwas in meiner Praxis, ließ den Tag vor meinem geistigen Auge noch einmal abrollen, vor allem die Stunden mit David. Ich versuchte, mir die Gedanken ins Gedächtnis zurückzurufen, die mir durch den Kopf gegangen waren, als ich neben ihm gesessen hatte. Er entwickelte sich ausgezeichnet. Warum? Ich mußte das verstehen, um anderen Kindern helfen zu können.

Liebe, Hilfe von einem Menschen, der dafür ausgebildet worden war, Lernbehinderungen abzubauen, jede Stunde mit einem Erfolgserlebnis beenden, und ein sicherer Ort. «Ein sicherer Ort», wiederholte ich leise. Mir gefielen die Worte. Mir fiel ein, daß ich schon einmal gedacht hatte, dies sei der Grund, warum die Kinder in unsere Küche drängten, dort verweilten, sogar Brüder, Schwestern oder Freunde mitbrachten, die warteten, bis ihre Stunde vorbei war. Die Kinder hatten sich mit unserer Küche einen sicheren Ort geschaffen, und sie wußten es.

Ich zog einen Notizblock zu mir heran, weil ich plötzlich Lust hatte, es festzuhalten. Konnte ich die ungeschriebenen Gesetze der Küche nehmen, sie verstehen, erweitern und umsetzen in Prinzipien, in Elemente, die auch für die Art von sicherem Ort galten, den diese Kinder in ihrem Zuhause und in der Schule brauchten?

Ich arbeitete eine Woche lang jeden Abend daran, blieb in der

Praxis, wenn die Kinder gegangen waren, kehrte nach dem Abendessen dorthin zurück, füllte Seite um Seite mit den Geschichten der Kinder – ihren Erfolgen und Mißerfolgen – und versuchte, ihre Bedürfnisse herauszuarbeiten; dann strich ich es zusammen, beschränkte mich auf das Wesentliche, bis nur noch weniger als eine Seite geblieben war.

Ein sicherer Ort

1. An einem sicheren Ort sind die Menschen freundlich. Sarkasmus, Streit, Verleumdungen und Beschimpfungen sind die Ausnahme.
2. An einem sicheren Ort wird gelacht. Nicht das Konservenlachen von Radio und Fernsehen, sondern das echte Lachen, das bei der Teilnahme an sinnvoller Arbeit und sinnvollem Spiel entsteht.
3. An einem sicheren Ort gibt es Gesetze. Es sind wenige, und sie sind fair und von Menschen gemacht, die dort leben und arbeiten, die Kinder eingeschlossen.
4. An einem sicheren Ort hören die Leute sich zu. Sie haben sich gern und zeigen das auch, durch Worte und durch die Körpersprache.
5. An einem sicheren Ort sind die Erwachsenen Vorbilder für die anderen.

Wer von uns braucht nicht einen sicheren Platz irgendwo in seinem Leben? Wer von uns hat nicht danach gesucht, wenn er ihn zu Hause oder in der Schule nicht fand? Kinder mit Lernbehinderungen erleben Demütigung und Schmerz früher und häufiger als die meisten anderen. Ihr Verlangen nach einem sicheren Ort ist besonders groß.

Ich nahm das Blatt und befestigte es an der Wand hinter meinem Schreibtisch. Ich würde es dort hängen lassen als eine Art Glaubensbekenntnis, nach dem ich leben wollte. Ein Glaubensbekenntnis, das die Kinder mir gegeben hatten.